南齊書

《四部備要》

史部

上海中華書局據武英殿本校刊

桐鄉陸費逵總勘
杭縣高時顯
杭縣吳汝霖輯校
杭縣丁輔之監造

南齊書卷二十六

梁　　蕭　　子　　顯　　撰

列傳第七

王敬則　陳顯達

王敬則晉陵南沙人也母爲女巫生敬則而胞衣紫色謂人曰此兒有鼓角相敬則年長兩腋下生乳各長數寸夢騎五色獅子年二十餘善拍張補刀戟左右景和使敬則跳刀高與白虎幢等如此五六接無不中補俠轂隊主領細鎧左右與壽寂之同斃景和明帝卽位以爲直閤將軍坐捉刀入殿啓事繫尙方十餘日乃復直閤除奮武將軍封重安縣子邑三百五十戶敬則少時於草中射獵有虫如烏豆集其身擿去乃脫其處皆流血敬則惡之詣道士卜道士曰不須憂此封侯之瑞也敬則聞之喜故出都自効至是如言泰始初以敬則爲龍驤將軍軍主隨寧朔將軍劉懷珍征壽春殷琰遣將劉從築四壘於死虎懷珍遣敬則以千人繞後直出橫塘賊衆驚退除奉朝請出補東武暨陽令敬則

初出都至陸圭山下宗侶十餘船同發敬則船獨不進乃令弟入水推之見一
烏漆棺敬則曰爾非凡器若是吉善使船速進吾富貴當改葬爾船須臾去敬
則既入縣收此棺葬之軍荒之後縣有一部劫逃紫山中爲民患敬則遣人致
意劫帥可悉出首當相申論治下廟神甚酷烈百姓信之敬則引神爲誓必不
相負劫帥既出敬則於廟中設會於座收縛曰吾先啓神若負誓還神十牛今
不違誓即殺十牛解神幷斬諸劫百姓悅之遷員外郎元徽二年隨太祖拒桂
陽賊於新亭敬則與羽林監陳顯達寧朔將軍高道慶乘舸艒於江中迎戰大
破賊水軍焚其舟艦事寧帶南泰山太守右俠轂主轉越騎校尉安城王車騎
參軍蒼梧王狂虐左右不自保敬則以太祖有威名歸誠奉事每下直輒往領
軍府夜著青衣扶匐道路爲太祖聽察蒼梧去來太祖命敬則於殿內伺機未
有定日既而楊玉夫等危急殞帝敬則時在家玉夫將首投敬則敬則馳詣太
祖太祖慮蒼梧所誑不開門敬則於門外大呼曰是敬則耳門猶不開乃於牆
上投進其首太祖索水洗視視竟乃戎服出敬則從入宮至承明門門郎疑非

蒼梧還敬則慮人覘見以刀環塞窐孔呼開門甚急衞尉丞顏靈寶窺見太祖
乘馬在外竊謂親人曰今若不開內領軍天下會是亂耳門開敬則隨太祖入
殿明旦四貴集議敬則拔白刃在床側跳躍曰官應處分誰敢作同異者昇明
元年遷員外散騎常侍輔國將軍驍騎將軍領臨淮太守增封爲千三百戶知
殿內宿衞兵事沈攸之事起進敬則號冠軍將軍太祖入守朝堂袁粲起兵夕
領軍劉韞直閤將軍卜伯興等於宮內相應戒嚴將發敬則開關掩襲皆殺之
殿內竊發盡平敬則之力也遷右衞將軍常侍如故增封爲二千五百戶尋又
加五百戶又封敬則子元遷爲東鄉侯邑三百七十戶齊臺建爲中領軍太祖
將受禪材官薦易太極殿柱順帝欲避土不肯出宮遜位明日當臨軒帝又逃
宮內敬則將輿入迎帝啓譬令出帝拍敬則手曰必無過慮當餉輔國十萬錢
建元元年出爲使持節散騎常侍都督南兗兗徐青冀五州軍事平北將軍南
兗州刺史封尋陽郡公邑三千戶加敬則妻懷氏爵爲尋陽國夫人二年進號
安北將軍虜寇淮泗敬則恐委鎮還都百姓皆驚散奔走上以其功臣不問以

爲都官尚書撫軍尋遷使持節散騎常侍安東將軍吳興太守郡舊多剽掠有
十數歲小兒於路取遺物殺之以殉自此道不拾遺郡無劫盜又錄得一偷召
其親屬於前鞭之令偷身長掃街路久之乃令偷舉舊偷自代諸偷恐爲其所
識皆逃走境內以清出行從市過見屠肉枅歎曰吳興昔無此枅是我少時在
此所作也還護軍將軍常侍如故以家爲府三年以改葬去職詔贈敬則母尋
陽公國太夫人改授侍中撫軍將軍太祖遺詔敬則以本官領丹陽尹尋遷爲
使持節散騎常侍都督會稽東陽新安臨海永嘉五郡軍事鎮東將軍會稽太
守永明二年給鼓吹一部會土邊帶湖海民丁無士庶皆保塘役敬則以功力
有餘悉評斂爲錢送臺庫以爲便宜上許之竟陵王子良啓曰伏尋三吳內地
國之關輔百度所資民庶彫流日有困殆蠶農罕獲饑寒尤甚富者稍增其饒
貧者轉鍾其弊可爲痛心難以辭盡頃錢貴物賤殆欲兼倍凡在觸類莫不如
茲稼穡難劬斛直數倍今機杼勤苦匹裁三百所以然者實亦有由年常歲調
既有定期僮卹所上咸是見直民間錢多剪鑿鮮復完者公家所受必須員大

以兩代一困於所貿鞭捶質繫益致無聊臣昔忝會稽粗閑物俗塘丁所上本
不入官良由陂湖宜壅橋路須通均夫訂直民自爲用若甲分毀壞則年一脩
改若乙限堅完則終歲無役今郡通課此直悉以還臺租賦之外更生一調致
令塘路崩蕪湖源泄散害民損政實此爲劇建元初狡虜游魂軍用殷廣浙東
五郡丁稅一千乃有質賣妻兒以充此限道路愁窮不可聞見所逋尚多收上
事絕臣等具啓聞卽蒙蠲原而此年租課三分逋一明知徒足擾民實自弊國
愚謂塘丁一條宜還復舊在所逋卹優量原除凡應受錢不限大小仍令在所
折市布帛若民有雜物是軍國所須者聽隨價准直不必一應送錢於公不虧
其用在私實荷其渥昔晉氏初遷江左草創絹布所直十倍於今賦調多少因
時增減永初中官布一匹直錢一千而民間所輸聽爲九百漸及元嘉物價轉
賤私貨則東直六千宮受則匹准五百所以每欲優民必爲降落今入官好布
匹堪百餘其四民所送猶依舊制昔爲損上今爲刻下氓庶空儉豈不由之救
民拯弊莫過減賦時和歲稔尚爾虛乏儻值水旱寧可熟念且西京熾強實基

三輔東都全固實賴三河歷代所同古今一揆石頭以外裁足自供府州方山以東深關朝廷根本夫股肱要重不可不卹宜蒙寬政少加優養略其目前小利取其長久大益無患民貲不殷國財不阜也宗臣重寄咸云利國竊如愚管未見可安上不納三年進號征東將軍宋廣州刺史王翼之子妾路氏剛暴數殺婢翼之子法明告敬則敬則付山陰獄殺之路氏家訴爲有司所奏山陰令劉岱坐棄市刑敬則入朝上謂敬則曰人命至重是誰下意殺之都不啓聞敬則曰是臣愚意臣知何物科法見背後有節便言應得殺人劉岱亦引罪上乃赦之敬則免官以公領郡明年遷侍中中軍將軍尋與王儉俱卽本號開府儀同三司儉旣固讓敬則亦不卽受七年出爲使持節散騎常侍都督豫州郢州之西陽司州之汝南二郡軍事征西大將軍豫州刺史開府如故進號驃騎十一年遷司空常侍如故世祖崩遺詔改加侍中高宗輔政密有廢立意隆昌元年出敬則爲使持節都督會稽東陽臨海永嘉新安五郡軍事會稽太守本官如故海陵王立進位太尉敬則名位雖達不以富貴自遇危拱傍遑略不衿裾

接士庶皆吳語而殷勤周悉初爲散騎使虜於北館種楊柳後員外郎虞長耀
北使還敬則問我昔種楊柳樹今若大小長耀曰虜中以爲甘棠敬則笑而不
答世祖御座賦詩敬則執紙曰臣幾落此奴度內世祖問此何言敬則曰臣若
知書不過作尚書都令史耳那得今日敬則雖不大識書而性甚警黠臨州郡
令省事讀辭下教判決皆不失理明帝即位進大司馬增邑千戶臺使拜授日
雨大洪注敬則文武皆失色一客在傍曰公由來如此昔拜丹陽吳興時亦然
敬則大悅曰我宿命應得雨乃列羽儀備朝服導引出聽事拜受意猶不自得
吐舌久之至事竟帝既多殺害敬則自以高武舊臣心懷憂恐帝雖外厚其禮
而內相疑備數訪問敬則飲食體幹堪宜聞其衰老且以居內地故得少安三
年中遣蕭坦之將齋仗五百人行武進陵敬則諸子在都憂怖無計上知之遣
敬則世子仲雄入東安慰之仲雄善彈琴當時新絕江左有蔡邕焦尾琴在主
衣庫上敕五日一給仲雄仲雄於御前鼓琴作懊儂曲歌曰常歎負情儂郎今
果行許帝愈猜愧永泰元年帝疾屢經危殆以張瓌爲平東將軍吳郡太守置

兵佐密防敬則內外傳言當有異處分敬則聞之竊曰東今有誰秪是欲平我
耳諸子怖懼第五子幼隆遣正員將軍徐嶽密以情告徐州行事謝朓爲計若
同者當往報敬則朓執嶽馳啓之敬則城局參軍徐庶家在京口其子密以報
庶庶以告敬則五官王公林公林敬則族子常所委信公林勸敬則急送啓賜
兒死單舟星夜還都敬則令司馬張思祖草啓既而曰若爾諸郎在都要應有
信且忍一夕其夜呼僚佐文武樗蒲賭錢謂衆曰卿諸人欲令我作何計莫敢
先荅防閤丁興懷曰官秪應作耳敬則不作聲明旦召山陰令王詢臺侍御史
鍾離祖願敬則橫刀跂坐問詢等發丁可得幾人傳庫見有幾錢物詢荅縣丁
卒不可上祖願稱傳物多未輸入敬則怒將出斬之王公林又諫敬則曰官是
事皆可悔惟此事不可悔官詎不更思敬則唾其面曰小子我作事何關汝小
子乃起兵上詔曰謝朓啓事騰徐嶽列如右王敬則稟質凶猾本謝人綱直以
宋季多艱頗有膂力之用驅獎所至遂升榮顯皇運肇基預聞末議功非匡國
賞實震主爵冠執珪身登衣衮固以風雅作刺縉紳側目而溪谷易盈鴟梟難

改猜心內駭醜辭外布永明之朝履霜有漸隆昌之世堅冰將著從容附會朕
有力焉及景歷惟新推誠盡禮中使相望軒冕成陰迺嫌跡愈興禍圖茲構收
合亡命結黨聚羣外候邊警內伺國隙元還兄弟中萃淵藪姦契潛通將謀竊
發朓卽姻家嶽又邑子取據匪他昭然以信方邵之美未聞韓彭之釁以積此
而可容孰寄刑典便可卽遣收掩肅明國憲大辟所加其父子而已凡諸詿誤
一從蕩滌收敬則子員外郎世雄記室參軍季哲太子洗馬幼隆太子舍人少
安等於宅殺之長子黃門郎元遷爲寧朔將軍領千人於徐州擊虜敕徐州刺
史徐玄慶殺之敬則招集配衣二三日便發欲劫前中書令何胤還爲尚書令
長史王弄璋司馬張思祖止之乃率實甲萬人過浙江謂思祖曰應須作檄思
祖曰公今自還朝何用作此敬則乃止朝廷遣輔國將軍前軍司馬左興盛後
軍將軍直閤將軍崔恭祖輔國將軍劉山陽龍驤將軍直閤將軍馬軍主胡松
三千餘人築壘於曲阿長岡右僕射沈文季爲持節都督屯湖頭備京口路敬
則以舊將舉事百姓擔篙荷鍤隨逐之十餘萬衆至晉陵南沙人范脩化殺縣

令公上延孫以應之敬則至武進陵口慟哭乘肩輿而前遇興盛山陽二砦盡力攻之興盛使軍人遙告敬則曰公兒死已盡公持許底作官軍不敵欲退而圍不開各死戰胡松領馬軍突其後白丁無器仗皆驚散敬則軍大敗敬則索馬再上不得上興盛軍容袁文曠斬之傳首是時上疾已篤敬則倉卒東起朝廷震懼東昏侯在東宮議欲叛使人上屋望見征虜亭失火謂敬則至急裝欲走有告敬則者敬則曰檀公三十六策走是上計汝父子唯應急走耳敬則之來聲勢甚盛裁少日而敗時年七十餘封左興盛新吳縣男崔恭祖遂興縣男劉山陽湘陰縣男胡松沙陽縣男各四百戶賞平敬則也又贈公上延孫爲射聲校尉

陳顯達南彭城人也宋孝武世爲張永前軍幢主景和中以勞歷使使泰始初以軍主隸徐州刺史劉懷珍北征累至東海王板行參軍員外郎泰始四年封彭澤縣子邑三百戶歷馬頭義陽二郡太守羽林監濮陽太守隸太祖討桂陽賊於新亭壘劉勔大桁敗賊進杜姥宅及休範死太祖欲還衛宮城或諫太祖

曰桂陽雖死賊黨猶熾人情難固不可輕動太祖乃止遣顯達率司空參軍高
敬祖自查浦渡淮緣石頭北道入承明門屯東堂宮中恐動得顯達至乃稍定
顯達出杜姥宅大戰破賊矢中左眼拔箭而鏃不出地黃村潘嫗善禁先以釘
釘柱嫗禹步作氣釘卽時出乃禁顯達目中鏃出之封豐城縣侯邑千戶轉游
擊將軍尋爲使持節督廣交越三州湘州之廣興軍事輔國將軍平越中郎將
廣州刺史進號冠軍沈攸之事起顯達遣軍援臺長史到遁司馬諸葛導謂顯
達曰沈攸之擁衆百萬勝負之勢未可知不如保境蓄衆分遣信驛密通彼此
顯達於座手斬之遣表疏歸心太祖進使持節左將軍軍至巴丘而沈攸之平
除散騎常侍左衛將軍轉前將軍太祖太尉左司馬齊臺建爲散騎常侍左衛
將軍領衛尉太祖卽位遷中護軍增邑千六百戶轉護軍將軍顯達啓讓上答
曰朝廷爵人以序卿忠發萬里信誓如期雖屠城殄國之勳無以相加此而不
賞典章何在若必未宜爾吾終不妄授於卿數士意同家人豈止於君臣邪過
明與王李俱祗召也上卽位後御膳不宰牲顯達上熊烝一盤上卽以充飯建

元二年虜寇壽陽淮南江北百姓搔動上以顯達爲使持節散騎常侍都督南
兗兗徐青冀五州諸軍事平北將軍南兗州刺史之鎮虜退上敕顯達曰虜經
破散後當無復犯關理但國家邊防自應過存備豫宋元嘉二十七年後江夏
王作南兗徙鎮盱眙沈司空亦以孝建初鎮彼政當以淮上要於廣陵耳卿謂
前代此處分云何今僉議皆云卿應據彼地吾未能決乃當以擾動文武爲勞
若是公計不得憚之事竟不行遷都督益寧二州軍事安西將軍益州刺史領
宋寧太守持節常侍如故世祖卽位進號鎮西益部山險多不賓服大度村獠
前後刺史不能制顯達遣使責其租賧獠帥曰兩眼刺史尙不敢調我遂殺其
使顯達分部將吏聲將出獵夜往襲之男女無少長皆斬之自此山夷震服廣
漢賊司馬龍駒據郡反顯達又討平之永明二年徵爲侍中護軍將軍顯達累
任在外經太祖之憂及見世祖流涕悲咽上亦泣心甚嘉之五年荒人桓天生
自稱桓玄宗族與雍司二州界蠻虜相扇動據南陽故城上遣顯達假節率征
虜將軍戴僧靜等水軍向宛葉雍司衆軍受顯達節度天生率虜衆萬餘人攻

舞陰舞陰戍主輔國將軍殷公愍擊殺其副張麒麟天生被瘡退走仍以顯達爲使持節散騎常侍都督雍梁南北秦郢州之竟陵司州之隨郡軍事鎮北將軍領寧蠻校尉雍州刺史顯達進據舞陽城遣僧靜等先進與天生及虜再戰大破之官軍還數月天生復出攻舞陰殷公愍破之天生還竄荒中遂城平民曰土三城賊稍稍降散八年進號征北將軍其年仍遷侍中鎮軍將軍尋加中領軍出爲使持節散騎常侍都督江州諸軍事征南大將軍江州刺史給鼓吹一部顯達謙厚有智計自以人微位重每遷官常有愧懼之色有子十餘人誡之曰我本志不及此汝等勿以富貴陵人家既豪富諸子與王敬則諸兒並精車牛麗服飾當世快牛稱陳世子青王三郎烏呂文顯折角江瞿曇白鼻顯達謂其子曰麈尾扇是王謝家物汝不須捉此自隨十一年秋虜動詔屯樊城世祖遺詔即本號開府儀同三司隆昌元年遷侍中車騎將軍開府如故置兵佐豫廢鬱林之勳延興元年爲司空進爵公增邑千戶甲仗五十人入殿高宗即位進太尉侍中如故改封鄱陽郡公邑三千戶加兵二百人給油絡車建武二

年虜攻徐司詔顯達出頓往來新亭白下以爲聲勢上欲悉除高武諸孫微言
問顯達答曰此等豈足介慮上乃止顯達建武世心懷不安深自貶匿車乘朽
故導從鹵簿皆用羸小不過十數人侍宴酒後啓上曰臣年已老富貴已足唯
少枕枕死特就陛下乞之上失色曰公醉矣以年老告退不許是時虜頻寇雍
州衆軍不捷失沔北五郡永泰元年乃遣顯達北討詔曰晉氏中微宋德將謝
蕃臣外叛要荒內侮天未悔禍左衽亂華巢穴神州逆移年載朕嗣膺景業踵
武前王靜言隆替思乂區夏但多難甫夷恩化肇洽與師擾衆非政所先用戢
遠圖權緩北略冀戎夷知義懷我好音而凶醜剽狡專事侵掠驅扇異類蟻聚
西偏乘彼自來之資撫其天亡之會軍無再駕民不重勞傳檄以定三秦一麾
而臣禹迹在此舉矣且中原士庶久望皇威乞師請援結軌馳道信不可失時
豈終朝宜分命方嶽因茲大號侍中太尉顯達可整輟槐陰指授羣帥中外纂
嚴加顯達使持節向襄陽永元元年顯達督平北將軍崔慧景衆軍四萬圍南
鄉堺馬圈城去襄陽三百里攻之四十日虜食盡噉死人肉及樹皮外圍既急

虜突走斬獲千計官軍競取城中絹不復窮追顯達入據其城遣軍主莊丘黑進取南鄉縣故順陽郡治也虜主元宏自領十餘萬騎奄至顯達引軍渡水西據鷹子山築城人情沮敗虜兵甚急軍主崔恭祖胡松以烏布幔盛顯達數人擔之逕道從分磧山出均水口臺軍緣道奔退死者三萬餘人左軍將張千戰死追贈游擊將軍顯達素有威名著於蠻虜至是大損喪焉御史中丞范岫奏免顯達官朝議優詔答曰昔衞霍出塞往往無功馮鄧入關有時虧喪況公規謨肅舉期寄兼深見可知難無損威略方振遠圖廓清朔土雖執憲有常非所得議顯達表解職不許求降號又不許以顯達爲都督江州軍事江州刺史鎮盆城持節本官如故初王敬則事起始安王遙光啓明帝慮顯達爲變欲追軍還事尋平乃寢顯達亦懷危怖及東昏立彌不樂還京師得此授甚喜尋加領征南大將軍給三望車顯達聞京師大相殺戮又知徐孝嗣等皆死傳聞當遣兵襲江州顯達懼禍十一月十五日舉兵令長史庾弘遠司馬徐虎龍與朝貴書曰諸軍足下我太祖高皇帝叡哲自天超人作聖屬彼宋季綱紀自頓應禪

從民講此基業世祖武皇帝昭略通遠克纂洪嗣四關罷嶮三河靜塵鬱林海
陵頓孤負荷明帝英聖紹建中興至乎後主行悖三才琴橫由席繡積麻筵淫
犯先宮穢興閨闥皇陛爲市廛之所雕房起征戰之門任非華尙寵必寒厮江
僕射兄弟忠言屬薦正諫繁興覆族之誅於斯而至故乃犴噬之刑四剽於海
路家門之釁一起於中都蕭劉二領軍並升御座共稟遺詔宗戚之苦諒不足
談渭陽之悲何辜至此徐司空歷葉忠榮清簡流世匡翼之功未著傾宗之罰
已彰沈僕射年在懸車將念机杖歡歌園藪絕影朝門忽招陵上之罰何萬古
之傷哉遂使紫臺之路絕縉紳之儔纓組之閣罷金張之胤悲哉蟬冕爲賤寵
之服嗚呼皇陛列劫竪之坐且天人同怨乾象變錯往歲三州流血今者五地
自動昔漢池異色胥王因之見廢吳郡壍震步生以爲姦倖況事隆於往怪疊
倍於前虐此而未廢孰不可與王僕射王領軍崔護軍中維簡正逆念剖心蕭
衞尉蔡詹事沈左衞各負良家共傷時嶮先朝遺舊志在名節同列丹書要同
義舉建安殿下秀德沖遠實允神器昏明之舉往聖流言今忝役戎驅亟請乞

路須京塵一靜西迎大駕歌舞太平不亦佳哉裴豫州宿遺誠言久懷慷慨計其勁兵已登淮路申司州志節堅明分見迎合總勒偏率殿我而進蕭雍州房僧寄並已纂邁旌鼓將及南兗州司馬崔恭祖壯烈超羣嘉驛屢至所聽烽諜共成脣齒荆郢行事蕭張二賢莫不案劍餐風橫戈待節關畿蕃守之儔孰非義侶我大尉公體道合聖杖德脩文神武橫於七伐雄略震於九綱是乃從彼英序還抗社稷本欲鳴笳細錫無勞戈刃但忠黨有心節義難遣信次之間森然十萬飛旍咽於九派列艦迷於三川此蓋捧海澆螢烈火消凍耳吾子其擇善而從之無令竹帛空爲後人笑也朝廷遣後軍將軍胡松驍騎將軍李叔獻水軍據梁山左衞將軍左興盛假節加征虜將軍督前鋒軍事屯新亭輔國將軍驍騎將軍徐世摽領兵屯杜姥宅顯達率衆數千人發尋陽與胡松戰於采石大破之京邑震恐十二月十三日顯達至新林築城壘左興盛率衆軍爲拒戰之計其夜顯達多置屯火於岸側潛軍渡取石頭北上襲宮城遇風失曉十四日平旦數千人登落星崗新亭軍望火謂顯達猶在既而奔歸赴救屯城南

宮掖大駭閉門守備顯達馬矟從步軍數百人於西洲前與臺軍戰再合大勝
手殺數人矟折官軍繼至顯達不能抗退走至西州後烏榜村爲騎官趙潭注
矟刺落馬斬之於籬側血湧湔籬似淳于伯之被刑也時年七十三顯達在江
州遇疾不治尋而自差意甚不悅是冬連大雪梟首於朱雀而雪不集之諸子
皆伏誅

史臣曰光武功臣所以能終其身名者非唯不任職事亦以繼奉明章心尊正
嫡君安乎上臣習乎下王陳拔迹奮飛則建元永明之運身極鼎將則建武永
元之朝勳非往時位踰昔等禮授雖重情分不交加以主猜政亂危亡慮及舉
手扞頭人思自免干戈既用誠淪犯上之跡敵國起於同舟況又疎於此者也

贊曰糾糾敬則臨難不惑功成殿寢誅我螯賊顯達孤根應義南蕃威揚寵盛
鼎食高門王虧河兗陳挫襄樊

南齊書卷二十六考證

王敬則傳衞尉丞顏靈寶窺見太祖乘馬在外竊謂親人曰今若不開內領軍天下會是亂耳○臣祖庚按高帝紀不載宋後廢帝紀亦無此語通鑑考異曰靈寶若語所親則須有知者豈得宿衞晏然不動據此則傳固未可盡信也

明旦四貴集議○按南史齊高帝紀公與袁粲褚彥回劉彥節更直入決事號爲四貴

仲雄於御前作懊儂曲○臣祖庚按晉志曰懊儂歌者隆安初俗間訛謠之曲歌云春草可攬結女兒可攬擷杜佑曰懊儂歌石崇妾綠珠所作絲布澁難縫一曲而已仲雄蓋倣其曲而作歌也

收敬則子員外郎世雄○臣承萕按通鑑注云此即敬則世子仲雄也仲世二字必有一誤

與臧軍容袁文曠斬之○臣祖庚按通鑑作軍客又按南史有軍容馬容如桓

康爲齊高帝軍容蕭摩訶馬容陳智深蓋皆𫝊拔魁健有武藝之士使之前驅以壯軍馬之容故以爲名然則通鑑客字或容字之訛也

南齊書卷二十六考證

南齊書卷二十七

梁　蕭　子　顯　撰

列傳第八

劉懷珍　李安民　王玄載 弟玄邈

劉懷珍字道玉平原人漢膠東康王寄後也祖昶宋武帝平齊以爲青州治中至員外常侍伯父奉伯宋世爲陳南頓二郡太守懷珍幼隨奉伯至壽陽豫州刺史趙伯符出獵百姓聚觀懷珍獨避不視奉伯異之曰此兒方與吾宗本州辟主簿元嘉二十八年亡命司馬順則聚黨東揚州遣懷珍將數千人掩討平之宋文帝召問破賊事狀懷珍讓功不肯當親人怪問焉懷珍曰昔國子尼恥陳河間之級吾豈能論邦域之捷哉時人稱之江夏王義恭出鎮盱眙道遇懷珍以應對見重取爲驃騎長史兼墨曹行參軍尋除振武將軍長廣太守孝建初爲義恭大司馬參軍直閤將軍懷珍北州舊姓門附殷積啓上門生千人充宿衞孝武大驚召取青冀豪家私附得數千人土人怨之隨府轉太宰參軍大

明二年虜圍泗口城青州刺史顏師伯請援孝武遣懷珍將步騎數千赴之於
麋溝湖與虜戰破七城拜建武將軍樂陵河間二郡太守賜爵廣晉縣侯明年
懷珍啓求還孝武答曰邊維須才未宜陳請竟陵王誕反郡豪民王弼勸懷珍
應之懷珍斬弼以聞孝武大喜除豫章王子尚車騎參軍加龍驤將軍泰始初
除寧朔將軍東安東莞二郡太府率龍驤將軍王敬則姜產步騎五千討壽陽
廬江太守王仲子南奔賊遣僞廬江太守劉道蔚五千人頓建武澗築三城懷
珍遣軍主段僧愛等馬步三百餘人掩擊斬之引軍至晉熙僞太守閻湛拒守
劉子勛遣將王仲蚪步卒萬人救之懷珍遣馬步三千人襲擊仲蚪大破之於
莫邪山遂進壽陽又遣王敬則破殷琰將劉從等四壘於橫塘死虎懷珍等乘
勝逐北頓壽春長邏門宋明帝嘉其功除羽林監屯騎校尉將軍如故懷珍請
先平賊辭讓不受建安王休仁濃湖與賊相持久未決明帝召懷珍還拜前將
軍加輔國將軍領軍向青山助擊劉胡事平除游擊將軍輔國將軍如故青州
刺史沈文秀拒命明帝遣其弟文炳宣喻使懷珍領馬步三千人隨文炳俱行

未至薛安都引虜徐兗已沒張永沈攸之於彭城大敗勅懷珍步從盱眙自淮陰濟淮救永等而官軍爲虜所逐相繼奔歸懷珍乃還三年春敕懷珍權鎮山陽先是明帝遣青州刺史明僧暠北征僧暠遣將於王城築壘以逼沈文秀壍壁未立爲文秀所破仍進攻僧暠帝使懷珍率龍驤將軍王廣之五百騎步卒二千人泝海救援至東海而僧暠已退保東萊懷珍進據朐城衆心恟懼或欲且保郁州懷珍謂衆曰卿等傳文秀厚賂胡師規爲外援察其徒黨何能必就左衽齊士庶見於民義積葉聲介一馳東萊可飛書而下何容阻軍緩邁止於此邪遂進至黔陬僞高密平昌二郡太守潰走懷珍達朝廷意送致文炳文秀終不從命焚燒郭邑百姓聞懷珍至皆喜僞長廣太守劉桃根領數千人戍守其城懷珍引軍次洋水衆皆曰文秀今游騎境內宜堅壁伺隙懷珍曰今衆少糧單我懸彼固政宜簡精銳掩其不備耳遣王廣之將百騎襲陷其城桃根走僞東萊太守鞠延僧數百人據城劫留高麗獻使懷珍又遣寧朔將軍明慶符與廣之擊降延僧遣高麗使詣京師文秀聞諸城皆敗乃遣使張靈碩請降懷

珍乃還其秋虜遂侵齊圍歷城梁鄒二城游騎至東陽擾動百姓冀州刺史崔道固兗州刺史劉休賓告急休賓懷珍從弟也朝廷以懷珍爲使持節都督徐兗二州軍事輔國將軍平胡中郎將徐州刺史封艾縣侯邑四百戶督水步四十餘軍赴救二城既沒乃止改授寧朔將軍竟陵太守轉巴陵王征西司馬領南義陽太守建平王景素爲荊州仍徙右軍司馬還南郡太守加寧朔將軍明帝手詔懷珍曰卿性忠讜平所仗賴在彼與年少共事不可深存受益景素兒乃佳但不能接物頗亦墮事卿每諫之懷珍奉旨帝寢疾又詔懷珍曰卿不應乃作景素佐才舊所寄今徵卿參二衞直會帝崩乃爲安成王撫軍司馬領南高平太守朝廷疑桂陽王休範中書舍人王道隆宣旨以懷珍爲冠軍將軍豫章太守懷珍曰休範須有禍萌安敢便發若終爲寇必請奉律吞之今者賜使恐成猜迫固請不就乃除黃門郎領虎賁中郎將青州大中正桂陽反加懷珍前將軍守石頭爲使持節督豫司二州郢州之西陽軍事冠軍將軍豫州刺史建平王景素反懷珍遣子靈哲領兵赴京師昇明元年進號征虜將軍沈攸之

在荊楚朝議疑惑懷珍遣冗從僕射張讓使部致誠於世祖拜陳計策及攸之
起兵衆謂當沿流直下懷珍謂僚佐曰攸之孫謀夙著虐加楚服必當阻兵中
流聲劫幼主不敢長驅決勝明矣遣子靈哲領馬步數千人衞京師攸之遣使
許天保說結懷珍懷珍斬之送首於太祖太祖送示攸之進號左將軍徙封中
宿縣侯增邑六百戶攸之圍郢城懷珍遣建寧太守張謨游擊將軍裴仲穆鑲
漢軍萬人出西陽破賊前鋒公孫方平軍數千人收其器甲進平南將軍增督
南豫北徐二州增邑爲千戶初孝武世太祖爲舍人懷珍爲直閤相遇早舊懷
珍假還青州上有白驄馬齧人不可騎送與懷珍別懷珍報上百匹絹或謂懷
珍曰蕭君此馬不中騎是以與君君報百匹不亦多乎懷珍曰蕭君局量堂
堂寧應負人此絹吾方欲以身名託之豈計錢物多少太祖輔政以懷珍內資
未多二年冬徵爲都官尚書領前軍將軍以第四子寧朔將軍晃代爲豫州刺
史或疑懷珍不受代太祖曰我布衣時懷珍便推懷投款況在今日寧當有異
晃發經曰而疑論不止上乃遣軍主房靈民領百騎追送晃謂靈民曰論者謂

懷珍必有異同我期之有素必不應爾卿是其鄉里故遣卿行非唯衞新亦以
迎故也懷珍還仍授相國右司馬建元元年轉左衞將軍加給事中改霄城侯
增邑二百戶明年加散騎常侍虜寇淮肥以本官加平西將軍假節西屯巢湖
爲壽春勢援虜退乃還懷珍年老以禁旅辛勤求爲閑職轉光祿大夫常侍如
故其冬虜寇朐山授使持節安北將軍本官如故領兵救援未至事寧解安北
持節四年疾篤上表解職上優詔答許別量所授其夏卒年六十三遺言薄葬
世祖追贈散騎常侍鎮北將軍雍州刺史謚曰敬侯子靈哲字文明解褐王國
常侍行參軍尙書直郎齊臺步兵校尉建元初歷寧朔將軍臨川王前軍諮議
廬陵內史齊郡太守前軍將軍靈哲所生母嘗病靈哲躬自祈禱夢見黃衣老
公曰可取南山竹筍食之疾立可愈靈哲驚覺如言而疾瘳嫡母崔氏及兄子
景煥泰始中沒虜靈哲爲布衣不聽樂及懷珍卒當襲爵靈哲固辭以兄子在
虜中存亡未測無容越當茅土朝廷義之靈哲傾產私贖嫡母及景煥累年不
能得世祖哀之令北使告虜主虜主送以還南襲懷珍封爵靈哲永明初歷護

軍長史東中郎諮議領中直兵出爲寧朔將軍巴西梓潼二郡太守西陽王左

軍司馬隆昌元年卒年四十九

李安民蘭陵承人也祖嶷衛軍參軍父欽之殿中將軍補薛令安民隨父之縣

元嘉二十七年沒虜率部曲自拔南歸太子劭逆使安民領支軍降義師板建

威將軍補魯爽左軍及爽反安民遁還京師除領軍行參軍遷左衛殿中將軍

大明中虜侵徐兗以安民爲建威府司馬無鹽令除殿中將軍領軍討漢川互

盜賊晉安王子勛反明帝除安民武衛將軍領水軍補建安王司徒城局參軍

擊赭圻湖白荻浦獺窟皆捷除積射將軍軍主張興世據錢溪糧盡爲賊所逼

安民率舟乘數百越賊五城送米與興世僞軍主沈仲王張引軍自續口欲斷

江安民進軍合戰破之又擊鵲尾江城皆有功事平明帝大會新亭勞接諸軍

主樗蒲官賭安民五擲皆盧帝大驚目安民曰卿面方如田封侯狀也安民少

時貧窶有一人從門過相之曰君後當大富貴與天子交手共戲至是安民尋

此人不知所在從張永沈攸之討薛安都於彭城軍敗安民在後拒戰還保下

邳除寧朔將軍戍淮陽城論饋口功封邵武縣子食邑四百戶復隨吳喜沈攸之擊虜達睢口戰敗還保宿豫淮北既沒明帝敕留安民戍甬城除寧朔將軍冗從僕射戍泗口領舟軍緣淮游防至壽春虜遣僞長社公連營十餘里寇汝陰豫州刺史劉勔擊退之虜荊亭戍主昇乞奴棄城歸降安民率水軍攻前破荊亭絶其津逕還寧朔將軍冠軍司馬廣陵太守行南兗州事太祖在淮安民遙相結事明帝以爲疑從安民爲劉韞冠軍司馬寧遠將軍京北太守又除寧朔將軍司州刺史領義陽太守並不拜重除本職又不拜改授寧朔將軍山陽太守泰始末淮北民起義欲南歸以安民督前鋒軍事又請援接不克還除越騎校尉復爲寧朔將軍山陽太守三巴擾亂太守張澹棄涪城走以安民假節都督討蜀軍事輔師將軍五獠亂漢中敕安民回軍至魏興事寧還至夏口元徽初除督司州軍事司州刺史領義陽太守假節將軍如故別敕安民曰九江須防邊備宜重今有此授以增鄢郢之勢無所致辭也及桂陽王休範起事安民出頓遣軍援京師徵授左將軍加給事中建平王景素作難冠軍黃回游擊

將軍高道慶輔國將軍曹欣之等皆密遣致誠而游擊將軍高道慶領衆出討

太祖慮其有變使安民及南豫州刺史段佛榮行以防之安民至京口破景素

軍於葛橋景素誅留安民行南徐州事城局參軍王逈素爲安民所親盜絹二

匹安民流涕謂之曰我與卿契闊備嘗今日犯王法此乃卿負我也於軍門斬

之厚爲斂祭軍府皆震服授冠軍將軍驍衞將軍不拜轉征虜將軍東中郎司

馬行會稽郡事安民將東太祖與別宴語淹留日夜安民密陳宋運將盡歷數

有歸蒼梧縱虐太祖憂迫無計安民白太祖欲於東奉江夏王躋起兵太祖不

許乃止蒼梧廢太祖徵安民爲使持節督北討軍事冠軍將軍南兗州刺史沈

攸之反太祖召安民以本官鎭白下治城隍加征虜將軍進軍西討又進前將

軍行至盆城沈攸之平仍授督郢州司州之義陽諸軍事郢州刺史持節將軍

如故昇明三年還左衞將軍領衞尉太祖即位爲中領軍封康樂侯邑千戶宋

泰始以來內外頻有賊寇將帥已下各募部曲屯聚京師安民上表陳之以爲

自非淮北常備其外餘軍悉皆輸遣若親近宜立隨身者聽限人數上納之故

詔斷衆募時王敬則以勳誠見親至於家國密事上唯與安民論議謂安民曰
署事有卿名我便不復細覽也尋爲領軍將軍虜寇壽春至馬頭詔安民出征
加鼓吹一部虜退安民泝淮進壽春先是宋世亡命王元初聚黨六合山僭號
自云垂手過膝州郡討不能擒積十餘年安民遣軍偵候生禽元初斬建康市
加散騎常侍其年虜又南侵詔安民持節履行緣淮清泗諸戍屯軍虜攻朐山
連口甬城安民頓泗口分軍應赴三年引水步軍入清至淮陽與虜戰破之虜
退安民知有伏兵乃遣族弟馬軍主長文二百騎爲前驅自與軍副周盤龍崔
文仲係其後分軍隱林及長文至宿豫虜見衆少數千騎遮之長文且退且戰
引賊向大軍安民率盤龍等擲兵至合戰於孫溪渚戰父彎側虜軍大敗赴清
水死不可勝數虜遣其菀頭公送攻車材至布丘左軍將軍孫文顯擊破走之
燒其車材淮北四州聞太祖受命咸欲南歸至是徐州人桓摽之兗州人徐猛
子等合義衆數萬砦險求援太祖詔曰青徐泗州義舉雲集安民可長轡退馭
指授羣帥安民赴救留遲虜急兵攻摽之等皆沒上甚責之太祖崩遺詔加侍

中世祖卽位遷撫軍將軍丹陽尹永明二年遷尙書左僕射將軍如故安民時
屢啓密謀見賞又善結尙書令王儉故世傳儉啓有此授尋上表以年疾求退
改授散騎常侍金紫光祿大夫將軍如故四年爲安東將軍吳與太守常侍如
故卒官年五十八賻錢十萬布百匹吳與有項羽神護郡聽事太守不得上太
守到郡必須祀以軛下牛安民奉佛法不與神牛著屐上聽事又於聽上八關
齋俄而牛死葬廟側今呼爲李公牛冢及安民卒世以神爲祟詔曰安民歷位
內外庸績顯著忠亮之誠每簡朕心數政近畿方申任寄奄至殞喪痛傷于懷
贈鎭東將軍鼓吹一部常侍太守如故諡曰肅侯
王玄載字彥休下邳人也祖宰僞北地太守父蕤東莞太守玄載解褐江夏王
國侍郎太宰行參軍泰始初爲長水校尉隨張永征彭城臺軍大敗玄載全軍
據下邳城拒虜假冠軍將軍官軍新敗人情恐駭以玄載士望板爲徐州刺史
持節監徐州豫州梁郡軍事寧朔將軍平胡中郎將尋又領山陽東海二郡太
守五年督青兗二州刺史將軍東海郡如故七年復爲徐州督徐兗二州鍾離

太守將軍郎將如故遷左軍將軍仍爲寧朔將軍歷陽太守改持節都督二豫冠軍將軍南豫州刺史太守如故遷撫軍司馬出爲持節督梁南北秦三州軍事冠軍將軍西戎校尉梁秦二州刺史進號征虜將軍尋徙督益寧二州益州刺史建寧太守將軍持節如故沈攸之之難玄載起義送誠進號後軍將軍封鄠縣子徵散騎常侍領後軍未拜建元元年爲左民尚書鄠縣子如故會虜動南兗州刺史王敬則奔京師上遣玄載領廣陵加平北將軍假節行南兗州事本官如故事寧爲光祿大夫員外散騎常侍永明四年爲持節監兗州緣淮諸軍事平北將軍兗州刺史六年卒時年七十六諡烈子玄載夷雅好玄言修士操在梁益有清績西州至今思之從弟玄謨子瞻宋明帝世爲黃門郎素輕世祖世祖時在大牀寢瞻謂豫章王曰帳中物亦復隨人寢與世祖銜之未嘗形色建元元年爲冠軍將軍永嘉太守詣闕跪拜不如儀爲守寺所列有司以啓世祖世祖召瞻入東宮仍送付廷尉殺之遣左右口啓上曰父辱子死王瞻傲慢朝廷臣輒以收治太祖曰語郎此何足計既聞瞻已死乃默無言瞻兄寬宋

世與瞻並爲方伯至是瞻雖坐事而寬位待如舊也寬泰始初爲隨郡值西方
反父玄謨在都寬棄郡歸明帝加賞使隨張永討薛安都寬辭以母猶存在西
爲賊所執請得西行遂襲破隨郡斬僞太守劉師念拔其母事平明帝嘉之使
圖畫寬形建元初爲散騎常侍光祿大夫領前軍將軍永明元年爲太常坐於
宅殺牛免官後爲光祿大夫三年卒

玄載弟玄邈字彥遠初爲驃騎行軍參軍太子左積弩將軍射聲校尉泰始初
還輔國將軍清河廣平二郡太守幽州刺史青州刺史沈文秀反玄邈欲向朝
廷慮見掩襲乃詣文秀求安軍頓文秀令頓城外玄邈卽立營壘至夜拔軍南
奔赴義比曉文秀追不復及明帝以爲持節都督青州青州刺史將軍如故太
祖鎭淮陰爲帝所疑遣書結玄邈玄邈長史房叔安勸玄邈不相答和罷州還
太祖以經途令人要之玄邈雖許旣而嚴軍直過還都啓帝稱太祖有異謀太
祖不恨也昇明中太祖引爲驃騎司馬冠軍將軍太山太守玄邈甚懼而太祖
待之如初還散騎常侍驍騎將軍冠軍如故出爲持節都督梁南秦二州軍事

征虜將軍西戎校尉梁南秦二州刺史兄弟同時爲方伯封河陽縣侯建元元
年進號右將軍侯如故亡命李烏奴作亂梁部陷白馬戍玄邈率東從七八百
人討之不克慮不自保乃使人僞降烏奴告之曰王使君兵衆羸弱棄伎妾於
城內攜愛妾二人去已數日矣烏奴喜輕兵襲州城玄邈設伏擊破之烏奴挺
身走太祖聞之曰玄邈果不負吾意遇也還爲征虜將軍長沙王後軍司馬南
東海太守遷都官尚書世祖卽位轉右將軍豫章王太尉司馬出爲冠軍將軍
臨川內史秩中二千石還爲前軍司徒司馬散騎常侍太子右率永明七年爲
持節都督兗州緣淮軍事平北將軍兗州刺史未之任轉大司馬加後將軍八
年轉太常遷散騎常侍右衞將軍出爲持節監徐州軍事平北將軍徐州刺史
十一年建康蓮華寺道人釋法智與州民周盤龍等作亂四百人夜攻州城西
門登梯上城射殺城局參軍唐穎遂入城內軍主耿虎徐思慶董文定等拒戰
至曉玄邈率百餘人登城便門奮擊生擒法智盤龍等玄邈坐免官鬱林卽位
授撫軍將軍遷使持節安西將軍歷陽南譙二郡太守延興元年加散騎常侍

尋轉中護軍高宗使玄邈往江州殺晉安王子懋玄邈苦辭不行及遣王廣之往廣陵取安陸王子敬玄邈不得已奉旨給鼓吹置佐建武元年遷持節都督南兗兗徐青冀五州軍事平北將軍南兗州刺史轉護軍將軍加散騎常侍四年卒年七十二贈安北將軍雍州刺史謚曰壯侯同族王文和宋鎮北大將軍仲德兄孫也景和中爲義陽王昶征北府主簿昶於彭城奔虜部曲皆散文和獨送至界上昶謂之曰諸人皆去卿有老母何不去邪文和乃去昇明中爲巴陵內史沈攸之事起文和斬其使馳白世祖告變棄郡奔郢城永明中歷青冀兗益四州刺史平北將軍

史臣曰宋氏將季離亂日兆家懷逐鹿人有異圖故蕃岳阻兵之機州郡觀釁之會此數子皆宿將舊勳與太祖比肩爲方伯年位高下或爲先輩而薦誠君側奉義萬里以此知樂推之非妄信民心之有歸玄載兄弟門從世秉誠烈不爲道家所忌斯今之耿氏也

贊曰霄城報馬分義先推靈哲守讓方軌丁韋李佐東土謀發天機王爲清政

其風不衰玄邈簡朕早背同歸

南齊書卷二十七

南齊書卷二十七考證

劉懷珍傳亡命司馬順則聚黨東揚州○臣承蒼按宋書州郡志孝建元年分揚州之會稽東陽新安永嘉臨海五郡爲東揚州此司馬順則作亂在元嘉二十八年不應卽有東揚州之稱未詳所謂

夢見黃衣老公曰可取南山竹笋食之疾立可愈○臣承蒼按南史夢見黃衣老公與藥靈哲驚覺于枕間得之藥似竹根于齋前種葉似蒐茨與此傳所載小異

李安民傳安民○按南史民作人

城局參軍王迴○諸本同王迴南史作王回

吳興有項羽神護郡聽事太守到郡必須祀以軛下牛安民奉佛法不與神牛著屐上聽事及安民卒世以神爲祟○臣祖庚按宋書孔季恭傳爲吳興太守云項羽神居郡聽事二千石至常避之季恭居郡聽事竟無害也梁書蕭琛傳遷吳興太守郡有項王廟土民名爲憤王甚有靈驗遂祀於郡聽事琛

至從神還廟南史蕭猷傳爲吳興太守與楚王廟神交飲祈禱必從後爲益州刺史齊苟兒反乃遙禱請救有田老逢數百騎如風言吳興楚王來救是日猷大破苟兒又南史蕭惠明傳爲吳興太守惠明謂綱紀曰孔季恭嘗爲此郡未聞有災遂盛設筵榻接賓數日見一人長丈餘張弓挾矢向惠明旣而不見因發背旬日而卒又蕭惠基傳惠基弟惠休永元元年徙吳興太守徵爲右僕射吳興項羽神舊酷烈世人云惠休事神謹故得美遷據此一項羽神從之則吉逆之則凶一若人之死生禍福皆神操其柄作史者每鋪張而樂道之難免近誣之失矣

南齊書卷二十七考證

南齊書卷二十八

梁　蕭　子　顯　撰

列傳第九

崔祖思　劉善明　蘇侃　桓榮祖

崔祖思字敬元，清河東武城人，崔琰七世孫也。祖諲，宋冀州刺史。父僧護，州秀才。祖思少有志氣，好讀書史。初州辟主簿，與刺史劉懷珍於堯廟祀神，廟有蘇侯像。懷珍曰：「堯聖人，而與雜神爲列，欲去之何如？」祖思曰：「蘇峻今日可謂四凶之五也。」懷珍遂令除諸雜神。太祖在淮陰，祖思聞風自結，爲上輔國主簿，甚見親待，參豫謀議。除奉朝請，安成王撫軍行參軍，員外正員郎，冀州中正。宋朝初議封太祖爲梁公，祖思啓太祖曰：「讖書云『金刀利刃齊刈之』，今宜稱齊，實應天命。」從之。轉爲相國從事中郎，遷齊國內史。建元元年，轉長兼給事黃門侍郎。上初卽位，祖思啓陳政事曰：「禮誥者，人倫之襟冕，帝王之樞柄。自古開物成務，必以教學爲先。世不習學，民罔志義，悖競因斯而興，禍亂是焉而作。故篤俗昌治

莫先道教不得以夷禍革慮儉泰移業今無員之官空受祿力三載無考績之
効九年闕登黜之序國儲以之虛匱民力爲之凋散能否無章涇渭混流宜太
廟之南引修文序司農以北廣開武校臺州列國限外之職問其所樂依方課
習各盡其能月供僮幹如先充給若有廢墮遣還故郡殊經奇藝待以不次士
修其業必有異等民識其利能無勉勵又曰漢文集上書囊以爲殿帷身衣弋
綈以韋帶劍愼夫人衣不曳地惜中民十家之產不爲露臺劉備取帳鉤銅鑄
錢以充國用魏武遣女皁帳婢十人東阿婦以繡衣賜死王景興以淅米見誚
宋武節儉過人張妃房帷碧綃蚊幬三齊茄席五盞盤桃花米飯殷仲文勸令
畜伎答云我不解聲仲文曰但畜自解又答畏解故不畜歷觀帝王未嘗不以
約素興侈麗亡也伏惟陛下體唐成儉踵虞爲樸寢殿則素木皁構膳器則陶
瓢充御瓊簪玉筯碎以爲塵珍裘繡服焚之如草斯實風高上代民偃下世矣
然教信雖孚𡉏染未革宜加甄明以速歸厚詳察朝士有柴車蓬館高以殊等
雕牆華輪卑其稱謂馳禽荒色長違清編嗜音酣酒守官不徙物識義方且懼

且勸則調風變俗不俟終日又曰憲律之重由來尚矣故曹參去齊唯以獄市爲寄餘無所言路溫舒言秦有十失其一尚在治獄之吏是也實宜清置廷尉茂簡三官寺丞獄主彌重其選研習律令刪除繁苛詔獄及兩縣一月三訊觀貌察情欺枉必達使明慎用刑無忝大易寧失不經靡愧周書漢來治律有家子孫並世其業聚徒講授至數百人故張于二氏絜譽文宣之世陳郭兩族流稱武明之朝決獄無冤慶昌枝裔槐衮相襲蟬紫傳輝今廷尉律生乃令史門戶族非咸弘庭缺于訓刑之不措抑此之由如詳擇篤厚之士使習律令試簡有徵擢爲廷尉僚屬茍官世其家而不美其績鮮矣廢其職而欲善其事未之有也若劉累傳守其業庖人不乏龍肝之饌斷可知矣又曰樂者動天地感鬼神正情性立人倫其義大矣按前漢編戶千萬太樂伶官方八百二十九人孔光等奏罷不合經法者四百四十一人正樂定員唯置三百八十八人今戶口不能百萬而太樂雅鄭元徽時校試千有餘人後堂雜伎不在其數糜廢力役傷敗風俗今欲撥邪歸道莫若罷雜伎王庭唯置鍾簴羽戚登歌而已如此則

官充給養國反淳風矣又曰論儒者以德化爲本談法者以刻削爲體道教治
世之粱肉刑憲亂世之藥石故以教化比雨露名法方風霜是以有恥且格敬
讓之樞紐令行禁止爲國之關楗然則天下治者賞罰而已矣賞不事豐所病
於不均罰不在重所困於不當如令甲勳少乙功多賞甲而捨乙天下必有不
勸矣丙罪重丁眚輕罰丁而赦丙天下必有不悛矣是賞罰空行無當乎勸沮
將令見罰者寵習之臣受賞者仇讎之士戮一人而萬國懼賞匹夫而四海悅
又曰籍稅以厚國國虛民貧廣田以實廩國富民贍堯資用天之儲實拯懷山
之數湯憑分地之積以勝流金之運近代魏置典農而中都足食晉開汝頴而
汴河委儲今將掃關咸華題鏤龍漠宜簡役敦農開田廣稼時罷山池之威禁
深抑豪右之兼擅則兵民優贍可以出師又曰古者左史記言右史記事故君
舉必書盡直筆而不污上無妄動知如絲之成綸今者著作之官起居而已述
事之徒褒諛爲體世無董狐書法必隱時闕南史直筆未聞又廢諫官聽納靡
依雖課勵朝僚徵訪芻輿莫若推舉質直職思其憂夫越任于事在言爲難當

官而行處辭或易物議旣以無言望己己亦當以吞默慚人中丞雖謝咸玄未
有全廢劾簡廷尉誠非釋之寧容都無訊牒故知與其謬人寧不廢職目前之
明劾也漢徵貢禹爲諫大夫矢言先策夏侯勝狂直拘繫出補諷職伐柯非遐
行之即善又曰天地無心賦氣自均寧得誕秀往古而獨寂寥一代將在知與
不知用與不用耳夫有賢而不知知賢而不用用賢而不委委賢而不信此四
者古今之通患也今誠重郭隗而招劇辛任鮑叔以求夷吾則天下之士不待
召而自至矣上優詔報答尋還寧朔將軍冠軍司馬領齊郡太守本官如故是
冬虜動還冠軍將軍軍主屯淮上二年進號征虜將軍軍主如故仍還假節督
青冀二州刺史將軍如故少時卒上歎曰我方欲用祖思不幸可惜詔賻錢三
萬布五十匹祖思宗人文仲初辟州從事泰始初爲薛安都平北主簿拔難歸
國元徽初從太祖於新亭拒桂陽賊著誠効除游擊將軍沈攸之事起助豫章
王鎭東府歷驃騎諮議出爲徐州刺史建元初封建陽縣子三百戸二年虜攻
鍾離文仲擊破之又遣軍主崔孝伯等過淮攻拔虜茬眉戍殺戍主龍得侯及

僞陽平太守郭杜羝館陶令張德濮陽令王明時虜攻殺馬頭太守劉從上曰
破茬眉足相補文仲又遣軍主陳靖攻虜竹邑戍主白仲都又遣軍主崔延叔
攻僞淮陽太守梁惡並殺之三年淮北義民桓磊魂於抱犢固與虜戰大破之
仲文馳啓上敕曰北間起義者衆深恐良會不再至卿善獎沛中人若能一時
攘袂當遣一佳將直入也文仲在政爲百姓所懽除黃門郎領越騎校尉改封
隨縣嘗獻太祖纏鬚繩一枚上爲納受永明元年爲太子左率累至征虜將軍
冠軍司馬汝陰太守四年卒贈後將軍徐州刺史諡襄子
劉善明平原人鎮北將軍懷珍族弟也父懷民宋世爲齊北海二郡太守元嘉
末青州饑荒人相食善明家有積粟躬食饘粥開倉以救鄉里多獲全濟百姓
呼其家田爲續命田少而靜處讀書刺史杜驥聞名候之辭不相見年四十刺
史劉道隆辟爲治中從事父懷民謂善明曰我已知汝立身復欲見汝立官也
善明應辟仍舉秀才宋孝武見其對策強直甚異之泰始初徐州刺史薛安都
反青州刺史沈文秀應之時州治東陽城善明家在郭內不能自拔伯父彌之

詭說文秀求自効文秀使領軍主張靈慶等五千援安都彌之出門密謂部曲
曰始免禍坑矣行至下邳起義背文秀善明從伯懷恭爲北海太守據郡相應
善明密契收集門宗部曲得三千人夜斬關奔北海族兄乘民又聚衆渤海以
應朝廷而彌之尋爲薛安都所殺明帝贈輔國將軍青州刺史以乘民爲寧朔
將軍冀州刺史善明爲寧朔長史北海太守除尙書金部郎乘民病卒仍以善
明爲綏遠將軍冀州刺史文秀旣降除善明爲屯騎校尉出爲海陵太守郡境
邊海無樹木善明課民種楡檟雜菓遂獲其利還爲後軍將軍直閤五年青州
沒虜善明母陷北虜移置桑乾善明布衣蔬食哀戚如持喪明帝每見爲之歎
息時人稱之轉寧朔將軍巴西梓潼二郡太守善明以母在虜中不願西行涕
泣固請見許朝廷多哀善明心事元徽初遣北使朝議令善明舉人善明舉州
鄉北平田惠紹使虜贖得母還幼主新立羣公秉政善明獨結事太祖委身歸
誠二年出爲輔國將軍西海太守行青冀二州刺史至鎮表請北伐朝議不同
善明從弟僧副與善明俱知名於州里泰始初虜暴淮北僧副將部曲二千人

東依海島太祖在淮陰壯其所爲召與相見引爲安城王撫軍參軍蒼梧肆暴
太祖憂恐常令僧副微行伺察聲論使僧副密告善明及東海太守垣崇祖曰
多人見勸北固廣陵恐一旦動足非爲長算今秋風行起卿若能與垣東海微
共動虜則我諸計可立善明曰宋氏將亡愚智所辨故胡虜若動反爲公患公
神武世出唯當靜以待之因機奮發功業自定不可遠去根本自貽猖獗遣部
曲健兒數十人隨僧副還詣領府太祖納之蒼梧廢徵善明爲冠軍將軍太祖
驃騎諮議南東海太守行南徐州事沈攸之反太祖深以爲憂善明獻計曰沈
攸之控引八州縱情蓄斂收衆聚騎營造舟仗苞藏賊志於焉十年性既險躁
才非持重而起逆累旬遲回不進豈應有所待也一則闇於兵機二則人情離
怨三則有掣肘之患四則天奪其魄本慮其剽勇長於一戰疑其輕速掩襲未
備今六師齊奮諸侯同舉昔謝晦失理不鬬自潰盧龍乖道雖衆何施且袁粲
劉秉賊之根本根本既滅枝葉豈久此是已籠之鳥耳事平太祖召善明還都
謂之曰卿策沈攸之雖復張良陳平適如此耳仍遷散騎常侍領長水校尉黄

門郎領後軍將軍太尉右司馬齊臺建爲右衞將軍辭疾不拜司空褚淵謂善明曰高尚之事乃卿從來素意今朝廷方相委待詎得便學松喬邪善明曰我本無宦情既逢知己所以戮力驅馳願在申志今天地廓清朝盈濟濟鄙懷既申不敢昧於富貴矣太祖踐祚以善明勳誠欲與善明祿召謂之曰淮南近畿國之形勢自非親賢不使居之卿爲我臥治也代高宗爲征虜將軍淮南宣城二郡太守遣使拜授封新塗伯邑五百戶善明至郡上表陳事曰周以三聖相資再駕乃就漢值海內無主累敗方登魏挾主行令實踰二紀晉廢立持權遂歷四世景祚攸集如此之難者也陛下凝暉自天照湛神極睿周萬品道洽無垠故能高嘯閑軒鯨鯢自翦垂拱雲袞九服載晏靡一戰之勞無半辰之棘苞池江海籠苑嵩岱神祇樂推普天歸奉二三年閒允膺寶命胄臨皇歷正位宸居開闢以來未有若斯之盛者也夫常勝者無憂恆成者好怠故雖休勿休姬旦作誥安不忘危尼父垂範今皇運草創萬化始基乘宋季葉政多澆苛億兆倒懸仰齊蘇振臣早蒙殊養志輸肝血徒有其誠曾闕埃露夙宵慚戰如墜淵

谷不識忌諱謹陳愚管瞽言芻議伏待斧鉞所陳事凡十一條其一以爲天地開創人神慶仰宜存問遠方宣廣慈澤其二以爲京師浩大遠近所歸宜遣醫藥問其疾苦年九十以上及六疾不能自存者隨宜量賜其三以爲宋氏赦令蒙原者寡愚謂今下赦書宜令事實相副其四以爲匈奴未滅劉昶猶存秋風揚塵容能送死境上諸城宜應嚴備特簡雄略以待事機資實所須皆宜豫辦其五以爲宜除宋氏大明泰始以來諸苛政細制以崇簡易其六以爲凡諸土木之費且可權停其七以爲帝子王姬宜崇儉約其八以爲宜詔百官及府州郡縣各貢讜言以弘唐虞之美其九以爲忠貞孝悌宜擢以殊階清儉苦節應授以民政其十以爲革命惟始天地大慶宜時擇才辯北使匈奴其十一以爲交州險夐要荒之表宋末政苛遂至怨叛今大化創始宜懷以恩德未應遠勞將士搖動邊氓且彼土所出唯有珠寶實非聖朝所須之急討伐之事謂宜且停又撰賢聖雜語奏之託以諷諫上答曰省所獻雜語並列聖之明規衆智之深軌卿能憲章先範纂鏤情識忠款既昭淵誠肅著當以周旋無忘聽覽也又

諫起宣陽門表陳宜明守宰賞罰立學校制齊禮廣開賓館以接荒民上又答曰具卿忠讜之懷夫賞罰以懲守宰飾館以待遐荒皆古之善政吾所宜勉更撰新禮或非易制國學之美已敕公卿宣陽門今敕停寡德多闕思復有聞善明身長七尺九寸質素不好聲色所居茅齋斧木而已牀榻几案不加劉削少與崔祖思友善祖思出爲青冀二州善明遺書曰昔時之遊于今邈矣或攜手春林或負杖秋澗逐清風於林杪追素月於園垂如何故人徂落殆盡足下方擁旄北服吾剖竹南甸相去千里間以江山人生如寄來會何時嘗覽書史數千年來略在眼中矣歷代參差萬里同異夫龍虎風雲之契亂極必夷之幾古今豈殊此實一揆日者沈攸之擁長蛇於外粲秉復爲異識所推唯有京鎮創爲聖基遂乃擢吾爲首佐授吾以大郡付吾關中委吾留任既不辦有抽劍兩城之用橫槊搴旗之能徒以挈瓶小智名參佐命常恐朝露一下深恩不酬憂深責重轉不可據還視生世倍無次緒藿羹布被猶篤鄙好惡色憎聲暮齡尤甚出蕃不與台輔別入國不與公卿遊孤立天地之間無猜無託唯知奉主以

忠事親以孝臨民以潔居家以儉足下今鳴笳舊鄉衣繡故國宋季荼毒之悲已蒙蘇泰河朔倒懸之苦方須救拔遣遊辯之士爲鄉導之使輕裝啓行經營舊壤令泗上歸業稷下還風君欲誰讓邪聊送諸心敬申貧贈建元二年卒年四十九遺命薄殯贈錢三萬布五十匹又詔曰善明忠誠夙亮幹力兼宣豫經夷嶮勤績昭著不幸殞喪痛悼于懷贈左將軍豫州刺史諡烈伯子滌嗣善明家無遺儲唯有書八千卷太祖聞其清貧贈滌家葛塘屯穀五百斛善明從弟僧副官至前將軍封豐陽男三百戶永明四年爲巴西梓橦二郡太守卒

蘇侃字休烈武邑人也祖護本郡太守父端州治中侃涉獵書傳出身正員將軍補長城令薛安都反引侃爲其府參軍使掌書記安都降虜侃自拔南歸除積射將軍遇太祖在淮上便自委結上鎮淮陰以侃詳密取爲冠軍錄事參軍是時張永沈攸之敗後新失淮北始遣上北戍不滿千人每歲秋冬閉邊淮騷動恆恐虜至上廣遣偵候安集荒餘又營繕城府上在兵中久見疑於時乃作塞客吟以喻志曰寶緯紊宗神經越序德晦河晉力宣江楚雲雷兆壯天山繇

武直髮指秦關凝精越漢渚秋風起塞草衰鵰鴻思邊馬悲平原千里顧但見轉蓬飛星嚴海淨月澈河明清輝映幕素液凝庭金笳夜厲羽轉晨征幹晴潭而悵泗柤松洲而悼情蘭涵風而瀉豔菊籠泉而散英曲繞首燕之歎吹軫絕越之聲欷園琴之孤弄想庭藿之餘馨青關望斷白日西斜恬源靚霧壟首暉霞戒旋鶂躍還波情綿綿而方遠思裊裊而遂多粤擊秦中之筑因爲塞上之歌歌曰朝發兮江泉日夕兮陵山驚飇兮瀄汨淮流兮潺湲胡埃兮雲聚楚旆兮星懸愁墉兮思宇惻愴兮何言定寰中之逸鑒審雕陵之迷泉悟樊籠之或累悵遐心以棲玄侃達上此旨更自勤勵委以府事深見知待元徽初巴西人李承明作亂太祖議遣侃銜使慰勞還除羽林監加建武將軍桂陽之難上復以侃爲平南錄事領軍主從頓新亭使分金銀賦賜諸將事寧除步兵校尉出爲綏虜將軍山陽太守清修有治理百姓懷之進號龍驤將軍除前軍將軍沈攸之事起除侃游擊將軍還太祖驃騎諮議領錄事除黃門郎復爲太祖太尉諮議侃事上既久備悉起居乃與丘巨源撰蕭太尉記載上征伐之功以功封

新建縣侯五百戶齊臺建爲黃門郎領射聲校尉任以心膂上卽位侃撰聖皇瑞命記一卷奏之建元元年卒年五十三上惜之甚至追贈輔國將軍梁南秦二州刺史謚質侯弟烈字休文初爲東莞令張永鎭軍中兵累至山陽太守寧朔將軍游擊將軍袁粲起事太祖先遣烈助防城仍隨諸將平石頭封吉陽縣男建元中爲假節督巴州軍事巴州刺史巴東太守寧朔將軍如故永明中至平西司馬陳留太守卒官

桓榮祖字華先下邳人五兵尚書崇祖從父兄也父諒之宋北中郎府參軍榮祖少學騎馬及射或謂之曰武事可畏何不學書榮祖曰昔曹操曹丕上馬橫槊下馬談論此於天下可不負飲食矣君輩無自全之伎何異犬羊乎宋孝建中州辟主簿爲後軍參軍伯父豫州刺史護之子襲祖爲淮陽太守宋孝武以事徙之嶺南護之不食而死帝疾篤又遣使殺襲祖襲祖臨死與榮祖書曰弟常勸我危行言遜今果敗矣明帝初卽位四方反除榮祖冗從僕射遣還徐州說刺史薛安都曰天之所廢誰能興之使君今不同八百諸侯如民所見非計

中也安都曰天命有在今京都無百里地莫論攻圍取勝自可拍手笑殺且我不欲負孝武榮祖曰孝武之行足致餘殃今雖天下雷同正是速死無能爲也安都曰不知諸人云何我不畏此大蹄馬在近急便作計榮祖被拘不得還因收集部曲爲安都將領假署冠軍將軍安都引虜入彭城榮祖攜家屬南奔朐山虜遣騎追之不及榮祖懼得罪乃逃遁淮上太祖在淮陰榮祖歸附上保持之及明帝崩太祖書送榮祖詣僕射褚淵除寧朔將軍東海太守淵謂之曰蕭公稱卿幹略故以此郡相處榮祖善彈彈鳥毛盡而鳥不死海鵠羣翔榮祖登城西樓彈之無不折翅而下除晉熙王征虜安成王車騎中兵左軍將軍元徽末太祖欲渡廣陵榮祖諫曰領府去臺百步公走人豈不知若單行輕騎廣陵人一旦閉門不相受公欲何之公今動足下牀便恐卽有扣臺門者公事去矣及蒼梧廢除寧朔將軍淮南太守進輔國將軍除游擊將軍太祖驃騎諮議輔國將軍西中郎司馬汝陰太守除冠軍將軍給事中驍騎將軍預佐命勳封將樂縣子三百戶以其祖舊封封之出爲持節督青冀二州刺史冠軍如故還黃

門郎永明二年爲冠軍將軍尋陽相南新蔡太守作大形棺材盛仗使鄉人田
天生王道期載渡江北監奴有罪告之有司奏免官削爵付東冶案驗無實見
原爲安陸王平西諮議帶江陵令仍遷司馬河東內史遷持節督緣淮諸軍事
冠軍將軍兗州刺史領東平太守兗州大中正巴東王子響事方鎮皆啓稱子
響爲逆榮祖曰此非所宜言政應云劉寅等孤負恩獎逼迫巴東使至於此時
諸啓皆不得通事平後上乃省視以榮祖爲知言九年卒年五十七從父閔宋
孝建初爲威遠將軍汝南新蔡太守據梁山拒丞相義宣賊以功封西都縣子
累遷龍驤將軍司州刺史義嘉事起明帝使閔出守盱眙領兵北討薛道摽破
之封樂鄉縣男三百戶昇明初爲散騎常侍領長水校尉與豫章王對直殿省
遷右衛將軍太祖卽位以心誠封爵如舊加給事中領驍騎將軍累遷金紫光
祿大夫年七十六永明五年卒謚定子榮祖從弟歷生亦爲驍騎將軍宋泰始
初薛安都反以女婿裴祖隆爲下邳太守歷生時請假還北謀殺祖隆舉城應
朝廷事發奔走歷官太子右率性苛暴好行鞭捶與始安王遙光同反伏誅

史臣曰太祖作牧淮兗始基霸業恩威北被感動三齊青冀豪右崔劉望族先覬人雄希風結義夫諫江都之略似任光之言雖議不獨與理成合契蓋帷幙之臣也

贊曰淮鎮北州獲在崔劉獻書上議帝念忠謀侃奉潛躍皇瑞是鳩垣方帶礪削免虛尤

南齊書卷二十八

南齊書卷二十八考證

崔祖思傳與刺史劉懷珍於堯廟祀神廟有蘇侯像○刺史劉懷珍南史作刺史垣護之蘇侯崔祖思以爲蘇峻　臣承蒼按建康亦有蘇侯像宋元凶劭嘗迎入宮中拜爲驃騎將軍此自是當時淫祀未必果爲蘇峻峻之入臺窮凶極暴殘酷無道建康之人豈有奉爲神明而祀之者乎

寧失不經靡愧周書○臣承蒼按寧失不經乃虞書文非周書也

南齊書卷二十八考證

南齊書卷二十九

梁　　蕭　　子　　顯　　撰

列傳第十

呂安國 全景文　周山圖　周盤龍　王廣之

呂安國廣陵廣陵人也宋大明末安國以將領見任隱重有幹局爲劉勔所稱泰始二年勔征殷琰於壽春安國以建威將軍爲勔軍副衆軍擊破琰長史杜叔寶軍於橫塘安國抄斷賊糧道燒其運車多所傷殺琰衆奔退勔遣安國追之先至壽春琰閉門自守安國與輔國將軍桓閎屯據城南於是衆軍繼至安國勳第一封彭澤縣男未拜明年改封鍾武縣加邑爲四百戶累至寧朔將軍義陽太守四年又改封湘南縣男虜陷汝南司州失守以安國爲督司州諸軍事寧朔將軍司州刺史六年義陽立州治仍領義陽太守稍遷右軍將軍假輔師將軍元徽二年爲晉熙王征虜司馬輔師將軍如故轉游擊將軍三年出爲持節都督青兗冀三州緣淮前鋒諸軍事輔師將軍兗州刺史明年進號冠軍

將軍還爲游擊將軍加散騎常侍征虜將軍沈攸之事起太祖以安國爲湘州
刺史征虜將軍如故先是王蘊罷州南中郎將南陽王翽未之鎮蘊寧朔長史
庾佩玉權行州事朝廷先遣南中郎將中兵參軍臨湘令韓幼宗領軍防州沈
攸之難二人各相疑阻佩玉輒殺幼宗平西將軍黃回至郢州遣軍主任候伯
行湘州事又殺佩玉候伯與回同軍袁粲謀石頭事回令候伯水軍乘舸往赴
會衆軍已至不得入太祖令安國至鎮收候伯誅之尋進號前將軍太元元年
進爵增邑六百戶轉右衞將軍加給事中二年虜寇邊上遣安國出司州安集
民戶詔曰郢司之閒流雜繁廣宜並加區判定其隸屬參詳兩州事無專任安
國可暫往經理以本官使持節總荆郢諸軍北討事屯義陽西關虜未至安國
移屯河口以俟應接改封湘鄉世祖即位授使持節散騎常侍平西將軍司州
刺史領義陽太守永明二年徙都督南兗兗徐青冀五州諸軍事平北將軍南
兗州刺史仍爲都督湘州刺史四年湘川蠻動安國督州兵討之有疾徵爲光
祿大夫加散騎常侍安國欣有文授謂其子曰汝後勿作袴褶驅使單衣猶恨

不稱當爲朱衣官也上遣中書舍人茹法亮敕安國曰吾恆憂卿疾病應有所須勿致難也明年遷都官尚書領太子左率六年遷領軍將軍安國累居將率在朝以宿舊見遇尋遷散騎常侍金紫光祿大夫兗州中正給扶上又敕茹法亮曰吾見呂安國疾狀自不宜勞且脚中既恆惡扶人至吾前於禮望殊成有虧吾難敕之其人甚諱病卿可作私意向其若好差不復須扶人依例入幸勿牽勉八年卒年六十四贈使持節鎮北將軍南兗州刺史常侍如故給鼓吹一部謚肅侯時舊將帥又有吳郡全景文字弘達少有氣力與沈攸之同載出都到奔牛埭於岸上息有人相之君等皆方伯人行當富貴也景文謂攸之曰富貴或可一人耳今言皆然此殆妄言也景文仍得將領爲軍主孝建初爲竟陵王驃騎行參軍以功封漢水侯除員外郎積射將軍泰始二年爲假節寧朔將軍冗從僕射軍主隨前將軍劉亮討破東賊於晉陵除長水校尉假輔國將軍北討薛索兒於破釜領水軍斷賊糧運仍隨太祖於葛冢石梁再戰皆有功南賊相持未決敕景文隸劉亮拒劉胡攻圍力戰身被數十創除前軍將軍封孝

寧縣侯邑六百戸除寧朔將軍游擊將軍假輔師將軍高平太守鎮軍安西二府司馬驍騎將軍元徽末出爲南豫州刺史歷陽太守輔國將軍如故遷征虜將軍南琅邪濟陰二郡太守軍主尋加散騎常侍建元元年以不預佐命國除授南琅邪太守常侍將軍如故遷光祿大夫征虜將軍臨川王征西司馬南郡太守還累遷爲給事中光祿大夫永明九年卒

周山圖字季寂義與義鄉人也少貧微傭書自業有氣幹爲吳郡晉陵防郡隊主宋孝武伐太初山圖豫勳賜爵關中侯兗州刺史沈僧榮鎮瑕丘與山圖有舊以爲己建武府參軍竟陵王誕據廣陵反僧榮遣山圖領二百人詣沈慶之受節度事平論勳爲中書舍人戴明寶所抑泰始初爲殿中將軍四方反叛僕射王彧舉山圖將領呼與語甚悅使領百舸爲前驅舉軍主佼長生等攻破賊湖白赭圻二城除員外郎加振武將軍預平濃湖追賊至西陽還明帝賞之賜苑西宅一區鎮軍將軍張永征薛安都於彭城山圖領二千人迎運至武原爲虜騎所追合戰多所傷殺虜圍轉急山圖據城自固然後更結陣死戰突圍出

虜披靡不能禁衆稱其勇呼爲武原將及永軍大敗山圖收散卒得千餘人守下邳城還除給事中宂從僕射直閤將軍山圖好酒多失明帝數加怒誚後遂自改出爲錢唐新城戍是時豫州淮西地新沒虜更於歷陽立鎮五年以山圖爲龍驤將軍歷陽令領兵守城初臨海亡命田流自號東海王逃竄會稽鄞縣邊海山谷中立屯營分布要害官軍不能討明帝遣直後聞人襲說降之授流龍驤將軍流受命將黨與出行達海鹽放兵大掠而反是冬殺鄞令耿猷東境大震六年敕山圖將兵東屯浹口廣設購募流爲其副暨挐所殺別帥杜連梅洛生各擁衆自守至明年山圖分兵掩討皆平之豫章賊張鳳聚衆康樂山斷江劫抄臺軍主李雙蔡保數遣軍攻之連年不禽至是軍主毛寄生與鳳戰於豫章江大敗明帝復遣山圖討之山圖至先羸兵偃衆遣幢主龐嗣厚遺鳳要出會聚聽以兵自衞鳳信之行至望蔡山圖設伏兵於水側擊斬鳳首衆百餘人束首降除寧朔將軍漣口戍主山圖遏漣水築西城斷虜騎路并以溉田元徽三年遷步兵校尉加建武將軍轉督高平下邳淮陽淮西四郡諸軍事寧朔

將軍淮南太守盜發桓温塚大獲寶物客竊取以遺山圖山圖不受簿以還官
還左中郎將太祖輔政山圖密啓曰沈攸之久有異圖公宜深爲之備太祖笑
而納之武陵王贊爲郢州太祖令山圖領兵衛送世祖與晉熙王燮自郢下以
山圖爲後防攸之事起世祖爲西討都督啓山圖爲軍副世祖留據盆城衆議
以盆城城小難固不如還都山圖曰今據中流爲四方勢援大衆致力川岳可
爲城隍小事不足難也世祖使城局參軍劉皆陳淵委山圖以處分事山圖斷
取行旅船板以造樓櫓立水柵旬日皆辦世祖甚嘉之授前軍將軍加寧朔將
軍進號輔國將軍攸之攻郢城世祖令山圖量其形勢山圖曰攸之見與隣鄉
亟同征伐悉其爲人性度險刻無以結固士心如頓兵堅城之下適所以爲離
散之漸耳攸之既敗平西將軍黃回乘輕舸從白服百餘人在軍前下緣流叫
盆城中恐須臾知是回凱歸乃安世祖謂山圖曰周公前言可謂明於見事矣
還都太祖遣山圖領部曲鎮京城鎮戍諸軍悉受節度遷游擊將軍輔國如故
建元元年封廣晉縣男邑三百戶出爲假節督兗青冀三州徐州東海朐山軍

事寧朔將軍兗州刺史百姓附之二年進號輔國將軍其秋虜動上策虜必不出淮陰乃敕山圖曰知卿綏邊撫戎甚有次第應變策略悉以相委恐列醜未必能送死卿丈夫無可藉手耳虜果寇朐山爲元玄度盧紹之所破虜於淮陽是時淮北四州起義上使山圖自淮入清倍道應赴敕山圖曰卿當盡相帥馭理每存全重天下事唯同心力山岳可摧然用兵當使背後無憂慮若後冷然無橫來處閉目痛打無不摧碎吾政應鑄金待卿成勳耳若不藉此平四州非丈夫也努力自運勿令他人得上功會義衆已爲虜所沒山圖拔三百家還淮陰表移東海郡治漣口又於石鱉立陽平郡皆見納世祖踐阼遷竟陵王鎭北司馬帶南平昌太守將軍如故以盆城之舊出入殿省甚見親信義鄉縣長風廟神姓鄧先經爲縣令死遂發靈山圖啓乞加神位輔國將軍上答曰足狗肉便了事何用階級爲轉黃門郎領羽林四廂直衞山圖於新林立墅舍晨夜往還上謂之曰卿罷萬人都督而輕行郊外自今往墅可以仗身自隨以備不虞及疾上手敕參問遣醫給藥永明元年卒年六十四詔賜朝服一具衣一襲

周盤龍北蘭陵蘭陵人也宋世土斷屬東平郡盤龍膽氣過人尤便弓馬泰始
初隨軍討赭圻賊躬自鬬戰陷陣先登累至龍驤將軍積射將軍封晉安縣子
邑四百戶元徽二年桂陽賊起盤龍時爲冗從僕射騎官主領馬軍主隨太祖
頓新亭與屯驍校尉黃回出城南與賊對陣尋引還城中合力拒戰事寧除南
東莞太守加前軍將軍稍至驍騎將軍昇明元年出爲假節督交廣二州軍事
征虜將軍平越中郎將廣州刺史未之官預平石頭二年沈攸之平司州刺史
姚道和懷貳被徵以盤龍督司州軍事司州刺史假節將軍如故改封沌陽縣
太祖即位進號右將軍建元二年虜寇壽春以盤龍爲軍主假節助豫州刺史
垣崇祖決水漂潰盤龍率輔國將軍張倪馬步軍於西澤中奮擊殺傷數萬人
獲牛馬輜重上聞之喜詔曰醜虜送死敢寇壽春崇祖盤龍正勤義勇乘機電
奮水陸斬擊填川蔽野師不淹晨西蕃剋定斯實將率用命之功文武爭伐之
力凡厥勳勤宜時銓序可符列上盤龍愛妾杜氏上送金釵鑷二十枚手敕曰
餉周公阿杜轉太子左率改授持節軍主如故明年虜寇淮陽圍南城先是上

遣軍主戍買戍甬城謂人曰我今作甬城戍我兒當得一子或問其故買曰甬城與虜同岸危險具多我豈能使虜不敢南向我若不沒虜則應破虜兒不作孝子便當作世子也至虜圍買數重上遣領軍將軍李安民爲都督救之敕盤龍曰甬城漣口賊始復進西道便是無賊卿可率馬步下淮陰就安民軍鍾離船少政可致衣仗數日糧軍人扶淮步下也買與虜拒戰手所傷殺無數晨朝早起手中忽見有數升血其日遂戰死盤龍子奉叔單馬率二百餘人陷陣虜萬餘騎張左右翼圍繞之一騎走還報奉叔已沒盤龍方食棄筯馳馬奮矟直奔虜素畏盤龍驍名即時披靡時奉叔已大殺虜得出在外盤龍不知乃衝東擊西奔南突北賊衆莫敢當奉叔見其父久不出復躍馬入陣父子兩匹騎縈攪數萬人虜衆大敗盤龍父子由是名播北國形甚羸訥而臨軍勇果諸將莫逮永明元年遷征虜將軍南琅邪太守三年遷右衛將軍加給事中五年轉大司馬加征虜將軍濟陽太守世祖數講武常令盤龍領馬軍校騎騁矟後以疾爲光祿大夫尋出爲持節都督兗州緣淮諸軍事平北將軍兗州刺史進爵侯

角城戍將張蒲與虜潛相構結因大霧乘船入清中採樵載虜二十餘人藏伏
笋下直向城東門防門不禁仍登岸拔白爭門戍主皇甫仲賢率軍主孟靈寶
等三十餘人於門拒戰斬三人賊衆被創赴水而虜軍馬步至城外已三千餘
人阻塹不得進淮陰軍主王僧虔等領五百人赴救虜衆乃退坐爲有司所奏
詔白衣領職八座尋奏復位加領東平太守盤龍表年老才弱不可鎮邊求解
職見許還爲散騎常侍光祿大夫世祖戲之曰卿著貂蟬何如兜鍪盤龍曰此
貂蟬從兜鍪中出耳十一年病卒年七十九贈安北將軍兗州刺史子奉叔勇
力絶人隨盤龍征討所在爲暴掠世祖使領軍東討唐寓之奉叔畏上威嚴撿
勒部下不敢侵斥爲東宮直閤鬱林在西州奉叔密得自進及卽位與直閤將
軍曹道剛爲心膂道剛驍騎將軍加冠軍將軍奉叔游擊將軍加輔國將軍並
監殿內直衞少日仍遷道剛爲黃門郎高宗固諫不納奉叔善騎馬帝從其學
騎射尤見親寵得入後宮尋加領淮陵太守兗州中正道剛加南濮陽太守隆
昌元年除黃門郎未拜仍出爲持節都督青冀二州軍事冠軍將軍青州刺史

時帝謀誅宰輔故出奉叔爲外援除道剛中軍司馬青冀二州中正本官如故
奉叔就帝求千戶侯許之高宗輔政以爲不可封曲江縣男三百戶奉叔大怒
於衆中攘刀厲目高宗說喻之乃受奉叔辭畢將之鎮部伍已出高宗慮其一
出不可復制與蕭諶謀稱敕召奉叔於省內殺之勇士數人拳擊久之乃死啓
帝云奉叔慢朝廷帝不獲已可其奏高宗廢帝之日道剛直閤省蕭諶先入戶
若欲論事兵人隨後奄進以刀刺之洞胷死因進宮內廢帝奉叔弟世雄永元
中爲西江督護陳顯達事後世雄殺廣州刺史蕭季敞稱季敞同逆送首京師
廣州刺史顏翻討殺之
王廣之字林之沛郡相人也少好弓馬便捷有勇力初爲馬隊主宋大明中以
功補本縣令殿中龍驤強弩將軍驃騎中兵南譙太守泰始初除寧朔將軍軍
主隸寧朔將軍劉懷珍征殷琰於壽春琰將劉從築壘相守臺軍相拒移日琰
遣長史杜叔寶領五千人運車五百乘援從懷珍遣廣之及軍主辛慶祖黃回
于道邀要擊於橫塘寶結營拒戰廣之等肉薄攻營自晡至日沒大敗之殺

傷千餘人遂退燒其運車從閘之棄壘奔走時合肥城反官軍前後受敵都督
劉勔召諸軍主會議廣之曰請得將軍所乘馬往平之勔以馬與廣之廣之去
三日攻尅合肥賊仍隨懷珍討淮北時明帝遣青州刺史明僧暠北征至三城
爲沈文秀所攻廣之將步騎三千餘人緣海救之俱引退廣之又進軍襲文秀
所置長廣太守劉桃根桃根棄城走軍還封安蠻縣子三百戶尋改蒲圻除建
威將軍南陽太守不之官除越騎校尉龍驤將軍鍾離太守遷爲左軍將軍加
寧朔將軍高平太守又除游擊將軍寧朔如故加給事中冠軍將軍討宋建平
先登京口改封寧都縣子五百戶太祖廢蒼梧出廣之爲假節督徐州軍事徐
州刺史鍾離太守冠軍如故沈攸之事起廣之留京師預平石頭仍從太祖頓
新亭進號征虜將軍太祖誅黃回回弟駟及從弟馬兄子奴亡逸太祖與廣之
書曰黃回雖有微勳而罪過轉不可容近遂啓請御大小二輿爲刺史服飾吾
乃不惜爲其啓聞政恐得輿復求畫輪車此外罪不可勝數第自悉之今啓依
法令廣之於江西搜捕駟等建元元年進爵爲侯食邑千戶轉散騎常侍左軍

將軍北虜動明年詔假廣之節出淮上廣之家在彭沛啓上求招誘鄉里部曲北取彭城上許之以廣之爲使持節都督淮北軍事平北將軍徐州刺史廣之引軍過淮無所剋獲坐免官尋除征虜將軍加散騎常侍太子右率世祖卽位還長沙王鎭軍司馬南東海太守司徒司馬尋陽柏南新蔡太守安陸王北中郎左軍司馬廣陵太守將軍如故出爲持節都督徐州諸軍事徐州刺史將軍如故還爲光祿大夫左將軍司徒司馬還右衞將軍轉散騎常侍前將軍世祖見廣之子珍國應堪大用謂廣之曰卿可謂老蚌也廣之曰臣不敢辭上大笑除游擊將軍不拜十一年虜動假廣之節招募隆昌元年遷給事中左衞將軍時豫州刺史崔慧景密與虜通有異志延興元年以廣之爲持節督豫州郢州之西陽司州之汝南二郡軍事平西將軍豫州刺史預廢鬱林勳增封三百戶高宗誅害諸王遣廣之征安陸王子敬於江陽給鼓吹一部事平仍改授使持節散騎常侍都督江州諸軍事鎭南將軍江州刺史進封應城縣公食邑二千戶建武二年虜圍司州遣廣之持節督司州征討解圍廣之未至百餘里虜退

乃還明年遷侍中鎮軍將軍給扶四年卒年七十三追贈散騎常侍車騎將軍

謚曰壯公

史臣曰公侯扞城守國之所資也必須久習兵事非一戰之力安國等致劾累

朝聲勤克舉並識時變咸知附託盤龍驍勇獨冠三軍匈奴之憚飛將曾不若

也壯矣哉

贊曰安國舊將協同遷社同禪九江翊從中夏盤龍殺敵洞開胡馬廣之末年

旌旄驟把

南齊書卷二十九

南齊書卷二十九考證

周盤龍傳太祖頓新亭與屯驍校尉黃回出城南與賊對陣○諸本同 臣承蒼按百官志無屯驍校尉南史黃回傳作屯騎校尉當從之

藏伏竻下○伏汲古閣本作仗按字書竻是竹器但可藏仗未可藏人似當以仗爲是

南齊書卷二十九考證

南齊書卷三十

梁　蕭　子　顯　撰

列傳第十一

薛淵　戴僧靜　桓康尹略　焦度　曹虎

薛淵河東汾陰人也宋徐州刺史安都從子本名道淵避太祖偏諱改安都以彭城降虜親族皆入北太祖鎭淮陰淵遁來南委身自結果幹有氣力太祖使領部曲備衞帳內從征伐元徽末以勳官至輔國將軍右軍將軍驍騎將軍軍主封竟陵侯沈攸之難起太祖入朝堂豫章王嶷代守東府使淵領軍屯司徒左府分備京邑袁粲據石頭豫章王嶷夜登西門遙呼淵淵驚起率軍赴難先至石頭焚門攻戰事平明旦衆軍還集杜姥宅街路皆滿宮門不開太祖登南掖門樓處分衆軍各還本頓至食後城門開淵方得入見太祖且喜且泣太祖卽位增邑爲二千五百戶除淮陵太守加寧朔將軍驍騎將軍如故尋爲直閤將軍冠軍將軍仍轉太子左率虜遣僞將薛道摽寇壽春太祖以道摽淵之親

近敕齊郡太守劉懷慰曰聞道摽分明來其兒婦並在都與諸弟無復同生者凡此類無爲不多方悮之縱不全信足使豺狼疑惑令爲淵書與道摽示購之之意虜得書果追道摽遣他將代之世祖卽位遷左衞將軍初淵南奔母索氏不得自拔改嫁長安楊氏淵私遣購贖梁州刺史崔慧景報淵云索在界首遣信拘引已得拔難淵表求解職至界上迎之見許改授散騎常侍征虜將軍淵母南歸事竟無實永明元年淵上表解職送貂蟬詔曰遠隔殊方聲問難審淵憂迫之深固辭朝列昔東關舊典猶通婚宦況母出有差音息時至依附前例不容申許便可斷表速還章服淵以贖母旣不得又表陳解職詔不許後虜使至上爲淵致與母書車駕幸安樂寺淵從駕乘虜橋先是勑羌虜橋不得入仗爲有司所奏免官見原四年出爲持節督徐州諸軍事徐州刺史將軍如故明年遷右軍司馬將軍如故轉大司馬濟陽太守將軍如故七年爲給事中右衞將軍以疾解職歸家不能乘車去車脚使人轝之而去爲有司所糾見原八年爲右將軍大司馬領軍討巴東王子響子響軍主劉超之被捕急以眠褥雜物

十餘種賂淵自逃淵匿之軍中爲有司所奏詔原十年爲散騎常侍將軍如故世祖崩朝廷慮虜南寇假淵節軍主本官如故尋加驍騎將軍假節本官如故隆昌元年出爲持節督司州軍事司州刺史右將軍如故延興元年進號平北將軍未拜卒明帝即位方有詔賻錢五萬布五百匹尅日舉哀

戴僧靜會稽永興人也祖飾宋景平中與富陽孫法先謀亂伏法家口徙青州僧靜少有膽力便弓馬事刺史沈文秀俱没虜後將家屬叛還淮陰太祖撫畜之常在左右僧靜於都載錦出爲歐陽戍所得繫兗州獄太祖遣薛淵餉僧靜酒食以刀子置魚腹中僧靜與獄吏飲酒既醉以刀刻械手自折鏁發屋而出歸太祖匿之齋內以其家貧年給穀千斛虜圍角城遣僧靜戰盪數捷補帳內軍主隨還京師勳階至積射將軍羽林監沈攸之事起太祖入朝堂僧靜爲軍主從袁粲據石頭太祖遣僧靜將腹心先至石頭時蘇烈據倉城僧靜射書與烈夜縋入城粲登城西南門列燭火處分臺軍至射之火乃滅回登東門其黨輔國將軍孫曇瓘驍勇善戰每盪一合輒大殺傷官軍死者百餘人軍主王天

生殊死拒戰故得相持自亥至丑有流星赤色照地墜城中僧靜率力攻倉門
身先士卒衆潰僧靜手斬粲於是外軍燒門入初粲大明中與蕭惠開周朗同
車行逢大桁開駐車共語惠開取鏡自照曰無年可仕朗執鏡良久曰視死如
歸粲最後曰當至三公而不終也僧靜以功除前軍將軍寧朔將軍將士戰亡
者太祖爲斂祭焉昇明二年除游擊將軍沈攸之平論封諸將以僧靜爲興平
縣侯邑千戸太祖卽位增邑千二百戸除南濟陰太守本官如故除輔國將軍
改封建昌建元二年遷驍騎將軍加員外常侍轉太子左衞率世祖踐阼出爲
持節督徐州諸軍事冠軍將軍北徐州刺史買牛給貧民令耕種甚得荒情還
給事中太子右率尋加通直常侍永明五年隸護軍陳顯達討荒賊桓天生於
比陽僧靜與平西司馬韓孟度華山太守康元隆前進未至比陽四十里頓深
橋天生引虜步騎十萬奄至僧靜合戰大破之殺獲萬計天生退還比陽僧靜
進圍之天生軍出城外僧靜又擊破之天生閉門不復出僧靜力疲乃退除征
虜將軍南中郎司馬淮南太守八年巴東王子響殺僚佐世祖召僧靜使領軍

向江陵僧靜面啓上曰巴東王年少長史捉之太急忿不思難故耳天子兒過
誤殺人有何大罪今忽遣軍西上人情惶懼無所不至僧靜不敢奉敕上不答
而心善之徙爲廬陵王中軍司馬高平太守將軍如故九年卒詔曰僧靜志懷
貞果誠著艱難剋殄西墉勳彰運始奄致殞喪惻愴傷懷賻錢五萬布百匹謚
壯侯僧靜同郡餘姚人陳胤叔本名承叔避宣帝諱改彊辯果捷便刀楯初爲
左夾轂隊將泰始初隨太祖東討遂歸身隨從征伐小心慎事以功見賞封當
陽縣子官至太子左率啓世祖以鍛箭鏁用鐵多不如鑄作東冶令張候伯以
鑄鏁鈍不合用事不行永明三年卒
桓康北蘭陵承人也勇果驍悍宋大明中隨太祖爲軍容從世祖在贛縣泰始
初世祖起義爲郡所繫衆皆散康裝擔一頭貯穆后一頭貯文惠太子及竟陵
王子良自負置山中與門客蕭欣祖楊璩之皐分喜潛三奴向思奴四十餘人
相結破郡獄出世祖郡追兵急康等死戰破之隨世祖起義摧堅陷陣膂力絶
人所經村邑恣行暴害江南人畏之以其名怖小兒畫其形以辟瘧無不立愈

見擢爲世祖冠軍府參軍除殿中將軍武騎常侍出補襄賁令桂陽事起康棄
縣還都就太祖會事平除員外郎元徽五年七月六日夜少帝微行至領軍府
帝左右人曰一府人皆眠何不緣牆入帝曰我今夕欲一處作適待明日夜康
與太祖所養健兒盧荒向黑於門間聽得其語明夕王敬則將帝首至扣門康
謂是變與荒黑曉下拔白刃欲出仍隨入宮太祖鎮東府除康武陵王中兵寧
朔將軍帶蘭陵太守常衞左右太祖誅黃回回時爲南兗州部曲數千欲收恐
爲亂召入東府停外齋使康將數十人數回罪然後殺之回初與屯騎校尉王
宜與同石頭之謀太祖隱其事猶以重兵付回而配以腹心宜與拳捷善舞刀
楯回嘗使十餘人以水交灑不能著旣慮宜與反己乃先撤其軍將宜與不與
回發怒不從處分擅斬之諸將因此白太祖以回握彊兵必遂反覆康請獨往
刺之太祖曰卿等何疑甚彼無能爲也及回被召上車愛妾兒赤光冠其頭至
足苦捉留回不肯止時人爲之語曰欲侜張問桓康除後軍將軍直閤將軍南
濮陽太守寧朔如故建元元年封吳平縣伯五百戸轉輔國將軍左軍將軍游

擊將軍太守如故太祖謂康曰卿隨我日久未得方伯亦當未解我意政欲與卿先共滅虜耳虜動遣康行假節尋進冠軍將軍三年春於淮陽與虜戰大破之進兵攻陷虜樊諧城太祖喜敕康迎淮北義民不剋明年以康爲持節督青冀二州東徐之東莞琅邪二郡朐山戍北徐之東海漣口戍諸軍事青冀二州刺史冠軍如故世祖卽位轉驍騎將軍復前軍郡其年卒詔曰康昔預南勳義兼常懷倍深惻愴凶事所須原加料理年五十七淮南人尹略少伏事太祖晚習騎射以便捷見使爲將昇明中爲虎賁中郎越騎校尉建元初封平周男三百戶永明八年爲游擊將軍討巴東王子響見害贈輔國將軍梁州刺史

焦度字文續南安氐人也祖文珪避難至襄陽宋元嘉中僑立天水郡略陽縣乃屬焉度以歸國補北館客孝武初青州刺史顏師伯出鎮滑臺度領幢主送之索虜寇青州師伯遣度領軍與虜戰於沙溝杜梁度身破陣大捷師伯板爲己輔國府參軍虜遣清水公拾賁敕文寇清口度又領軍救援刺虜騎將豹皮公墮馬獲其具裝鎧矟手殺數十人師伯啓孝武稱度氣力弓馬並絕人帝召

還充左右見度身形黑壯謂師伯曰真健物也除西陽王撫軍長兼行參軍補
晉安王子勛夾轂隊主隨鎮江州子勛起兵以度爲龍驤將軍領三千人爲前
鋒屯赭圻每與臺軍戰常自排突所向無不勝事敗逃宮亭湖中爲寇賊朝廷
聞其勇甚憂患之使江州刺史王景文誘降度等將部曲出首景文以爲己鎮
南參軍尋領中直兵厚待之隨景文還都常在府州內景文被害夕度大怒勸
景文拒命景文不從明帝不知也以度武勇補晉熙王燮防閣除征虜鎧曹行
參軍隨鎮夏口武陵王贊代燮爲郢州度仍留鎮爲贊前軍參軍沈攸之事起
轉度中直兵加寧朔將軍軍主太祖又遣使假度輔國將軍屯騎校尉攸之大
衆至夏口將直下都留偏兵守郢城而已度於城樓上肆言罵辱攸之至自發
露形體穢辱之故攸之怒改計攻城度親力戰攸之衆蒙楯將登度令投以穢
器賊衆不能冒至今呼此樓爲焦度樓事寧度功居多轉後軍將軍封東昌縣
子東宮直閤將軍爲人朴澀欲就太祖求州比及見意色甚變竟不得一語太
祖以其不閑民事竟不用建元四年乃除淮陵太守本官如故度見朝廷貴戚

說郢城事宣露如初好飲酒醉輒暴怒上常使人節之年雖老而氣力如故尋除游擊將軍永明元年卒年六十一贈輔國將軍梁秦二州刺史子世榮永明中爲巴東王防閤子響事世榮避奔雍州世祖嘉之以爲始興中兵參軍

曹虎字士威下邳下邳人也本名虎頭宋明帝末爲直廂桂陽賊起隨太祖出新亭壘出戰先斬一級持還由是識太祖太祖爲領軍虎訴勳補防殿隊主直西齋蒼梧廢明日虎欲出外避難遇太祖在東中華門問虎何之虎因曰故欲仰覓明公耳仍留直衛太祖鎮東府以虎與戴僧靜各領白直三百人累至屯騎校尉帶南城令豫平石頭封羅江縣男除前軍將軍上受禪增邑爲四百戶直閤將軍領細仗主尋除寧朔將軍東莞太守建元元年冬虎啓乞改封侯官尚書奏侯官戶數殷廣乃改封監利縣二年除游擊將軍本官如故及彭沛義民起遣虎領六千人入渦沈攸之橫吹一部京邑之絕虎啓以自隨義民久不至虎乃攻虜別營破之將士貪取俘執反爲虜所敗死亡二千人世祖卽位除員外常侍遷南中郎司馬加寧朔將軍南新蔡太守永明元年徙爲安成王征

虜司馬餘官如故明年江州蠻動敕虎領兵戍尋陽板輔國將軍伐蠻軍主又
領尋陽相尋除游擊將軍輔國軍主如故世祖以虎頭名鄙敕改之六年四月
荒賊桓天生復引虜出據隔城遣虎督數軍討之虎令輔國將軍朱公恩領騎
百匹及前行踏伏値賊遊軍因合戰破之遂進至隔城賊黨拒守虎引圍柵絶
其走路須臾候騎還報虜援已至尋而天生率馬步萬餘人迎戰虎奮擊大敗
之獲二千餘人明日遂攻隔城拔之斬僞虎威將軍襄城太守帛烏祝復殺二
千餘人賊棄平氏城退走十一年遷冠軍將軍驍騎如故明年遷太子左率轉
西陽王冠軍司馬廣陵太守上敕虎曰廣陵須心腹非吾意可委者不可得處
此任隨郡王子隆代巴東王子響爲荊州備軍容西上以虎爲輔國將軍鎭西
司馬南平內史十一年收雍州刺史王奐敕領步騎數百步道取襄陽仍除持
節督梁南北秦沙四州諸軍事西戎校尉梁南秦二州刺史將軍如故尋進號
征虜將軍鬱林卽位進號前將軍隆昌元年遷督雍州郢州之竟陵司州之隨
郡軍事冠軍將軍雍州刺史建武元年進號右將軍二年進督爲監進號平北

將軍爵爲侯增邑三百戶四年虜寇沔北虎聚軍襄陽與南陽太守房伯玉不協不急赴救末乃移頓樊城虜主元宏遺虎書曰皇帝謝僞雍州刺史神運兆中皇居闡洛化總元天方融入表而南有未賓之吳治爲兩主之隔幽顯含嗟人靈壅閡且漢北江邊密爾乾縣故先動鳳駕整我神邑卿進無陳平歸漢之智退闕關羽殉節之忠嬰閉窮城憂頓長沔機勇兩缺何其嗟哉朕比乃欲造卿逼宂未果且還新都饗厥六戎入彼春月遲遲揚旆善脩爾略以俟義臨虎使人答書曰自金精失道皇居徙縣喬木空存茂草方鬱七狄交侵五胡代起顧瞻中原每用弔焉知棄皐蘭隨水瀍澗伊川之象爰在茲日古人有云匪宅是卜而鄰是卜樊漢無幸咫尺殊風折膠入塞乘秋犯邊親屬窮於斬殺士女困於虔劉與彼蠢左共爲脣齒仁義弗聞苛暴先露乃復改易氈裘妄自尊大我皇開運光宅區夏而式亂逋逃棄同卽異每欲出車鞠旅以征不庭所冀干戚兩階叛命來格遂復遊魂不戢乾沒孔熾孤摠連率任屬方邵組甲十萬雄戟千羣以此戡難何往不克主上每矜率土哀彼民黎使不戰屈敵兵無血刃

故部勒小戍閉壁清野抗威遵養庶能懷音若遂迷復知進忘退當金鉦戒路

雲旗北掃長驅燕代併覊名王使少卿忽諸頭曼不祀兵交無遠相爲憫然永

泰元年遷給事中右衛將軍持節隸都督陳顯達停襄陽伐虜度支尚書崔慧

景於鄧地大敗虜追至沔北元宏率十萬衆從羽儀華蓋圍樊城虎閉門固守

虜去城數里立營頓設氈屋復再圍樊城臨沔水望襄陽岸乃去虎遣軍主田

安之等十餘軍出逐之頗相傷殺東昏卽位遷前將軍鎮軍司馬永元元年始

安王遙光反虎領軍屯青溪中橋事寧轉散騎常侍右衛將軍虎形幹甚毅善

於誘納日食荒客常數百人晚節好貨賄吝嗇在雍州得見錢五千萬伎女食

醫菜無重肴每好風景輒開庫拍張向之帝疑虎舊將兼利其財新除未及拜

見殺時年六十餘和帝中興元年追贈安北將軍徐州刺史

史臣曰解厄鴻門資舞陽之氣納降饗旅仗虎侯之力觀茲猛毅藉以風威未

必投車挾輈然後勝敵故桓康之聲所以震懾江蠡也

贊曰薛辭親愛歸身淮涘戴類千秋興言帝子桓勇焦壯爪牙之士虎守西邊

功虧北鄙

南齊書卷三十

汪雙池先生叢書

詩經

南齊書卷三十考證

戴僧靜傳僧靜手斬粲○臣祖庚按南史袁粲傳僧靜奮刀直前欲斬之子最叫抱父乞先死兵士人人莫不隕涕粲曰我不失忠臣汝不失孝子仍求筆作啓云臣義奉大宋策名兩畢今便歸魂墳隴永就山丘僧靜乃并斬之此不載宋書亦無此事通鑑考異曰時僧靜掩粲不備挺身直往安肯令粲作啓從容如此據此則傳不爲漏而南史未可謂得也

曹虎傳曹虎○南史虎作武

乾沒孔檝○乾沒南監本作亂猾

南齊書卷三十考證

南齊書卷三十一

梁　蕭　子　顯　撰

列傳第十二

江謐　荀伯玉

江謐字令和濟陽考城人也祖秉之臨海太守宋世淸吏父徽尙書都官郎吳令爲太初所殺謐繫尙方孝武平京邑乃得出解褐奉朝請輔國行參軍于湖令強濟稱職宋明帝爲南豫州謐傾身奉之爲帝所親待卽位以爲驃騎參軍弟蒙貌醜帝常召見狎侮之謐轉尙書度支郎俄遷右丞兼比部郎泰始四年江夏王義恭第十五女卒年十九未笄禮官議從成人服諸王服大功左丞孫敻重奏禮記女子十五而笄鄭云年應許嫁者也其未許嫁者則二十而笄射慈云十九猶爲殤禮官違越經典於禮無據博士太常以下結免贖論謐坐杖督五十奪勞百日謐又奏敻先不研辨混同謬議准以事例亦宜及咎敻又結免贖論詔可出爲建平王景素冠軍長史長沙內史行湘州事政治苛刻僧遵

道人與謐情款隨謐莅郡犯小事餓繫郡獄僧遵裂三衣食之既盡而死爲有
司所奏徵還明帝崩遇赦得免爲正員郎右軍將軍太祖領南兗州謐爲鎭軍
長史廣陵太守入爲游擊將軍性流俗善趨勢利元徽末朝野咸屬意建平王
景素謐深自委結景素事敗僅得免禍蒼梧王廢後物情尚懷疑惑謐獨竭誠
歸事太祖以本官領尚書左丞昇明元年遷黃門侍郎左丞如故沈攸之事起
議加太祖黃鉞謐所建也事平遷吏部郎稍被親待遷太尉諮議領錄事參軍
齊臺建爲右衛將軍建元元年遷侍中出爲臨川王平西長史冠軍將軍長沙
內史行湘州留事先遣之鎭既而驃騎豫章王嶷領湘州以謐爲長史將軍內
史知州留事如故封永新縣伯四百戶三年爲左民尚書諸皇子出閤用文武
主帥皆以委謐尋敕曰江謐寒士誠當不得競等華儕然甚有才幹堪爲委遇
可遷掌吏部謐才長刀筆所在事辦太祖崩謐稱疾不入衆頗疑其怨不豫顧
命也世祖卽位謐又不遷官以此怨望時世祖不豫謐詣豫章王嶷請間曰至
尊非起疾東宮又非才公今欲作何計世祖知之出謐爲征虜將軍鎭北長史

南東海太守未發上使御史中丞沈沖奏謐前後罪曰謐少懷輕躁長習諂薄交無義合行必利動特以奕世更局見擢宋朝而阿諛內外貨賂公行咎盈憲闕戾彰朝聽與金輦寶取容近習以沈攸之地勝兵強終當得志委心託身歲暮相結以劉景素親屬望重物應樂推獻誠薦子窺窬非望時艱網漏得全首領太祖匡飭天地方知遠圖薄其艱洗之瑕許其革音之効加以非分之寵推以不次之榮列迹勳良比肩朝德以往者微勤刀筆小用賞廁河山任忝出入輕險之性在貴彌彰貪昧之情雖富無滿重莅湘部顯行斷盜及居銓衡肆意受納連席同乘皆詖黷舊侶密筵閑讌必貨賄常客理合升進者以爲己惠事宜貶退者並稱中旨謂販鬻威權姦自不露欺主罔上奸議可掩先帝寢疾彌留人神憂震謐病私舍曾無變容國諱經旬甫暫入殿參訪遺詔覘忖時旨以身列朝流宜蒙兼帶先顧不逮舊位無加遂崇飾惡言肆醜縱悖譏誹朝政訕毀皇猷遍蚩忠賢歷詆台相至於蕃岳入授列代恆規勳戚出撫前王彝則而謐妄發樞機坐構囂論復敢貶謗儲后不顧辭端毀折宗王每窮舌杪皆云詔

誓乖禮崇樹失宜仰指天俯畫地希幸災故以申積憤犯上之跡既彰反噬之
情已著請免官削爵土收送廷尉獄治罪詔賜死時年五十二子介建武中爲
吳令治亦深切民間榜死人髑髏爲謚首棄官而去
荀伯玉字弄璋廣陵人也祖永南譙太守父闡之給事中伯玉少爲柳元景撫
軍板行參軍南徐州祭酒晉安王子勛鎮軍行參軍泰始初子勛舉事伯玉友
人孫沖爲將帥伯玉隸其驅使封新亭侯事敗伯玉還都賣卜自業建平王景
素聞而招之伯玉不往太祖鎮淮陰伯玉歸身結事爲太祖冠軍刑獄參軍太
祖爲明帝所疑及徵爲黃門郎深懷憂慮伯玉勸太祖遣數十騎入虜界安置
標榜於是虜游騎數百履行界上太祖以聞猶懼不得留令伯玉卜伯玉斷卦
不成行而明帝詔果復太祖本任由是見親待從太祖還都除奉朝請令伯玉
看宅知家事世祖罷廣興還立別宅遣人於大宅掘樹數株伯玉不與馳以聞
太祖曰卿執之是也轉太祖平南府晉熙王府參軍太祖爲南兖州伯玉轉爲
上鎮軍中兵參軍帶廣陵令除羽林監不拜初太祖在淮南伯玉假還廣陵夢

上廣陵城南樓上有二青衣小兒語伯玉云草中肅九五相追逐伯玉視城下人頭上皆有草泰始七年伯玉又夢太祖乘船在廣陵北渚見上兩腋下有翅不舒伯玉問何當舒上曰却後三年伯玉夢中自謂是呪師向上唾呪之凡六呪有六龍出兩腋下翅皆舒還而復斂元徽二年而太祖破桂陽威名大震五年而廢蒼梧太祖謂伯玉曰卿時乘之夢今且効矣昇明初仍爲太祖驃騎中兵參軍除步兵校尉不拜仍帶濟陽太守中兵如故霸業既建伯玉忠勤盡心常衞左右加前軍將軍隨太祖太尉府轉中兵將軍太守如故建元元年封南豐縣子四百戶轉輔國將軍武陵王征虜司馬太守如故徙爲安成王冠軍司馬轉豫章王司空諮議太守如故世祖在東宮專斷用事頗不如法任左右張景真使領東宮主衣食官穀帛賞賜什物皆御所服用景真於南澗寺捨身齋有元徽紫皮袴褶餘物稱是於樂遊設會伎人皆著御衣又度絲錦與崑崙舶營貨輒使傳令防送過南州津世祖拜陵還景真白服乘畫舴艋坐胡牀觀者咸疑是太子內外祇畏莫敢有言伯玉謂親人曰太子所爲官終不知豈得顧

死蔽官耳目我不啓聞誰應啓者因世祖拜陵後密啓之上大怒檢校東宮世
祖還至方山日暮將泊豫章王於東府乘飛鷰東迎具白上怒之意世祖夜歸
上亦停門籥待之二更盡方入宮上明日遣文惠太子聞喜公子良宣敕以景
真罪狀示世祖稱太子令收景真殺之世祖憂懼稱疾月餘日上怒不解晝臥
太陽殿王敬則直入叩頭啓上曰官有天下日淺太子無事被責人情恐懼願
官往東宮解釋之太祖乃幸宮召諸王以下於玄圃園爲家宴致醉乃還上嘉
伯玉盡心愈見親信軍國密事多委使之時人爲之語曰十敕五令不如荀伯
玉命世祖深怨伯玉上臨崩指伯玉謂世祖曰此人事我忠我身後人必爲其
作口過汝勿信也可令往東宮長侍白澤小却以南兗州處之伯玉遭父憂除
冠軍將軍南濮陽太守未拜除黃門郎本官如故世祖轉爲豫章王太尉諮議
太守如故俄還散騎常侍太守如故伯玉憂懼無計上聞之以其與垣崇祖善
慮相扇爲亂加意撫之伯玉乃安永明元年垣崇祖誅伯玉幷伏法初善相墓
者見伯玉家墓謂其父曰當出暴貴而不久也伯玉後聞之曰朝聞道夕死可

矣死時年五十

史臣曰君老不事太子義烈之遺訓也欲夫專心所奉在節無貳雖人子之親尚宜自別則偏黨爲論豈或傍啓察江荀之行也雖異術而同亡以古道而居今世難乎免矣

贊曰謐口禍門荀言亟盡時清主異弃合同殞

南齊書卷三十一

南齊書卷三十二

梁　蕭　子　顯　撰

列傳第十三

王琨　張岱　褚炫　何戢　王延之　阮韜

王琨琅邪臨沂人也祖薈晉衞將軍父懌不慧侍婢生琨名爲崑崙懌後娶南陽樂玄女無子改琨名立以爲嗣琨少謹篤爲從伯司徒謐所愛宋永初中武帝以其娶桓脩女除郎中駙馬都尉奉朝請元嘉初從兄侍中華有寵權以門戶衰弱待琨如親數相稱薦爲尚書儀曹郎州治中累至左軍諮議領錄事出爲宣城太守司徒從事中郎義與太守歷任皆廉約還爲北中郎長史黃門郎寧朔將軍東陽太守孝建初遷廷尉卿竟陵王驃騎長史加臨淮太守轉吏部郎吏曹選局貴要多所屬請琨自公卿下至士大夫例爲用兩門生江夏王義恭嘗屬琨用二人後復遣屬琨答不許出爲持節都督廣交二州軍事建威將軍平越將軍平越中郎廣州刺史南土沃實在任者常致巨富世云廣州刺史

但經城門一過便得三千萬也琨無所取納表獻祿俸之半州鎮舊有鼓吹又啓輸還及罷任孝武知其清問還資多少琨曰臣買宅百三十萬餘物稱之帝悅其對爲廷尉加給事中轉寧朔將軍長史歷陽內史上以琨忠實徙爲寵子新安王東中郎長史加輔國將軍還右衛將軍度支尚書出爲永嘉王左軍始安王征虜二府長史加輔國將軍廣陵太守皆孝武諸子泰始元年還度支尚書尋加光祿大夫初從兄華孫長襲華爵爲新建侯嗜酒多𠎝失琨上表曰臣門姪不休從孫長是故左衛將軍嗣息少資常猥猶冀晚進頃更昏酣業身無檢故衛將軍華忠肅奉國善及世祀而長負釁承封將傾基緒嗣小息佟閑立保退不乖素風如蒙拯立則存亡荷榮私祿更構出爲冠軍將軍吳郡太守還中領軍坐在郡用朝舍錢三十六萬營餉二宮諸王及作絳襖奉獻軍用乃左遷光祿大夫尋加太常及金紫加散騎常侍廷尉虞龢議社稷合爲一神琨案舊糾駮時龢深被親寵朝廷多琨強正明帝臨崩出爲督會稽東陽新安臨海永嘉五郡軍事左軍將軍會稽太守常侍如故坐誤竟囚降號冠軍元徽中遷

金紫光祿引訓太僕常侍如故本州中正加特進順帝卽位進右光祿大夫常侍餘如故順帝遜位琨陪位及辭廟皆流涕太祖卽位領武陵王師加侍中給親信二十人時王儉爲宰相屬琨用東海郡迎吏琨謂信人曰語郎三臺五省皆是郎用人外方小郡當乞寒賤省官何容復奪之遂不過其事琨性旣古慎而儉嗇過甚家人雜事皆手自操執公事朝會必夙夜早起簡閱衣裳料數冠幘如此數四世以此笑之尋解王師建元四年太祖崩琨聞國諱牛不在宅去臺數里遂步行入宮朝士皆謂琨曰故宜待車有損國望琨曰今日奔赴皆應爾遂得病卒贈左光祿大夫餘如故年八十四

張岱字景山吳郡吳人也祖敞晉度支尚書父茂度宋金紫光祿大夫岱少與兄太子中舍人寅新安太守鏡征北將軍永弟廣州刺史辨俱知名謂之張氏五龍鏡少與光祿大夫顏延之鄰居顏談議飲酒喧呼不絕而鏡靜翳無言聲後延之於籬邊聞其與客語取胡床坐聽辭義清玄延之心服謂賓客曰彼有人焉由此不復酣叫寅鏡名最高永辨岱不及也郡舉岱上計掾不行州辟從

事累遷南平王右軍主簿尚書水部郎出補東遷令時殷沖爲吳興謂人曰張
東遷親貧須養所以栖遲下邑然名器方顯終當大至隨王誕於會稽起義以
岱爲建威將軍輔國長史行縣事事平爲司徒左西曹母年八十籍注未滿岱
便去官從實還養有司以岱違制將欲糺舉宋孝武曰觀過可以知仁不須案
也累遷撫軍諮議參軍領山陰令職事閑理巴陵王休若爲北徐州未親政事
以岱爲冠軍諮議參軍領彭城太守行府州國事後臨海王爲征虜廣州豫章
王爲車騎揚州晉安王爲征虜南兗州岱歷爲三府諮議三王行事與典籤主
帥共事事舉而情得或謂岱曰主王既幼執事多門而每能緝和公私云何致
此岱曰古人言一心可以事百君我爲政端平待物以禮悔吝之事無由而及
明闇短長更是才用之多少耳入爲黃門郎遷驃騎長史領廣陵太守新安王
子鸞以盛寵爲南徐州割吳郡屬焉高選佐史孝武帝召岱謂之曰卿美效夙
著兼資宦已多今欲用卿爲子鸞別駕總刺史之任無謂小屈終當大伸也帝
崩累遷吏部郎明帝初四方反帝以岱堪幹舊才除使持節督西豫州諸軍事

輔國將軍西豫州刺史尋徙爲冠軍將軍北徐州刺史都督北討諸軍事並不
之官泰始末爲吳興太守元徽中遷使持節督益寧二州軍事冠軍將軍益州
刺史數年益土安其政徵侍中領長水校尉度支尚書領左軍遷吏部尚書王
儉爲吏部郎時專斷曹事岱每相違執及儉爲宰相以此頗不相善兄子瓌弟
恕誅吳郡太守劉遐太祖欲以恕爲晉陵郡岱曰恕未閑從政美錦不宜濫裁
太祖曰恕爲人我所悉且又與瓌同勳自應有賞岱曰若以家貧賜祿此所不
論語功推事臣門之恥尋加散騎常侍建元元年出爲左將軍吳郡太守太祖
知岱歷任清直至郡未幾手敕岱曰大邦任重乃未欲回換但總戎務殷宜須
望實今用卿爲護軍加給事中岱拜竟詔以家爲府陳疾明年遷金紫光祿大
夫領鄱陽王師世祖卽位復以岱爲散騎常侍吳興太守秩中二千石岱晚節
在吳興更以寬恕著名還使持節監南兗兗徐青冀五州諸軍事後將軍南兗
州刺史常侍如故未拜卒年七十一岱初作遺命分張家財封置箱中家業張
減隨復改易如此十數年贈本官謚貞子

褚炫字彥緒河南陽翟人也祖秀之宋太常父法顯鄱陽太守兄炤字彥宣少
秉高節一目眇官至國子博士不拜常非從兄淵身事二代聞淵拜司徒歎曰
使淵作中書郎而死不當是一名士邪名德不昌遂令有期頤之壽炫少清簡
爲從舅王景文所知從兄淵謂人曰從帝廉勝獨立乃十倍於我也宋義陽王
昶爲太常板炫補五官累遷太子舍人撫軍車騎記室正員郎從宋明帝射雉
至日中無所得帝甚猜羞召問侍臣曰吾旦來如皐遂空行可笑座者莫答炫
獨曰今節候雖適而雲霧尚凝故斯翬之禽驕心未警但得神駕游豫羣情便
爲載懽帝意解乃於雉場置酒還中書侍郎司徒右長史昇明初炫以清尚與
劉俁謝朏江斅入殿侍文義號爲四友還黃門郎太祖驃騎長史遷侍中復爲
長史齊臺建復爲侍中領步兵校尉以家貧建元初出補東陽太守加秩中二
千石還復爲侍中領步兵凡三爲侍中出爲竟陵王征北長史加輔國將軍尋
徙爲冠軍長史江夏內史將軍如故永明元年爲吏部尚書炫居身清立非弔
問不雜交遊論者以爲美及在選部門庭蕭索賓客罕至出行左右捧黃紙帽

箱風吹紙剝殆盡罷江夏還得錢十七萬於石頭并分與親族病無以市藥表自陳解改授散騎常侍領安成王師國學建以本官領博士未拜卒無以殯斂時年四十一贈太常諡曰貞子

何戢字慧景廬江灊人也祖尚之宋司空父偃金紫光祿大夫被遇於宋武選戢尚山陰公主拜駙馬都尉解褐祕書郎太子中舍人司徒主簿新安王文學祕書丞中書郎景和世山陰主就帝求吏部郎褚淵入內侍己淵見拘逼終不肯從與戢同居止月餘日由是特申情好明帝立遷司徒從事中郎從建安王休仁征赭圻板轉戢司馬除黃門郎出爲宣威將軍東陽太守吏部郎元徽初褚淵參朝政引戢爲侍中時年二十九戢以年未三十苦辭內侍表疏屢上時議許之改授司徒左長史太祖爲領軍與戢來往數置歡讌上好水引䴵戢令婦女躬自執事以設上焉久之復爲侍中遷安成王車騎長史加輔國將軍濟陰太守行府州事出爲吳郡太守以疾歸爲侍中祕書監仍轉中書令太祖相國左長史建元元年遷散騎常侍太子詹事尋改侍中詹事如故上欲轉戢領

選閤尚書令褚淵以戢資重欲加常侍淵曰宋世王球從侍中中書令單作吏
部尚書資與戢相似頃選職方昔小輕不容頓加常侍聖旨每以蟬冕不宜過
多臣與王儉既已左珥若復加戢則八座便有三貂若帖以驍游亦爲不少乃
以戢爲吏部尚書加驍騎將軍戢美容儀動止與褚淵相慕時人呼爲小褚公
家業富盛性又華侈衣被服飾極爲奢麗三年出爲左將軍吳興太守上頗好
畫扇宋孝武賜戢蟬雀扇善畫者顧景秀所畫時陸探微顧彥先皆能畫歎其
巧絕戢因王晏獻之上令晏厚酬其意四年卒時年三十六贈散騎常侍撫軍
太守如故謚懿子女爲鬱林王后又贈侍中光祿大夫
王延之字希季琅邪臨沂人也祖裕宋左光祿儀同三司父昇之都官尚書延
之出繼伯父秀才粲之延之少而靜默不交人事州辟主簿不就舉秀才北中
郎法曹行參軍轉署外兵尚書外兵部司空主簿並不就除中軍建平王主簿
記室仍度司空北中郎二府轉祕書丞西陽王撫軍諮議州別駕尋陽王冠軍
安陸王後軍司馬加振武將軍出爲安遠護軍武陵內史不拜宋明帝爲衞軍

延之轉爲長史加宣威將軍司徒建安王休仁征赭圻轉延之爲左長史加寧
朔將軍延之清貧居宇穿漏褚淵往候之見其如此具啓明帝帝卽敕材官爲
起三間齋屋遷侍中領射聲校尉未拜出爲吳郡太守罷郡還家產無所增益
除吏部尚書侍中領右軍並不拜復爲吏部尚書領驍騎將軍出爲後軍將軍
吳興太守遷都督浙東五郡會稽太守轉侍中祕書監晉熙王師遷中書令師
如故未拜轉右僕射昇明二年轉左僕射宋德旣衰太祖輔政朝野之情人懷
彼此延之與尚書令王僧虔中立無所去就時人爲之語曰二王持平不送不
迎太祖以此善之三年出爲使持節都督江州豫州之新蔡晉熙二郡諸軍事
安南將軍江州刺史建元二年進號鎭南將軍延之與金紫光祿大夫阮韜俱
宋領軍劉湛外甥並有早譽湛甚愛之曰韜後當爲第一延之爲次也延之甚
不平每致餉下都韜與朝士同例太祖聞其如此與延之書曰韜云卿未嘗有
別意當緣劉家月旦故邪在州祿俸以外一無所納獨處齋內吏民罕得見者
四年還中書令右光祿大夫本州大中正轉左僕射光祿中正如故尋領竟陵

王師永明二年陳疾解職世祖許之轉特進右光祿大夫王師中正如故其年卒年六十四追贈散騎常侍右光祿大夫特進如故諡簡子延之家訓方嚴不妄見子弟雖節歲問訊皆先克日子倫之見兒子亦然永明中爲侍中世祖幸琅邪城倫之與光祿大夫全景文等二十一人坐不參承爲有司所奏詔倫之親爲陪侍之職而同衆惰慢免官景文等贖論建武中至侍中領前軍將軍都官尚書領游擊將軍卒

阮韜字長明陳留人晉金紫光祿大夫裕玄孫也韜少歷清官爲南兗州別駕刺史江夏王劉義恭逆求資費錢韜曰此朝廷物執不與宋孝武選侍中四人並以風貌王彧謝莊爲一雙韜與何偃爲一雙常充兼假泰始末爲征南江州長史桂陽王休範在鎮數出行遊韜性方峙未嘗隨從至散騎常侍金紫光祿大夫領始興王師永明二年卒

史臣曰內侍樞近世爲華選金璫頰耀朝之麗服久忘儒藝專授名家加以簡擇少姿轡貂冠冕基蔭所通後才先貌事同謁者以形骸爲官斯違舊矣辟強

之在漢朝幼有妙察仲宣之處魏國見貶容陋何戢之讓雖未能深識前古之美與夫尸官醜服者何等級哉

贊曰萬石祗慎琨既爲倫五龍一氏張亦繼荀炫清諸族戢遺何姻延之居飭名峻王臣

南齊書卷三十二

南齊書卷三十三

梁　蕭　子　顯　撰

列傳第十四

王僧虔　張　緒

王僧虔琅琊臨沂人也祖珣晉司徒伯父太保弘宋元嘉世爲宰輔賓客疑所諱弘曰身家諱與蘇子高同父曇首右光祿大夫曇首兄弟集會諸子孫弘子僧達下地跳戲僧虔年數歲獨正坐採蠟燭珠爲鳳凰弘曰此兒終當爲長者僧虔弱冠弘厚善隸書宋文帝見其書素扇歎曰非唯跡逾子敬方當器雅過之除祕書郎太子舍人退默少交接與袁淑謝莊善轉義陽王文學太子洗馬遷司徒左西屬兄僧綽爲太初所害親賓咸勸僧虔逃僧虔涕泣曰吾兄奉國以忠貞撫我以慈愛今日之事苦不見及耳若同歸九泉猶羽化也孝武初出爲武陵太守兄子儉於中途得病僧虔爲廢寢食同行客慰喻之僧虔曰昔馬援處兒姪之間一情不異鄧攸於弟子更逾所生吾實懷其心誠未異古士兄

之胤不宜忽諸若此兒不救便當回舟謝職無復遊宦之興矣還爲中書郎轉黃門郎太子中庶子孝武欲擅書名僧虔不敢顯跡大明世常用拙筆書以此見容出爲豫章王子尚撫軍長史遷散騎常侍復爲新安王子鸞北中郎長史南東海太守行南徐州事二蕃皆帝愛子也尋遷豫章內史入爲侍中遷御史中丞領驍騎將軍甲族由來多不居憲臺王氏分枝居烏衣者位宦微減僧虔爲此官乃曰此是烏衣諸郎坐處我亦可試爲耳復爲侍中領屯騎校尉泰始中出爲輔國將軍吳興太守秩中二千石王獻之善書爲吳興郡及僧虔工書又爲郡論者稱之徙爲會稽太守秩中二千石將軍如故中書舍人阮佃夫家在會稽請假東歸客勸僧虔以佃夫要倖宜加禮接僧虔曰我立身有素豈能曲意此輩彼若見惡當拂衣去耳佃夫言於宋明帝使御史中丞孫夐奏僧虔前莅吳興多有謬命檢到郡至還凡用功曹五官主簿至二禮吏署三傳及度與弟子合四百四十八人又聽民何係先等一百十家爲舊門委州檢削坐免官尋以白衣兼侍中出監吳郡太守還使持節都督湘州諸軍事建武將軍行

湘州事仍轉輔國將軍湘州刺史所在以寬惠著稱巴峽流民多在湘土僧虔
表割益陽羅湘西三縣緣江民立湘陰縣從之元徽中遷吏部尚書高平檀珪
罷沅南令僧虔以爲征北板行參軍訴僧虔求祿不得與僧虔書曰五常之始
文武爲先文則經緯天地武則撥亂定國僕一門雖謝文通乃忝武達羣從姑
叔三媾帝室祖兄二世糜軀奉國而致子姪餓死草壤去冬今春頻荷二敕既
無中人屢見蹉奪經涉五朔踰歷四晦書牘十二接覲六七遂不荷潤反更曝
鰓九流繩平自不宜獨苦一物蟬腹龜腸爲日已久饑虎能嚇人遽與肉餓麟
不噬誰爲落毛去冬乞豫章丞爲馬超所爭今春蒙敕南昌縣爲史偃所奪二
子勳蔭人才有何見勝若以貧富相奪則分受不如身雖孤微百世國士姻媾
位宦亦不後物尚書同堂姊爲江夏王妃檀珪同堂姑爲南譙王妃尚書婦是
江夏王女檀珪祖姑嬪長沙景王尚書伯爲江州檀珪祖亦爲江州尚書從兄
出身爲後軍參軍檀珪父釋褐亦爲中軍參軍僕於尚書人地本懸至於婚宦
不至殊絕今通塞雖異猶忝氣類尚書何事乃爾見苦泰始之初八表同逆一

門二世粉骨衛主殊勳異績已不能甄常階舊途復見侵抑僧虔報書曰征北
板比歲處遇小優殷主簿從此府入崇禮何儀曹郎代殷亦不見訴爲苦足下
積屈一朝超升政自小難泰始初勤苦十年自未見其賞而頓就求稱亦何可
遂吾與足下素無怨憾何以相侵苦直是意有佐佑耳珪又書曰昔荀公達漢
之功臣晉武帝方爵其玄孫夏侯惇魏氏勳佐金德初融亦始就甄顯方賞其
孫封樹近族羊叔子以晉泰始中建策伐吳至咸寧末方加褒寵封其兄子卞
望之以咸和初殞身國難至興寧末方崇禮秩官其子孫蜀郡主簿田混黃初
末死故君之難咸康中方擢其子孫似不以世代遠而被棄年世疎而見遺檀
珪百罹六極造化罕比五喪停露百口轉命存亡披迫本希小祿無意階榮自
古以來有沐食侯近代有王官府佐非沐食之職參軍非王官之謂質非匏瓜
實羞空懸殷何二生或是府主情味或是朝廷意旨豈與悠悠之人同口而語
使僕就此職尚書能以郎見轉不若使日得五升祿則不恥執鞭僧虔乃用爲
安城郡丞珪宋安南將軍韶孫也僧虔尋加散騎常侍轉右僕射昇明元年遷

尚書僕射尋轉中書令左僕射二年爲尚書令僧虔好文史解音律以朝廷禮樂多違正典民間競造新聲雜曲時太祖輔政僧虔上表曰夫懸鍾之器以雅爲用凱容之禮八佾爲儀今總章羽佾音服舛異又歌鍾一肆克諧女樂以歌爲務非雅器也大明中卽以宮懸合和鞞拂節數雖會虛乖雅體將來知音或譏聖世若謂鍾舞已諧重違成憲更立歌鍾不參舊例四縣所奏謹依雅條卽義沿理如或可附又今之清商實由銅爵三祖風流遺音盈耳京洛相高江左彌貴諒以金石干羽事絕私室桑濮鄭衛訓隔紳冕中庸和雅莫復於斯而情變聽移稍復銷落十數年間亡者將半自頃家競新哇人尚謠俗務在噍殺不顧音紀流宕無崖未知所極排斥正曲崇長煩淫士有等差無故不可去樂禮有攸序長幼不可共聞故喧醜之制曰盛於廛里風味之響獨盡於衣冠宜命有司務勤功課緝理遺逸迭相開曉所經漏忘悉加補綴曲全者祿厚藝妙者位優利以動之則人思刻厲反本還源庶可跂踵事見納建元元年轉侍中撫軍將軍丹陽尹二年進號左衛將軍固讓不拜改授左光祿大夫侍中尹如故

郡縣獄相承有止湯殺因僧虔上疏言之曰湯本以救疾而實行寃暴或以肆
忿若罪必入重自有正刑若去惡宜疾則應先啓豈有死生大命而潛制下邑
愚謂治下因病必先刺郡求職司與醫對共診驗遠縣家人省視然後處理可
使死者不恨生者無怨上納其言僧虔留意雅樂昇明中所奏雖微有釐改尚
多遺失是時上始欲通使僧虔與兄子儉書曰古語云中國失禮問之四夷計
樂亦如荷堅敗後東晉始備金石樂故知不可全誣也北國或有遺樂誠未可
便以補中夏之闕且得知其存亡亦一理也但鼓吹舊有二十一曲今所能者
十一而已意謂北使會有散役得今樂署一人粗别同異者充此使限雖復延
州難追其得知所知亦當不同若謂有此理者可得申吾意上聞否試爲思之
事竟不行太祖善書及即位篤好不已與僧虔賭書畢謂僧虔曰誰爲第一僧
虔曰臣書第一陛下亦第一上笑曰卿可謂善自爲謀矣示僧虔古迹十一褒
就求能書人名僧虔得民間所有褒中所無者吳太皇帝景帝歸命侯書桓玄
書及王丞相導領軍洽中書令珉張芝索靖衛伯儒張翼十二卷奏之又上羊

欣所撰能書人名一卷其年冬遷持節都督湘州諸軍征南將軍湘州刺史侍中如故清簡無所欲不營財產百姓安之世祖卽位僧虔以風疾欲陳解會遷侍中左光祿大夫開府儀同三司僧虔少時羣從宗族並會客有相之者云僧虔年位最高仕當至公餘人莫及也及授僧虔謂兄子儉曰汝任重於朝行當有八命之禮我若復此授則一門有二台司實可畏懼乃固辭不拜上優而許之改授侍中特進左光祿大夫客問僧虔固讓之意僧虔曰君子所憂無德不憂無寵吾衣食周身榮位已過所慚庸薄無以報國豈容更受高爵方貽官謗邪兄子儉爲朝宰起長梁齋制度小過僧虔視之不悅竟不入戶儉卽毀之永明三年薨僧虔頗解星文夜坐見豫章分野當有事故時僧虔子慈爲豫章內史慮其有公事少時僧虔薨慈棄郡奔赴僧虔時年六十追贈司空侍中如故諡簡穆其論書曰宋文帝書自云可比王子敬時議者云天然勝羊欣功夫少於欣王平南廙右軍叔過江之前以爲最亡曾祖領軍書右軍云弟書遂不減吾變古制今唯右軍領軍不爾至今猶法鍾張亡從祖中書令書子敬云弟書

如騎騾駸駸恆欲度驊騮前庾征西翼書少時與右軍齊名右軍後進庾猶不
分在荊州與都下人書云小兒輩賤家雞皆學逸少書須吾下當比之張翼王
右軍自書表晉穆帝令翼寫題後答右軍當時不別久後方悟云小人幾欲亂
真張芝索靖韋誕鍾會二衞並得名前代無以辨其優劣唯見其筆力驚異耳
張澄當時亦呼有意郗愔章草亞於右軍郗嘉賓草亞於二王緊媚其父桓玄
自謂右軍之流論者以比孔琳之謝安亦入能書錄亦自重爲子敬書嵇康詩
羊欣書見重一時親受子敬行書尤善正乃不稱名孔琳之書天然放縱極有
筆力規矩恐在羊欣後丘道護與羊欣俱面受子敬故當在欣後范曄與蕭思
話同師羊欣後小叛既失故步爲復小有意耳蕭思話書羊欣之影風流趣好
殆當不減筆力恨弱謝綜書其舅云緊生起是得賞也恨少媚好謝靈運乃不
倫遇其合時亦得入流賀道力書亞丘道護庾昕學右軍亦欲亂真矣又著書
賦傳於世第九子寂字子玄性迅勤好文章讀范滂傳未嘗不歎挹王融敗後
賓客多歸之建武初欲獻中興頌兄志謂之曰汝膏粱年少何患不達不鎮之

以靜將恐貽譏寂乃止初爲祕書郎卒年二十一僧虔宋世嘗有書誡子曰知汝恨吾不許汝學欲自悔厲或以闔棺自欺或更擇美業且得有慨亦慰窮生但亟聞斯唱未覩其實請從先師聽言觀行冀此不復虛身吾未信汝非徒然也往年有意於史取三國志聚置床頭百日許復徙業就玄自當小差於史猶未近彷彿曼倩有云談何容易見諸玄志爲之逸腸爲之抽專一書轉通數十家注自少至老手不釋卷尚未敢輕言汝開老子卷頭五尺許未知輔嗣何所道平叔何所說馬鄭何所異指例何所明而便盛於麈尾自呼談士此最險事設令袁令命汝言易謝中書挑汝言莊張吳興叩汝言老端可復言未嘗看邪談故如射前人得破後人應解不解卽輸賭矣且論注百氏荊州八袠又才性四本聲無哀樂皆言家口實如客至之有設也汝皆未經拂耳瞥目豈有庖廚不脩而欲延大賓者哉就如張衡思侔造化郭象言類懸河不自勞苦何由至此汝曾未窺其題目未辨其指歸六十四卦未知何名莊子衆篇何者內外八袠所載凡有幾家四本之稱以何爲長而終日欺人人亦不受汝欺也由吾不

學無以爲訓然董華無嚴父放勳無令子亦各由己耳汝輩竊議亦當云阿越
不學在天地閒可嬉戲何忽自課謫幸及盛時逐歲暮何必有所減汝見其一
耳不全爾也設令吾學如馬鄭亦必甚勝復倍不如今亦必大減致之有由從
身上來也今壯年自勲數倍許勝劣及吾耳世中比例舉眼是汝足知此不復
具言吾在世雖乏德素要復推排人閒數十許年故是一舊物人或以比數汝
等耳卽化之後若自無調度誰復知汝事者舍中亦有少負令譽弱冠越超淸
級者于時王家門中優者則龍鳳劣者猶虎豹失蔭之後豈龍虎之議況吾不
能爲汝蔭政應各自努力耳或有身經三公蔑爾無聞布衣寒素卿相屈體或
父子貴賤殊兄弟聲名異何也體盡讀數百卷書耳吾今悔無所及欲以前車
誡爾後乘也汝年入立境方應從官兼有室累牽役情性何處復得下帷如王
郎時邪爲可作世中學取過一生耳試復三思勿諱吾言猶捶撻志輩冀脫萬
一未死之閒望有成就者不知當有益否各在爾身己切身豈復關吾邪鬼唯
知愛深松茂柏寧知子弟毀譽事因汝有感故略敘胸懷

張緒字思曼吳郡吳人也祖茂度會稽太守父寅太子中舍人緒少知名清簡寡欲叔父鏡謂人曰此兒今之樂廣也州辟議曹從事舉秀才建平王護軍主簿右軍法曹行參軍司空主簿撫軍南中郎二府功曹尚書倉部郎都令史諮郡縣米事緒蕭然直視不以經懷除巴陵王文學太子洗馬北中郎參軍太子中舍人本郡中正車騎從事中郎中書郎州治中黃門郎宋明帝每見緒輒歎其清淡轉太子中庶子本州大中正遷司徒左長史吏部尚書袁粲言於帝曰臣觀張緒有正始遺風宜爲宮職復轉中庶子領翊軍校尉轉散騎常侍領長水校尉尋兼侍中遷吏部郎參掌大選元徽初東宮罷選曹擬舍人王儉格外記室緒以儉人地兼美宜轉祕書丞從之緒又遷侍中中郎如故緒忘情榮祿朝野皆貴其風嘗與客閑言一生不解作諾時袁粲褚淵秉政有人以緒言告粲淵者卽出緒爲吳郡太守緒初不知也遷爲祠部尚書復領中正遷太常加散騎常侍尋領始安王師昇明二年遷太子太傅長史加征虜將軍齊臺建轉散騎常侍世子詹事建元元年轉中書令常侍如故緒善言素望甚重太祖深

加敬異僕射王儉謂人曰北士中覓張緒過江未有人不知陳仲弓黃叔度能過之不耳車駕幸莊嚴寺聽僧達道人講座遠不聞緒言上難移緒乃還僧達以近之尋加驍騎將軍欲用緒爲右僕射以問王儉儉曰南士由來少居此職褚淵在座啓上曰儉年少或不盡憶江左用陸玩顧和皆南人也儉曰晉氏衰政不可以爲准則上乃止四年初立國學以緒爲太常卿領國子祭酒常侍中正如故緒既遷官上以王延之代緒爲中書令時人以此選爲得人比晉朝之用王子敬王季琰也緒長於周易言精理奧見宗一時常云何平叔所不解易中七事諸卦中所有時義是其一也世祖卽位轉吏部尚書祭酒如故永明元年遷金紫光祿大夫領太常明年領南郡王師加給事中太常如故三年轉太子詹事師給事如故緒每朝見世祖目送之謂王儉曰緒以位尊我我以德貴緒也還散騎常侍金紫光祿大夫師如故給親信二十人復領中正長沙王晃屬選用吳興聞人邕爲州議曹緒以資籍不當執不許晃遣書佐固請之緒正色謂晃信曰此是身家州鄉殿下何得見逼七年竟陵王子良領國子祭酒世

祖敕王晏曰吾欲令司徒辭祭酒以授張緒物議以爲云何子良竟不拜以緒領國子祭酒光祿師中正如故緒口不言利有財輒散之清言端坐或竟日無食門生見緒飢爲之辦飡然未嘗求也卒時年六十八遺命作蘆葭輴車靈上置杯水香火不設祭從弟融敬重緒事之如親兄齎酒於緒靈前酌飲慟哭曰阿兄風流頓盡追贈散騎常侍特進金紫光祿大夫謚簡子子克蒼梧世正員郎險行見寵坐廢錮克弟允永明中安西功曹淫通殺人伏法允兄充永明元年爲武陵王友坐書與尚書令王儉辭旨激揚爲御史中丞到撝所奏免官禁錮論者以爲有恨於儉也案建元初中詔序朝臣欲以右僕射擬張岱褚淵謂得此過優若別有忠誠特進升引者別是一理仰由裁照詔更量說者既異今兩記焉

史臣曰王僧虔有希聲之量兼以藝業戒盈守滿屈己自容方軌諸公實平世之良相張緒凝衿素氣自然標格搢紳端委朝宗民望夫如緒之風流者豈不謂之名臣

贊曰簡穆長者其義恢恢聲律草隸爕理三台思曼廉靜自絕風埃遊心文檕物允清才

南齊書卷三十三

南齊書卷三十三考證

王僧虔傳僧虔年數歲採蠟燭珠爲鳳凰○南史云僧虔累十二博棊旣不墜落亦不重作僧綽採蠟燭珠爲鳳凰與此不同

又上羊欣所撰能書人名一卷○臣宗萬按欣所撰能書人名史以文繁不載茲附記其略以便省覽李斯趙高善大篆程邈善隸書曹喜蔡邕陳道善篆隸王次仲作八分楷法師宜官能爲大字方一丈小字方寸千言梁鵠得師宜官法邯鄲淳得次仲法毛弘鵠弟子祕書八分左子邑與淳小異杜度始有草名崔瑗善草書瑗子實亦能草書張芝善草書芝弟昶亦能草姜詡梁宣田彥和韋誕皆芝弟子並書草誕最優亦善楷誕子少季亦有能稱羅暉趙襲與伯英同時見稱張超亦善草劉德升善爲行書鍾繇書有三體一曰銘石之書二曰章程書傳祕書三曰行押書繇子會能學父書衞覬善草覬子瓘採張芝法以覬法參之更爲草藳瓘子恒亦善書索靖芝姊之孫善草書皇象亦能草陳暢善八分楊肇善草隸肇孫經亦善草隸杜畿子恕孫預

三世善草書王攸善草行書羊忱羊固並善行書李式善寫隸草弟定子公府能名同式李充母衞夫人善鍾法王逸少之師王廙能章楷謹傳鍾法廙從兄王導善藁行導子恬善隸書恬弟洽衆書通善尤能隸行洽少子珉善隸行廙兄子羲之博精羣法特善書隸羲之弟七子獻之善隸藁獻之兄玄之徽之兄子淳之並善草行王舒子允之亦善草行王濛能草隸子脩善隸行王綏善隸行郗愔善章草亦能隸子超亦善草庾亮善草行庾翼善隸行與羲之齊名謝安善隸行許靖民善隸草羲之高足晉穆帝時有張翼善學人書謝敦康昕並工隸草張弘特善飛白

南齊書卷三十三考證

南齊書卷三十四

梁　蕭　子　顯　撰

列傳第十五

虞玩之　劉休　沈沖　庾杲之　王諶

虞玩之字茂瑤會稽餘姚人也祖宗晉庫部郎父玫通直常侍玩之少閑刀筆汎涉書史解褐東海王行參軍烏程令路太后外親朱仁彌犯罪依法錄治太后怨訴孝武坐免官泰始中除晉熙國郎中令尚書起部郎通直郎元徽中爲右丞時太祖參政與玩之書曰張華爲度支尚書事不徒然今漕藏有闕吾賢居右丞已覺金粟可積也玩之上表陳府庫錢帛器械役力所懸轉多與用漸廣慮不支歲月朝議優報之遷安成王車騎錄事轉少府太祖鎮東府朝野致敬玩之猶躡屐造席太祖取屐視之訛黑斜銳蒵斷以芒接之問曰卿此屐已幾載玩之曰初釋褐拜征北行佐買之著已二十年貧士竟不辦易太祖善之引爲驃騎諮議參軍霸府初開賓客輻湊太祖留意簡接玩之與樂安任遐俱

以應對有席上之美齊名見遇遐字景遠好學有義行兼與太祖素游褚淵王儉並見親愛官至光祿大夫永元初卒玩之遷驍騎將軍黃門郎領本部中正上患民閒欺巧及即位敕玩之與驍騎將軍傅堅意檢定簿籍建元二年詔朝臣曰黃籍民之大紀國之治端自頃氓俗巧僞爲日已久至乃竊注爵位盜易年月增損三狀貿襲萬端或戶存而文書已絕或人在而反託死板停私而云隸役身強而稱六疾編戶齊家少不如此皆政之巨蠹教之深疵比年雖却籍改書終無得實若約之以刑則民僞已遠若綏之以德則勝殘未易卿諸賢並深明治體可各獻嘉謀以振澆化又臺坊訪募此制不近優刻素定閑劇有常宋元嘉以前茲役恆滿大明以後樂補稍絕或緣寇難頻起軍蔭易多民庶從利投坊者寡然國經未變朝紀恆存相揆而言隆替何速此急病之洪源晷景之切患以何科算革斯弊邪玩之上表曰宋元嘉二十七年八條取人孝建元年書籍衆巧之所始也元嘉中故光祿大夫傅隆年出七十猶手自書籍躬加隱校隆何必有石建之慎高柔之勤蓋以世屬休明服道修身故耳今陛下日

旰忘食未明求衣詔逮幽愚謹陳妄說古之共治天下唯良二千石今欲求治
取正其在勤明令長凡受籍縣不加檢合但封送州州檢得實方却歸縣吏貪
其賂民肆其奸奸彌深而却彌多賂愈厚而答愈緩自泰始三年至元徽四年
揚州等九郡四號黃籍共却七萬一千餘戶于今十一年矣而所正者猶未四
萬神州奧區尚或如此江湘諸部倍不可念愚謂宜以元嘉二十七年籍爲正
民惰法既久今建元元年書籍宜更立明科一聽首悔迷而不反依制必戮使
官長審自檢校必令明洗然後上州永以爲正若有虛昧州縣同咎今戶口多
少不減元嘉而板籍頓闕弊亦有以自孝建已來入勳者衆其中操干戈衞社
稷者三分殆無一焉勳簿所領而詐注辭籍浮遊世要非官長所拘錄復爲不
少尋蘇峻平後庾亮就温嶠求勳簿而嶠不與以爲陶侃所上多非實錄尋物
之懷私無世不有宋末落紐此巧尤多又將位既衆舉卹爲祿實潤甚微而人
領數萬如此二條天下合役之身已據其太半矣又有改注籍狀詐入仕流苦
爲人役者今反役人又生不長髮便謂爲道填街溢巷是處皆然或抱子并居

竟不編戶遷徙去來公違士斷屬役無滿流亡不歸寧喪終身疾病長臥法令
必行自然競反又四鎮戍將有名寡實隨才部曲無辨勇懦署位借給巫媪比
肩彌山滿海皆是私役行貨求位其塗甚易募役卑劇何爲投補坊吏之所以
盡百里之所以單也今但使募制明信滿復有期民無遝路則坊可立表而盈
矣爲治不患無制患在不行不患不行患在不久上省玩之表納之乃別置板
籍官置令史限人一日得數巧以防懈怠於是貨賂因緣籍注雖正猶強推却
以充程限至世祖永明八年謫巧者戍緣淮各十年百姓怨望世祖乃詔曰夫
簡貴賤辨尊卑者莫不取信於黃籍豈有假器濫榮竊服非分故所以澄革虛
妄式允舊章然釁起前代過非近失既往之愆不足追咎自宋昇明以前皆聽
復注其有謫役邊疆各許還本此後有犯嚴加翦治玩之以久宦衰疾上表告
退曰臣聞負重致遠力窮則困竭誠事君智盡必傾理固然也四十仕進七十
懸車壯則驅馳老宜休息臣生於晉長於宋老於齊世歷三代朝市再易臣以
宋元嘉二十八年爲王府行佐於茲三十年矣自頃以來衰耗漸篤爲性不懶

惰而倦怠頓來耳目本聰明而聾瞶轉積脚不支身喘不緒氣景刻不推朝晝
不保大功兄弟四十有二人通塞壽夭唯臣獨存朝露末光寧堪長久且知足
不辱臣已足矣稟命飢寒不求富貴銅山由命臣何恨焉久甘之矣直道事人
不免縲紲屬遇聖明知其非罪臣之幸厚矣授命於道消之晨效節於百揆之
日臣忠之効也降慶於文明之初荷澤於天飛之運臣命之偶也不謀巧宦而
位至九卿德慚李陵而忝居門下堯舜無窮臣亦通矣年過六十不爲天矣榮
期之三樂東平之一善臣俱盡之矣經昏踐亂涉艱履危仰聖德以求全憑賢
輔以申節未嘗厭屈於勳權長溺於狐鼠臣立身之本於斯不虧在其壯也當
官不讓及其衰矣豪露靡因伏願慈臨賜臣骸骨非爲希高慕古愛好泉林特
以丁運孤貧養禮多闕風樹之感夙自纏心庶天假其辰得二三年閑掃守丘
墓以此歸全始終之報遂矣上省表許之玩之好臧否宋末王儉舉員外郎孔
逷使虜玩之言論不相饒逷儉並恨之至是玩之東歸儉不出送朝廷無祖餞
者歸家起大宅數年卒後員外郎孔瓊就儉求會稽五官儉方盥投皂莢於地

曰卿鄉俗惡虞玩之至死煩人孔逷字世遠玩之同郡人好典故學與儉至交
昇明中爲齊臺尚書儀曹郎太祖謂之曰卿儀曹才也儉爲宰相逷嘗謀議帷
幙每及選用頗失鄉曲情儉從容啓上曰臣有孔逷猶陛下之有臣也永明中
爲太子家令卒時呼孔逷何憲爲王儉三公憲字子思廬江人以強學見知母
鎮北長史王敷之女聰明有訓識憲爲本州別駕永明十年使于虜中
劉休字弘明沛郡相人也祖徽正員郎父超九真太守休初爲駙馬都尉奉朝
請宋明帝湘東國常侍好學諳憶不爲帝所知襲祖封南鄉侯友人陳郡謝儼
同丞相義宣反休坐匿之被繫尚方七年孝武崩乃得出隨弟欽爲羅縣泰始
初諸州反休筮明帝當勝靜處不預異謀數年還投吳喜爲輔師府錄事參軍
喜稱其才進之明帝得在左右板桂陽王征北參軍帝頗有好尚尤嗜飲食休
多藝能爰及鼎味問無不解後宮孕者帝使筮其男女無不如占帝素肥瘻不
能御內諸王妓妾懷孕使密獻入宮生子之後閉其母於幽房前後十數順帝
桂陽王休範子也蒼梧王亦非帝子陳太妃先爲李道兒妾故蒼梧微行嘗自

稱爲李郎焉帝憎婦人妬尙書右丞榮彥遠以善棋見親婦妬傷其面帝曰我爲卿治之何如彥遠率爾應曰聽聖旨其夕遂賜藥殺其妻休妻王氏亦妬帝聞之賜休妾敕與王氏二十杖令休於宅後開小店使王氏親賣掃箒皂莢以辱之其見親如此尋除員外郎領輔國司馬中書通事舍人帶南城令除尙書中兵郎給事中舍人令如故除安城王撫軍參軍出爲都水使者南康相休善言治體而在郡無異績還爲正員郎邵陵王南中郎錄事建威將軍新蔡太守隨轉左軍府加鎭蠻護軍將軍太守如故還諮議司馬進寧朔將軍鎭蠻護軍太守如故徙尋陽太守將軍司馬如故後還長史沈攸之難世祖挾晉熙邵陵二王軍府鎭盆城休承奉軍費事寧仍還邵陵王安南長史除黃門郎寧朔將軍前軍長史齊臺散騎常侍建元初爲御史中丞頃之休啓曰臣自壓榮南憲星晷交春謬聞弱奏劾無空月豈唯不能使蕃邦斂手豪右屏氣乃遣聽已暴之辜替網觸羅之鳥而猶以此里失鄉黨之和朝絕比肩之顧覆背騰其喉唇武人厲其觜吻怨之所聚勢難久堪議之所裁孰懷其允臣竊尋宋世載祀六

十歷職斯任者五十有三校其年月不過盈歲於臣叨濫宜請骸骨上曰卿職當國司以威裁爲本而忽憚世誚卿便應辭之事始何可獲情晚節邪宋末上造指南車以休有思理使與王僧虔對共監試元嘉世羊欣受子敬正隸法世共宗之右軍之體微古不復見貴休始好此法至今此體大行四年出爲豫章內史加冠軍將軍卒年五十四

沈沖字景綽吳興武康人也祖宣新安太守父懷文廣陵太守沖解褐衞尉五官轉揚州主簿宋大明中懷文有文名沖亦涉獵文義轉西陽王撫軍法曹參軍尋舉秀才還爲撫軍正佐兼記室及懷文得罪被繫沖兄弟行謝情哀貌苦見者傷之柳元景欲救懷文言於帝曰沈懷文三子塗炭不可見願陛下速正其罪帝竟殺之元景爲之歎息沖兄弟以此知名泰始初以母老家貧啓明帝得爲永與令還巴陵王主簿除尚書殿中郎元徽中出爲晉安王安西記室參軍還爲司徒主簿山陰令轉司徒錄事參軍世祖爲江州沖爲征虜長史尋陽太守甚見委遇世祖還都使沖行府州事還領軍長史建元初轉驃騎諮議參

軍領錄事未及到任轉黃門郎仍遷太子中庶子世祖在東宮待以恩舊及即
位轉御史中丞侍中冠軍廬陵王子卿爲郢州以沖爲長史輔國將軍江夏內
史行府州事隨府轉爲安西長史南郡內史行荆州府事將軍如故永明四年
徵爲五兵尚書沖與兄淡淵名譽有優劣世號爲腰鼓兄弟淡淵並歷御史中
丞兄弟三人皆爲司直晉宋未有也中丞案裁之職被憲者多結怨淵永明中
彈吳與太守袁彖建武中彖從弟昂爲中丞到官數日奏彈淵子續父在傲白
幰車免官禁錮沖母孔氏在東隣家失火疑爲人所焚爇大呼曰我三兒皆作
御史中丞與人豈有善者世祖方欲任沖沖西下至南州而卒時年五十一上
甚惜之喪還詔曰沖喪柩至止惻愴良深以其昔在南蕃特兼憫悼車駕出臨
沖喪詔曰沖貞詳閑理志局淹正誠著蕃朝績彰出守不幸早世朕甚悼之追
贈太常謚曰恭子

庾杲之字景行新野人也祖深之雍州刺史父粲司空參軍杲之少而貞立學
涉文義起家奉朝請巴陵王征西參軍郢州舉秀才除晉熙王鎮西外兵參軍

世祖征虜府功曹尚書駕部郎清貧自業食唯有韮菹瀹韮生韮雜菜或戲之曰誰謂庾郎貧食鮭常有二十七種言三九也仍爲世祖撫軍中軍記室還員外散騎常侍正員郎遷中書郎領荆湘二州中正轉尚書左丞常侍領中正如故出爲王儉衛軍長史時人呼入儉府爲芙蓉池儉謂人曰昔袁公作衛軍欲用我爲長史雖不獲就要是意向如此今亦應須如我輩人也乃用杲之遷黄門郎兼御史中丞尋卽正杲之風範和潤善音吐世祖令對虜使兼侍中上每歎其風器之美王儉在座曰杲之爲蟬冕所照更生風采陛下故當與其卽真帝意未用也永明中諸王年少不得妄與人接敕杲之與濟陽江淹五日一詣諸王使申遊好尋又遷廬陵王中軍長史還尚書吏部郎參大選事轉太子右衛率加通直常侍九年卒臨終上表曰臣昨夜及旦更增氣疾自省綿痼頃刻危殆無容復臥任居隆顯玷壓明世乞解所忝待終私庭臣以凡庸謬徼昌運獎擢之厚千載難逢且年踰知命志事榮顯修夭有分無所厝言若天鑒微誠整借餘歷傾宗殞元陳力無遠仰違庭闕伏枕鯁戀送貂蟬及章詔不許杲之

歷在上府以文學見遇上造崇虛館使爲碑文卒時年五十一上甚惜之諡曰
貞子時會稽孔廣字淹源亦美姿制歷州治中卒
王諶字仲和東海郯人也祖萬慶員外常侍父元閔護軍司馬宋大明中沈曇
慶爲徐州辟諶爲迎主簿又爲州迎從事湘東王國常侍鎮北行參軍州國府
主皆宋明帝也除義陽王征北行參軍又除度明帝衞軍府諶有學義累爲帝
蕃佐及卽位除司徒參軍帶薛令兼中書舍人見親遇常在左右諶見帝所行
慘僻屢諫不從請退坐此見怒繫尚方少日出尋除尚書殿中郎徙記室參軍
正員郎薛令如故遷兼中書郎晉平王驃騎板諮議出爲湘東太守秩中二千
石未拜坐公事免復爲桂陽王驃騎府諮議參軍中書郎明帝好圍棋置圍棋
州邑以建安王休仁爲圍棋州都大中正諶與太子右率沈勃尚書水部郎庾
珪之彭城丞王抗四人爲小中正朝請褚思莊傅楚之爲清定訪問出爲臨川
內史還爲尚書左丞尋以本官領東觀祭酒卽明帝所置總明觀也還黃門轉
正員常侍輔國將軍江夏王右軍長史冠軍將軍轉給事中廷尉卿未拜建元

中武陵王曄爲會稽以諶爲征虜長史行事冠軍如故永明初遷豫章王太尉司馬將軍如故世祖與諶相遇於宋明之世欲委任爲輔國將軍晉安王南中郎長史淮南太守行府州事五年除黄門郎領驍騎將軍遷太子中庶子驍騎如故諶貞正和謹朝廷稱爲善人多與之厚八年轉冠軍將軍長沙王車騎長史徙廬陵王中軍長史將軍如故西陽王子明在南兖州長史沈憲去職上復徙諶爲征虜長史行南兖府州事將軍如故諶少貧嘗自紡績及通貴後每爲人說之世稱其志達九年卒年六十九

史臣曰鶉居𪌭飲裁樹司牧板籍之起尚未分民所以愛字之義深納隍之意重也季世以後務盡民力量財品賦以自奉養下窮而上不卹世澆而事愈變故有竊名薄閥忍賊肌膚生濫死乖趨避纒綱積虛累謬已數十年欺蔽相容官民共有爲國之道艮宜矯革若令優役輕徭則斯詐自弭明糾羣吏則茲僞不行空閱舊文徒成民幸是以崔琰之譏魏武謝安之論京師斷民之難豈直遠在周世哉

贊曰玩之止足爲論彖光劉休善筮安臥南湘沖獲時譽杲信珪璋謔惟舊序並用興王

南齊書卷三十四

南齊書卷三十四考證

虞玩之傳德慚李陵○諸本同按李陵二字有疑

玩之好臧否○南監本玩之下有於人物三字

庾杲之傳或戲之曰誰謂庾郎貧食鮭常有二十七種○按南史此爲任昉語

王諶傳祖萬慶○南史無萬字

南齊書卷三十四考證

南齊書卷三十五

梁　　蕭　　子　　顯　　撰

列傳第十六

高祖十二王

高帝十九男昭皇后生武帝豫章文獻王嶷謝貴嬪生臨川獻王映長沙威王晃羅太妃生武陵昭王曄任太妃生安成恭王暠陸修儀生鄱陽王鏘晉熙王銶袁修容生桂陽王鑠何太妃生始興簡王鑑宜都王鏗區貴人生衡陽王鈞張淑妃生江夏王鋒河東王鉉李美人生南平王銳第九第十三第十四第十七皇子早亡衡陽王鈞出繼元王後

臨川獻王映字宣光太祖第三子也宋元徽四年解褐著作佐郎遷撫軍行參軍南陽王文學沈攸之事難太祖時領南徐州以映爲寧朔將軍鎮京口事寧除中軍諮議從事中郎輔國將軍淮南宣城二郡太守並不拜仍爲假節都督南兗兗徐青冀五州諸軍事行兗州刺史將軍如故尋除給事黃門侍郎領前

軍將軍仍復爲冠軍將軍南兗州刺史假節都督復爲監軍督五州如故齊臺
建宋帝詔封映及弟晃曄暠鏘鑠鑑並爲開國縣公各千五百戸未及定土宇
而太祖踐阼以映爲使持節都督荊湘雍益梁寧南北秦八州諸軍事平西將
軍荊州刺史封臨川王食邑例二千戸又領湘州刺史豫章王嶷旣留鎭陝西
映亦不行改授散騎常侍都督揚南徐二州諸軍事前將軍揚州刺史持節如
故國家初創映以年少臨神州吏治聰敏府州曹局皆重足以奉禁令自宋彭
城王義康以後未之有也出爲都督荊湘雍益梁巴寧南北秦九州諸軍事鎭
西將軍荊州刺史持節常侍如故給鼓吹一部以國憂解散騎常侍進號征西
永明元年入爲侍中驃騎將軍二年給油絡車五年卽本號開府儀同三司七
年薨映善騎射解聲律工左右書左右射應接賓客風韻韶美朝野莫不惋惜
焉時年三十二詔賜東園祕器朝服一具衣一襲贈司空九子皆封侯長子子
晉歷東陽吳興二郡太守祕書監領後軍將軍永元初爲侍中遷左民尚書坐
從妹祖日不拜爲有司所奏事留中子晉遂不復拜梁王定京邑猶服侍中服

入梁爲輔國將軍高平太守第二子子游州陵侯解褐員外郎太子洗馬歷琅邪晉陵二郡太守黃門侍郎好音樂解絲竹雜藝梁初坐閨門淫穢及殺人爲有司所奏請議禁錮子晉謀反兄弟並伏誅

長沙威王晃字宣明太祖第四子也少有武力爲太祖所愛宋世解褐祕書郎邵陵王友不拜昇明二年代兄映爲寧朔將軍淮南宣城二郡太守初沈攸之事起晃使弓馬多從武容爩赫都街時人爲之語曰煥煥蕭四繖其年遷爲持節監豫司二州之西陽諸軍事西中郎將豫州刺史太祖踐阼晃欲陳政事輙爲典籤所裁晃執殺之上大怒手詔賜杖尋遷使持節都督南徐兗二州諸軍事後將軍南徐州刺史世祖爲皇太子拜武進陵於曲阿後湖鬭隊使晃御馬軍上聞之又不悅入爲侍中護軍將軍以國憂解侍中加中軍將軍太祖臨崩以晃屬世祖處以輦轂近蕃勿令遠出永明元年上遷南徐州刺史竟陵王子良爲南兗州以晃爲使持節都督南徐兗二州諸軍事鎮軍將軍南徐州刺史入爲散騎常侍中書監諸王在京都唯置捉刀左右四十人晃愛武飾罷徐州

還私載數百人仗還都爲禁司所覺投之江水世祖禁諸王畜私仗上聞之大怒將糾以法豫章王嶷於御前稽首流涕曰晃罪誠不足宥陛下當憶先朝念白象白象晃小字也上亦垂泣太祖大漸時誡世祖曰宋氏若不骨肉相圖他族豈得乘其衰弊汝深戒之故世祖終無異意然晃亦不見親寵當時論者以世祖優於魏文減於漢明尋加晃鎮軍將軍轉丹陽尹常侍將軍如故又爲侍中護軍將軍鎮軍如故尋進號車騎將軍侍中如故給油絡車鼓吹一部八年薨年三十一賜東園祕器朝服一具衣一襲即本號贈開府儀同三司世祖嘗幸鍾山晃從駕以馬矟刺道邊枯蘖上令左右數人引之銀纏皆卷聚而矟不出乃令晃復馳馬拔之應手便去每遠州獻駿馬上輒令晃於華林中調試之

太祖常曰此我家任城也世祖緣此意故謚曰威

武陵昭王曄字宣照太祖第五子也母羅氏從太祖在淮陰以罪誅曄年四歲思慕不異成人故每見愛初除冠軍將軍轉征虜將軍曄剛穎儁出工弈棋與諸王共作短句詩學謝靈運體以呈上報曰見汝二十字諸兒作中最爲優者

但康樂放蕩作體不辯有首尾安仁士衡深可宗尚顏延之抑其次也建元三
年出爲持節都督會稽東陽新安永嘉臨海五郡軍事會稽太守將軍如故上
遣儒士劉瓛往郡爲曄講五經世祖卽位進號左將軍入爲中書令將軍如故
轉散騎常侍太常卿又爲中書令遷祠部尚書常侍並如故曄無寵於世祖未
嘗處方嶽數以語言忤旨世祖幸豫章王嶷東田宴諸王獨不召曄嶷曰風景
殊美今日甚憶武陵上乃呼之曄善射屢發命中顧謂四坐曰手如何上神色
甚怪嶷曰阿五常日不爾今可謂仰藉天威帝意乃釋後於華林賭射上敕曄
疊破凡放六箭五破一皮賜錢五萬又於御席上舉酒勸曄曄曰陛下嘗不以
此處許臣上回面不答久之出爲江州刺史常侍如故上以曄方出外鎮求曄
宅給諸皇子曄曰先帝賜臣此宅使臣歌哭有所陛下欲以州易宅臣請不以
宅易州至鎮百餘日典籤趙渥之啓曄得失於是徵還爲左民尚書俄轉前將
軍太常卿累不得志冬節問訊諸王皆出曄獨後來上已還便殿聞曄至引見
問之曄稱牛羸不能取路上敕車府給副御牛一頭敕主客自今諸王來不隨

例者不得復爲通以公事還過竟陵王子良宅冬月道逢乞人脫襦與之子良見曄衣單薦襦於曄曄曰我與向人亦復何異尚書令王儉詣曄曄留儉設食柈中菘菜鮑魚而已又名後堂山爲首陽蓋怨貧薄也尋爲丹陽尹常侍將軍如故始不復置行事得自親政轉侍中護軍將軍給油絡車又給扶二人世祖臨崩遺詔爲衞將軍開府儀同三司給鼓吹一部大行在殯竟陵王子良在殿內太孫未立衆論喧疑曄衆中言曰若立長則應在我立嫡則應在太孫鬱林既立甚見憑賴隆昌元年年二十八薨賜東園祕器朝服贈司空侍中如故給節班劍二十人

安成恭王暠字宣曜太祖第六子也建元二年除冠軍將軍鎭石頭戍領軍事四年出爲使持節督江州豫州之晉熙諸軍事南中郎將江州刺史永明元年進號征虜將軍明年爲左衞將軍尋遷侍中領步兵校尉轉中書令五年遷祠部尚書領驍騎將軍六年出爲南徐州刺史九年遷散騎常侍祕書監領石頭戍事暠性清和多疾其夏薨年二十四贈撫軍將軍常侍如故

鄱陽王鏘字宣韶太祖第七子也建元四年世祖卽位以鏘爲使持節督雍梁南北秦四州郢州之竟陵司州之隨郡軍事北中郎將寧蠻校尉雍州刺史永明二年進號征虜將軍四年爲左衞將軍遷侍中領步兵校尉七年轉征虜將軍丹陽尹尋加散騎常侍進號撫軍出爲江州刺史常侍如故九年始親府州事加使持節督江州諸軍事安南將軍置佐史常侍如故先是二年省江州府至是乃復十一年爲領軍常侍如故鏘和悌美令有寵於世祖領軍之授齊室諸王所未爲鏘在官理事無壅當時稱之車駕遊幸常甲仗衞從恩待次豫章王嶷其年給油絡車隆昌元年轉尚書右僕射常侍如故俄遷侍中驃騎將軍開府儀同三司領兵置佐鏘雍容得物情爲鬱林王所依信鬱林心疑高宗諸王問訊獨留鏘謂之曰公聞鸞於法身何如鏘曰臣鸞於宗戚最長且受寄先帝臣等年皆尚少朝廷之幹唯鸞一人願陛下無以爲慮鬱林退謂徐龍駒曰我欲與公共計取鸞公既不同我不能獨辦且復小聽及鬱林廢鏘竟不知延興元年進位司徒侍中驃騎如故高宗鎭東府權勢稍異鏘每往高宗常屣履

至車迎鏘語及家國言淚俱下鏘以此推信之而宮臺內皆屬意於鏘勸鏘入宮發兵輔政制局監謝粲說鏘及隨王子隆曰殿下但乘油壁車入宮出天子置朝堂二王夾輔號令粲等閉城門上仗誰敢不同東城人政共縛送蕭令耳子隆欲定計鏘以上臺兵力既悉度東府且慮事難捷意甚猶豫馬隊主劉巨世祖時舊人詣鏘請閒叩頭勸鏘立事鏘命駕將入復回還內與母陸太妃別日暮不成行數日高宗遣二千人圍鏘宅害鏘謝粲等皆見殺鏘時年二十六

凡諸王被害皆以夜遣兵圍宅或斧關排牆叫噪而入家財皆見封籍焉

桂陽王鑠字宣朗太祖第八子也永明二年出爲南徐州刺史鎮京口歷代鎮府鑠出蕃始省軍府四年加散騎常侍六年遷中書令度支尚書七年轉中書令加散騎常侍時鄱陽王鏘好文章鑠好名理時人稱爲鄱桂十年遷太常常

此下缺文

賜壽遷左衛將

軍不拜遇疾上爲南康王子琳起青陽巷第新成車駕與後宮幸第樂飲其日鑑疾甚上遣騎問疾相繼爲之止樂薨年二十一遺贈中軍將軍本官新除悉如故

江夏王鋒字宣穎太祖第十二子永明五年爲輔國將軍南彭城平昌二郡太守轉散騎常侍七年遷左衛將軍仍轉侍中領石頭戍事九年出爲徐州刺史鬱林即位加散騎常侍隆昌元年入爲侍中領驍騎將軍尋加祕書監鋒好琴書有武力高宗殺諸王鋒遺書誚責左右不爲通高宗深憚之不敢於第收鋒使兼祠官於太廟夜遣兵廟中收之鋒出登車兵人欲上車防勤鋒以手擊却

數人皆應時倒地於是敢近者遂逼害之時年二十

南平王鑠字宣毅太祖第十五子也永明七年爲散騎常侍尋領驍騎將軍明年爲左民尚書朝直勤謹未常屬疾上嘉之十年出爲持節都督湘州諸軍事南中郎將湘州刺史以此賞鑠鬱林卽位進號前將軍延興元年害諸王遣裴叔業平尋陽仍進湘州鑠防閤周伯玉勸鑠拒叔業而府州力弱不敢動鑠見害年十九伯玉下獄誅

宜都王鏗字宣嚴太祖第十六子也初除遊擊將軍永明十年遷左民尚書十一年爲持節都督南豫司二州軍事冠軍將軍南豫州刺史鎭姑熟時有盜發晉大司馬桓温女塚得金蠶銀繭及珪璧等物鏗使長史蔡約自往修復纖毫不犯鬱林卽位進號征虜將軍延興元年見害年十八

晉熙王銶字宣攸太祖第十八子也永明十一年除驍騎將軍隆昌元年出爲持節督郢司二州軍事冠軍將軍郢州刺史延興元年進號征虜將軍尋見害年十六

河東王鉉字宣胤太祖第十九子也隆昌元年爲驍騎將軍出爲徐州刺史還中書令高宗誅諸王以鉉年少才弱故不加害建武元年轉爲散騎常侍鎭軍將軍置兵佐建武之世高武子孫憂危鉉每朝見常鞠躬俯僂不敢平行直視尋遷侍中衞將軍鉉年稍長四年誅王晏以謀立鉉爲名免鉉官以王還第禁不得與外人交通永泰元年上疾暴甚遂害鉉時年十九二子在孩抱亦見殺太祖諸王鉉獨無後衆竊寃之乃使揚州刺史始安王遙光臨川王子晉竟陵王昭胄太尉陳顯達尚書令徐孝嗣右僕射沈文季尚書沈淵沈約王亮奏論鉉帝答不許再奏乃從之

史臣曰陳思王表云權之所存雖疏必重勢之所去雖親必輕若夫六代之與亡曹冏論之當矣分珪命社實寄宗城就國之典旣隨世革卿士入朝作貴蕃輔皇王託體同稟尊極仕無常資秩有恆數禮地兼隆易生猜擬世祖顧命情深尊嫡淵圖遠算意在無遺豈不以羣王少弱未更多難高宗清謹同起布衣故韜末命於近親寄重權於疏戚子弟布列外有強大之勢支庶中立可息覬

覦之謀表裏相維足固家國曾不慮機能運衡權可制衆宗族殲滅一至于斯

曹植之言信之矣

贊曰高十二王始建封植獻昭機警威江才力恭篘恬和鄱桂清識四王少戚

同規謹敕

南齊書卷三十五

南齊書卷三十五考證

宜都王鏗傳纖毫不犯○汲古閣本此句下注云宋本無已上十六字

南齊書卷三十五考證

南齊書卷三十六

梁　蕭　子　顯　撰

列傳第三十七

謝超宗　劉祥

謝超宗陳郡陽夏人也祖靈運宋臨川內史父鳳元嘉中坐靈運事同徙嶺南早卒元嘉末超宗得還與慧休道人來往好學有文辭盛得名譽解褐奉朝請新安王子鸞孝武帝寵子超宗以選補王國常侍王母殷淑儀卒超宗作誄奏之帝大嗟賞曰超宗殊有鳳毛恐靈運復出轉新安王撫軍行參軍泰始初爲建安王司徒參軍事尚書殿中郎三年都令史駱宰議策秀才考格五問並得爲上四三爲中二爲下一不合與第超宗議以爲片辭折獄寸言挫衆魯史褒貶孔論與替皆無俟繁而後秉裁夫表事之淵析理之會豈必委牘方切治道非患對不盡問患以恆文弗奇必使一通峻正寧劣五通而常與其俱奇必使一亦宜採詔從宰議遷司徒主簿丹陽丞建安王休仁引爲司徒記室正員郎

兼尚書左丞中郎以直言忤僕射劉康左遷通直常侍太祖爲領軍數與超宗共屬文愛其才翰衛將軍袁粲聞之謂太祖曰超宗開亮迥悟善可與語取爲長史臨淮太守粲既誅太祖以超宗爲義興太守昇明二年坐公事免詣東府門自通其日風寒慘厲太祖謂四座曰此客至使人不衣自暖矣超宗既坐飲酒數甌辭氣橫出太祖對之甚歡板爲驃騎諮議及即位轉黃門郎有司奏撰立郊廟歌敕司徒褚淵侍中謝朏散騎侍郎孔稚珪太學博士王咺之總明學士劉融何法冏何曇秀等十人並作超宗辭獨見用爲人仗才使酒多所陵忽在直省常醉上召見語及北方事超宗曰虜動來二十年矣佛出亦無如何以失儀出爲南郡王中軍司馬超宗怨望謂人曰我今日政應爲司驢爲省司所奏以怨望免官禁錮十年司徒褚淵送湘州刺史王僧虔閣道壞墜水僕射王儉嘗牛驚跣下車超宗撫掌笑戲曰落水三公墮車僕射前後言誚稍布朝野世祖即位使掌國史除竟陵王征北諮議參軍領記室愈不得志超宗娶張敬兒女爲子婦上甚疑之永明元年敬兒誅超宗謂丹陽尹李安民曰往年殺韓

信今年殺彭越尹欲何計安民具啓之上積懷超宗輕慢使兼中丞袁彖奏曰
風聞征北諮議參軍謝超宗根性浮險率情躁薄仕近聲權務先諂狎人裁疎
黜亟便詆賤卒然面譽旋而背毁疑閒台賢每窮詭舌訕貶朝政必聲凶言腹
誹口謗莫此之甚不敬不諱罕與爲二輒攝白從王永先到臺辨問超宗有何
罪過詣諸貴皆有不遜言語並依事列對永先列稱主人超宗恆行來詣諸貴
要每多觸忤言語怨懟與張敬兒周旋許結姻好自敬兒死後惋歎忿慨今月
初詣李安民語論張敬兒不應死安民道敬兒書疏墨迹炳然卿何忽作此語
其中多有不遜之言小人不悉盡羅縷諳憶如其辭列則與風聞符同超宗罪
自已彰宜附常准超宗少無士行長習民慝狂狡之跡聯代所疾迷慠之釁累
朝兼觸劾容掃轍久埋世表屬聖明廣愛忍禍宣慈捨之憲外許以改過野心
不悛在宥方驕才性無親處恩彌戾遂連扇非端空生怨懟恣囂毒於京輔之
門揚凶悖於卿守之席此而不翦國章何寄此而可貸孰不可容請以見事免
超宗所居官解領記室輒勒外收付廷尉法獄治罪超宗品第未入簡奏臣輒

奉白簡以聞世祖雖可其奏以彖言辭依違大怒使左丞王逡之奏曰臣聞行
父盡忠無禮斯疾農夫去草見惡必耘所以振纓稱良登朝著績未有尸位存
私而能保其榮名者也今月九日治書侍御史臣司馬侃啓彈征北諮議參軍
事謝超宗稱根性昏動率心險放悖議爽眞囂辭犯實親朋忍聞衣冠掩目輒
收付廷尉法獄治罪處劾雖重文辭簡略事入主書被却還外其晚兼御史中
丞臣袁彖改奏白簡始粗詳備厥初隱衞實彖之由尋超宗植性險戾稟行凶
詖豺狼野心久暴遐邇張敬兒潛圖反噬罰未塞𧫒而稱怨痛枉形于言貌協
附姦邪疑閒勳烈構扇異端譏議時政行路同忿有心咸疾而阿昧苟容輕文
略奏又彈事舊體品第不簡而疊戾殊常者皆命議親奏以彰深𧫒況超宗罪
逾四凶過窮南竹雖下輒收而文止黃案沈浮弃見輕重相乖此而不糾憲綱
將替彖才識疎淺質幹無聞憑戚昇榮因慈荷任不能克己厲情少酬恩奬撓
法容非用申私惠何以糾正邦違式明王度臣等參議請以見事免彖所居官
解兼御史中丞輒攝曹依舊下禁止視事如故治書侍御史臣司馬侃雖承稟

有由而初無疑執亦合及咎請杖督五十奪勞百日令史卑微不足申盡啓可
奉行侃奏彈之始臣等並即經見加推糾案入主書方被却檢疏謬之曆伏追
震悚詔曰超宗釁同大逆罪不容誅象匿情欺國愛朋罔主事合極法特原收
治免官如案禁錮十年超宗下廷尉一宿髮白皓首詔徙越州行至豫章上敕
豫章內史虞悰曰謝超宗令於彼賜自盡勿傷其形骸明年超宗門生王永先
又告超宗子才卿死罪二十餘條上疑其虛妄以才卿付廷尉辯以不實見原
永先於獄自盡

劉祥字顯徵東莞莒人也祖式之吳郡太守父歛太宰從事中郎祥宋世解褐
爲巴陵王征西行參軍歷驃騎中軍二府太祖太尉東閤祭酒驃騎主簿建元
中爲冠軍征虜功曹爲府主武陵王曄所遇除正員外祥少好文學性韻剛疏
輕言肆行不避高下司徒褚淵入朝以腰扇鄣日祥從側過曰作如此舉止羞
面見人扇鄣何益淵曰寒士不遜祥曰不能殺袁劉安得免寒士永明初遷長
沙王鎮軍板諮議參軍撰宋書譏斥禪代尚書令王儉密以啓聞上銜而不問

歷鄱陽王征虜豫章王大司馬諮議臨川王驃騎從事中郎祥兄整爲廣州卒
官祥就整妻求還資事聞朝廷於朝士多所貶忽王奐爲僕射祥與奐子融同
載行至中堂見路人驅驢祥曰驢汝好爲之如汝人才皆已令僕著連珠十五
首以寄其懷辭曰蓋聞興教之道無尙必同拯俗之方理貴袪弊故揖讓之禮
行乎堯舜之朝干戈之功盛於殷周之世清風以長物成春素霜以凋嚴戒節
蓋聞鼓鼙懷音待揚桴以振響天地涵靈資昏明以垂位是以俊乂之臣借湯
武而隆英達之君假伊周而治蓋聞懸饑在歲式羡藜藿之飽重炎灼體不念
狐白之温故才以偶時爲劭道以調俗爲尊蓋聞習數之功假物可尋探索之
明循時則缺故班匠日往繩墨之伎不衰大道常存機神之智永絶蓋聞理定
於心不期俗賞情貫於時無悲世辱故芬芳各性不待汨渚之哀明白爲寶無
假荆南之哭蓋聞百仞之臺不挺陵霜之木盈尺之泉時降夜光之寶故理有
大而乖權物有微而至道蓋聞忠臣赴節不必在朝列士匡時義存則幹故包
胥垂涕不荷肉食之謀王歜投身不主廟堂之算蓋聞智出乎身理無或困聲

係於物才有必窮故陵波之羽不能淨浿盈岫之木無以輟風蓋聞良寶遇拙則奇文不顯達士逢讒則英才滅耀故墜葉垂蔭明月爲之隔輝堂宇留光蘭燈有時不照蓋聞跡慕近方必勢遺於遠大情係驅馳固理忘於肥遯是以臨川之士時結羨網之悲負肆之氓不抱屠龍之歎蓋聞數之所隔雖近則難情之所符雖遠則易是以陟歎流霜時獲感天之誠泣血從刑而無悟主之智蓋聞妙盡於識神遠則遺功接於人情微則著故鍾鼓在堂萬夫傾耳大道居身有時不遇蓋聞列草深岫不改先冬之悴植松澗底無奪後凋之榮故展禽三黜而無下愚之譽千秋一時而無上智之聲蓋聞希世之寶違時則賤偉俗之器無聖必淪故鳴玉黜於楚岫章甫窮於越人蓋聞聽絕於聰非疾響所達神閉於明非盈光所燭故破山之雷不發聾夫之耳朗夜之輝不開矇叟之目有以祥連珠啓上者上令御史中丞任遐奏曰祥少而狡異長不悛徙請謁絕於私館反脣彰於公庭輕議乘輿歷貶朝望肆醜無避縱言自若厥兄浮櫬天倫無一日之悲南金弗獲嫂姪致其輕絕孤舟夐反存沒相捐遂令暴客掠奪骸

樞行路流歎有識傷心攝祥門生孫狠兒列祥頃來飲酒無度言語闌逸道說
朝廷亦有不遜之語實不避左右非可稱紙墨兒整先爲廣州於職喪亡去年
啓求迎喪還至大雷聞祥與整妻孟爭計財物瞋忿祥仍委前還後未至鵲頭
其夜遭劫內人並爲凶人所淫略如所列與風聞符同請免官付廷尉上別遣
敕祥曰卿素無行檢朝野所悉輕棄骨肉侮蔑兄嫂此是卿家行不足乃無關
他人卿才識所知蓋何足論位涉清途於分非屈何意輕肆口噦詆目朝士造
席立言必以貶裁爲口實冀卿年齒已大能自感厲日望悛革如此所聞轉更
增甚誼議朝廷不避尊賤肆口極辭彰暴物聽近見卿影連珠寄意悖慢彌不
可長卿不見謝超宗其才地二三故在卿前事殆是百分不一我當原卿性命
令卿萬里思𠍴卿若能改革當令卿得還獄鞫祥辭祥對曰被問少習狡異長
而不悛頃來飲酒無度輕議乘輿歷貶朝望每肆醜言無避尊賤迋答奉旨囚
出身入官二十餘年沈悴草萊無明天壤皇運初基便蒙抽擢祭酒主簿並皆
先朝相府聖明御寓榮渥彌隆諮議中郎一年再澤廣筵華宴必參末例朝半

問訊時奉天暉因雖頑愚豈不識恩有何怨望敢生譏議因歷府以來伏事四王武陵功曹凡涉二載長沙諮議故經少時奉隸大司馬並被恩拂驃騎中郎親職少日臨川殿下不遺蟲蟻賜參辭華司徒殿下文德英明四海傾屬因不涯卑遠隨例問訊時節拜覲亦沾晒議自餘令王未被祗拜既不經伏節理無厚薄敕旨製書令有疑則啓因以天日懸遠未敢塵穢私之疑事衞將軍臣儉宰輔聖朝令望當世因自斷才短密以諮儉儉爲折衷紙迹猶存未解此理云何敢爲歷貶朝望云因輕議乘輿爲向誰道若向人道則應有主甲豈有事無髣髴空見羅謗因性不耐酒親知所悉強進一升便已迷醉其餘事事自申乃徙廣州祥至廣州不得意終日縱酒少時病卒年三十九祥從祖兄彪祥曾祖穆之正胤建元初降封南康縣公虎賁中郎將永明元年坐廟墓不脩削爵後爲羽林監九年又坐與亡弟母楊別居不相料理楊死不殯葬崇聖寺尼慧首剃頭爲尼以五百錢爲買棺材以泥洹輿送葬劉墓爲有司所奏事寢不出
史臣曰魏文帝云文人不護細行古今之所同也由自知情深在物無競身名

之外一槩可蔑既狥斯道其弊彌流聲裁所加取忤人世向之所以貴身翻成害己故通人立訓爲之而不恃也

贊曰超宗藴文粗構餘芬劉祥慕異言亦不羣違朝失典流放南濆

南齊書卷三十六

南齊書卷三十六考證

史臣贊超宗蘊文粗構餘芬〇諸本同　臣承蒼按粗疑當作祖謂有靈運之餘芬也祖構二字見三都賦序

南齊書卷三十六考證

南齊書卷三十七

梁　　蕭　子　顯　撰

列傳第十八

到撝　劉悛　虞悰　胡諧之

到撝字茂謙，彭城武原人也。祖彥之，宋驃騎將軍。父仲度，驃騎從事中郎。撝襲爵建昌公，起家爲太學博士，除奉車都尉，試守延陵令，非所樂，去官。除新安王北中郎行參軍，坐公事免。除新安王撫軍參軍，未拜，新安王子鸞被殺，仍除長兼尚書左民郎中。明帝立，欲收物情，以撝功臣後，擢爲太子洗馬，除王景文安南諮議參軍。撝資籍豪富，厚自奉養，宅宇山池，京師第一，妓妾姿藝，皆窮上品。才調流贍，善納交遊，庖廚豐腆，多致賓客。愛妓陳玉珠，明帝遣求，不與，逼奪之，撝頗怨望。帝令有司誣奏撝罪，付廷尉，將殺之。撝入獄數宿，鬚鬢皆白。免死，繫尚方，奪封與弟賁。撝由是屏斥聲玩，更以貶素自立。帝除撝爲羊希恭寧朔府參軍，徙劉韞輔國王景文鎮南參軍，並辭疾不就。尋板假明威將軍，仍除桂陽

王征南參軍轉通直郞解職帝崩後弟賁表讓封還撝朝議許之遷司徒左西
屬又不拜居家累年弟遁元徽中爲寧遠將軍輔國長史南海太守在廣州昇
明元年沈攸之反刺史陳顯達起兵以應朝廷遁以猶預見殺遁家人在都從
野夜歸見兩三人持堊刷其家門須臾滅明日而遁死問至撝惶懼詣太祖謝
即板爲世祖中軍諮議參軍建元初遷司徒右長史出爲永嘉太守爲黃門郞
解職世祖即位遷太子中庶子不拜又除長沙王中軍長史司徒左長史宋世
上數遊會撝家同從明帝射雉郊野渴倦撝得早青瓜與上對剖食之上懷其
舊德意眄良厚至是一歲三遷永明元年加輔國將軍轉御史中丞車駕幸丹
陽郡宴飲撝恃舊酒後狎侮同列言笑過度爲左丞庾杲之所糾贖論三年復
爲司徒左長史轉左衞將軍隨王子隆帶彭城郡撝問訊不修民敬爲有司所
舉免官久之白衣兼御史中丞轉臨川王驃騎長史司徒左長史遷五兵尚書
出爲輔國將軍廬陵王中軍長史母憂去官服未終八年卒年五十八弟賁初
爲衞尉主簿奉車都尉昇明初爲中書郞太祖驃騎諮議建元中爲征虜司馬

卒賁弟坦解褐本州西曹昇明二年亦爲太祖驃騎參軍歷豫章王鎮西驃騎
二府諮議坦美鬚髯與世祖豫章王有舊坦仍隨府轉司空太尉參軍出爲晉
安內史還又爲大司馬諮議中書郎卒

劉悛字士操彭城安上里人也彭城劉同出楚元王分爲三里以別宋氏帝族
祖𨽻之汝南新蔡二郡太守父勔司空劉延孫爲南徐州初辟悛從事隨父勔
征竟陵王誕於廣陵以功拜駙馬都尉轉宗慤寧蠻府主簿建安王司徒騎兵
參軍復隨父勔征殷琰於壽春於横塘死虎累戰皆勝歷遷員外郎太尉司徒
二府參軍代世祖爲尚書庫部郎還振武將軍蜀郡太守未之任復從父勔征
討假寧朔將軍拜鄱陽縣侯世子轉桂陽王征北中兵參軍與世祖同直殿內
爲明帝所親待由是與世祖款好還通直散騎侍郎出爲安遠護軍武陵內史
郡南江古堤久廢不緝悛修治未畢而江水忽至百姓棄役奔走悛親率厲之
於是乃立漢壽人邵榮與六世同爨表其門閭悛強濟有世調善於流俗蠻王
田僮在山中年垂百餘歲南譙王義宣爲荊州僮出謁至是又出謁悛明帝崩

表奔赴敕帶郡還都吏民送者數千人悛人人執手係以涕泣百姓感之贈送
甚厚仍除散騎侍郎桂陽難加寧朔將軍助守石頭父勔於大桁戰死悛時疾
病扶伏路次號哭求勔屍勔屍項後傷缺悛割髮補之持哭墓側冬月不衣絮
太祖代勔爲領軍素與勔善書譬悛曰承至性毀瘵轉之危慮深以酸怛終哀
全生先王明軌豈有去縗纊撤溫席以此悲號得終其孝性邪當深顧往旨少
自抑勉建平王景素反太祖總衆軍出頓玄武湖悛初免喪太祖欲使領支軍
召見悛兄弟皆羸削改貌於是乃止除中書郎行宋南陽八王事轉南陽王南
中郎司馬長沙內史行湘州事未發霸業初建悛先致誠節沈攸之事起加輔
國將軍世祖鎮盆城上表西討求悛自代世祖既不行悛除黃門郎行吳郡事
尋轉晉熙王撫軍中軍二府長史行揚州事出爲持節督廣州廣州刺史將軍
如故襲爵鄱陽縣侯世祖自尋陽還遇悛於舟渚間歡宴敘舊停十餘日乃下
遺文惠太子及竟陵王子良攝衣履修父友之敬太祖受禪國除進號冠軍將
軍平西記室參軍夏侯恭叔上書以柳元景中興功臣劉勔殞身王事宜存封

爵詔曰與運隆替自古有之朝議已定不容復厝意也初蒼梧廢太祖集議中華門見悛謂之曰君昨直耶悛答曰僕昨乃正直而言急在外至是上謂悛曰功名之際人所不忘卿昔於中華門答我何其欲謝世事悛曰臣世受宋恩門荷齊眷非常之勳非臣所及進不遠怨前代退不孤負聖明敢不以實仰答遷太子中庶子領越騎校尉時世祖在東宮每幸悛坊閑言至夕賜屛風帷帳世祖卽位改領前軍將軍中庶子如故征北竟陵王子良帶南兗州以悛爲長史加冠軍將軍廣陵太守轉持節都督司州諸軍事司州刺史將軍如故悛父勔討殷琰平壽陽無所犯害百姓德之爲立碑祀悛步道從壽陽之鎭過勔碑拜敬泣涕初義陽人夏伯宜殺剛陵戍主叛渡淮虜以爲義陽太守悛設計購誘之虜缺州刺史謝景殺伯宜兄弟北襄城太守李榮公歸降悛於州治下立學校得古禮器銅罍銅甑山罍罇銅豆鍾各二口獻之還長兼侍中車駕數幸悛宅宅盛治山池造甕牖世祖著鹿皮冠被悛菟皮衾於牖中宴樂以冠賜悛至夜乃去後悛從駕登蔣山上數歎曰貧賤之交不可忘糟糠之妻不下堂顧謂

悛曰此況卿也世言富貴好改其素情吾雖有四海今日與卿盡布衣之適悛起拜謝遷冠軍將軍司徒左長史尋以本官行北兗州緣淮諸軍事徙始興王前軍長史平蠻校尉蜀郡太守將軍如故行益州府州事郡尋改爲內史隨府轉安西悛治事嚴辦以是會旨宋代太祖輔政有意欲鑄錢以禪讓之際未及施行建元四年奉朝請孔顗上鑄錢均貨議辭證甚博其略以爲食貨相通理勢自然李悝曰糴甚貴傷民甚賤傷農民傷則離散農傷則國貧甚賤與甚貴其傷一也三吳國之關閫比歲被水潦而糴不貴是天下錢少非穀穰賤此不可不察也鑄錢之弊在輕重屢變重錢患難用而難用爲累輕輕錢弊盜鑄而盜鑄爲禍深民所盜鑄嚴法不禁者由上鑄錢惜銅愛工也惜銅愛工者謂錢無用之器以通交易務欲令輕而數多使省工而易成不詳慮其爲患也自漢鑄五銖錢至宋文帝歷五百餘年制度世有廢興而不變五銖錢者明其輕重可法得貨之宜以爲宜開置泉府方牧貢金大興鎔鑄錢重五銖一依漢法府庫已實國用有儲乃量奉祿薄賦稅則家給民足頃盜鑄新錢者皆効作翦鑿

不鑄大錢也摩澤淄染始皆類故交易之後渝變還新良民弗皆淄染不復行矣所鬻賣者皆徒失其物盜鑄者復賤買新錢淄染更用反覆生詐循環起姦此明主尤所宜禁而不可長也若官鑄已布於民使嚴斷翦鑿小輕破缺無周郭者悉不得行官錢細小者稱合銖兩銷以爲大利貧良之民塞姦巧之路錢貨既均遠近若一百姓樂業市道無爭衣食滋殖矣時議者多以錢貨轉少宜更廣鑄重其銖兩以防民姦太祖使諸州郡大市銅炭會宴駕事寢永明八年悛啓世祖曰南廣郡界蒙山下有城名蒙城可二頃地有燒鑪四所高一丈廣一丈五尺從蒙城渡水南百許步平地掘土深二尺得銅又有古掘銅坑深二丈幷居宅處猶存鄧通南安人漢文帝賜嚴道縣銅山鑄錢今蒙山近青衣水南青衣在側並是故秦之嚴道地青衣縣又改名漢嘉且蒙山去南安二百里案此必是通所鑄近喚蒙山獠出云甚可經略此議若立潤利無極幷獻蒙山銅一片又銅石一片平州鐵刀一口上從之遣使入蜀鑄錢得千餘萬功費多乃止悛仍代始興王鑑爲持節監益寧二州諸軍事益州刺史將軍如故悛既

藉舊恩尤能悅附人主承迎權貴賓客閨房供費奢廣罷廣司二州傾資貢獻家無留儲在蜀作金浴盆餘金物稱是罷任以本號還都欲獻之而世祖宴駕鬱林新立悛奉獻減少鬱林知之諷有司收悛付廷尉將加誅戮高宗啓救之見原禁錮終身雖見廢黜而賓客日至悛婦弟王法顯同宋桂陽事遂啓別居終身不復見之海陵王卽位以白衣除兼左民尚書尋除正高宗立加領驍騎將軍復故官駙馬都尉建武二年虜主侵壽陽詔悛以本官假節出鎮瀷湖還散騎常侍右衛將軍虜寇旣盛悛又以本官出屯新亭悛歷朝皆見恩遇太祖爲鄱陽王鏘納悛妹爲妃高宗又爲晉安王寶義納悛女爲妃自此連姻帝室王敬則反悛出守瑯邪城轉五兵尚書領太子左衛率未拜明帝崩東昏卽位改授散騎常侍領驍騎將軍尚書如故衛送山陵卒年六十一贈太常常侍都尉如故謚曰敬

虞悰字景豫會稽餘姚人也祖嘯父晉左民尚書父秀之黃門郎悰少而謹敕有至性秀之於都亡悰東出奔喪水漿不入口州辟主簿建平王參軍尚書儀

曹郎太子洗馬領軍長史正員郎累至州治中別駕黃門郎初世祖始從官家
尙貧薄悰推國士之眷數相分與每行必呼上同載上甚德之昇明中世祖爲
中軍引悰爲諮議參軍遣吏部郎江謐持手書謂悰曰今因江吏郎有白以君
情顧意欲相屈建元初轉太子中庶子遷後軍長史領步兵校尉鎭北長史寧
朔將軍南東海太守尋爲豫章內史將軍如故悰治家富殖奴婢無游手雖在
南土而會稽海味無不畢致焉遷輔國將軍始興王長史平蠻校尉蜀郡太守
轉司徒司馬將軍如故悰善爲滋味和齊皆有方法豫章王嶷盛饌享賓謂悰
曰今日肴羞寧有所遺不悰曰恨無黃頷臛何曾食疏所載也遷散騎常侍太
子右率永明八年大水百官戎服救太廟悰朱衣乘車鹵簿於宣陽門外行馬
內驅打人爲有司所奏見原上以悰布衣之舊從容謂悰曰我當令卿復祖業
轉侍中朝廷咸驚其美拜還祠部尙書世祖幸芳林園就悰求扁米糲悰獻糲
及雜肴數十轝太官鼎味不及也上就悰求諸飮食方悰祕不肯出上醉後體
不快悰乃獻醒酒鯖鮓一方而已出爲冠軍將軍車騎長史轉度支尙書領步

兵校尉鬱林立改領右軍將軍揚州大中正兼大匠卿起休安陵於陵所受局
下牛酒坐免官隆昌元年以白衣領職鬱林廢悰竊歎曰王徐遂縛袴廢天子
天下豈有此理邪延興元年復領右軍明帝立悰稱疾不陪位帝使尚書令王
晏賫廢立事示悰以悰舊人引參佐命悰謂晏曰主上聖明公卿勠力寧假朽
老以匡贊惟新乎不敢聞命朝議欲糾之僕射徐孝嗣曰此亦古之遺直衆議
乃止悰稱疾篤還東上表曰臣族陋海區身微稽土猥屬興運荷竊稠私徒越
星紀終慙報荅衞養乖方抱疾嬰固寢瘵以來倏踰旬朔頻加醫治曾未瘳損
惟此朽頓理難振復乞解所職盡療餘辰詔賜假百日轉給事中光祿大夫尋
加正員常侍永元元年卒時年六十五悰性敦實與人知識必相存訪親疏皆
有終始世以此稱之從弟袤矢志不仕王敬則反取袤監會稽郡而軍事悉付
寒人張靈寶郡人攻郡殺靈寶袤以不豫事得全
胡諧之豫章南昌人也祖廉之治書侍御史父翼之州辟不就諧之初辟州從
事主簿臨賀王國常侍員外郎撫軍行參軍晉熙王安西中兵參軍南梁郡太

守以器局見稱徙邵陵王南中郎中兵領汝南太守不拜除射聲校尉州別駕除左軍將軍不拜仍除邵陵王左軍諮議世祖頻龕城使諧之守尋陽城及爲江州復以諧之爲別駕委以事任文惠太子鎮襄陽世祖以諧之心腹出爲北中郎征虜司馬扶風太守爵關內侯在鎮毗贊甚有心力建元二年還爲給事中驍騎將軍本州中正轉黃門郎領羽林監永明元年轉守衛尉中正如故明年加給事中三年遷散騎常侍太子右率五年遷左衛將軍加給事中中正如故諧之風形瓌潤善自居處兼以舊恩見遇朝士多與交遊六年遷都官尚書上欲遷諧之嘗從容謂諧之曰江州有幾侍中邪諧之答曰近世唯有程道惠一人而已上曰當令有二後以語尚書令王儉儉意更異乃以爲太子中庶子領左衛率諧之兄謨之亡諧之上表曰臣私門罪舋早備荼苦兄弟三人共相撫鞠嬰孩抱疾得及成人長兄臣諶之復早殞沒與亡第二兄臣謨之銜戚家庭得蒙訓長情同極廕何圖一旦奄見棄放吉凶分違不獲臨奉乞解所職詔不許改衛尉中庶子如故八年上遣諧之率禁兵討巴東王子響於江陵兼長

史行事臺軍爲子響所敗有司奏免官權行軍事如故復爲衛尉領中庶子本州中正諧之有識計每朝廷官缺及應遷代密量上所用人皆如其言虞悰以此稱服之十年轉度支尚書領衛尉明年卒年五十一贈右將軍豫州刺史諡曰肅

史臣曰送錢贏兩言此無忘一簞之懷報以都尉千金可失貴在人心夫謹而信汎愛衆其爲利也博矣況乎先覺潛龍結厚於布素隨才致位理固然也

贊曰到藉豪華晚懷虛素虞生富厚侈不違度劉實朝交胡乃蕃故頡頏亮采康衢騁步

南齊書卷三十七

南齊書卷三十七考證

劉悛傳劉悛○臣祖庚按南史云悛本名忱宋明帝多忌反語劉忱爲臨讐改名悛焉傳不載

桂陽難加寧朔將軍○諸本同南史陽下有之字

持哭墓側○哭南監本作喪於義較長

永明八年罷廣司二州○臣祖庚按通鑑考異曰悛出督廣州世祖自尋陽東下遇悛舟於渚間是時齊未受禪也罷廣州計當在世祖居東宮時據此則非永明八年事通鑑列于永明十一年互有不同

南齊書卷三十七考證

南齊書卷三十八

梁　蕭　子　顯　撰

列傳第十九

蕭景先　蕭赤斧子穎胄

蕭景先南蘭陵蘭陵人太祖從子也祖爰之員外郎父敬宗始興王國中軍景先少遭父喪有至性太祖嘉之及從官京邑常相提攜解褐爲海陵王國上軍將軍補建陵令還爲新安王國侍郎桂陽國右常侍太祖鎭淮陰景先以本官領軍主自隨防衞城內委以心腹除後軍行參軍邛縣令員外郎與世祖款暱世祖爲廣與郡啓太祖求景先同行除世祖寧朔府司馬自此常相隨逐世祖爲鎭西長史以景先爲鎭西長流參軍除寧朔將軍隨府轉撫軍中兵參軍尋除諮議領中兵如故昇明初爲世祖征虜府司馬領新蔡太守隨上鎭盆城沈攸之事平還都除寧朔將軍驍騎將軍仍爲世祖撫軍中軍二府司馬兼左衞將軍建元元年還太子左衞率封新吳縣伯邑五百戶景先本名道先乃改避

上諱出爲持節督司州軍州事寧朔將軍司州刺史領義陽太守是冬虜出淮泗增司部邊戍兵義陽人謝天蓋與虜相構扇景先言於督府驃騎豫章王遣輔國將軍中兵參軍蕭惠朗二千人助景先惠朗依山築城斷塞關隘討天蓋黨與虜尋遣僞南部尚書頞跋屯汝南洛州刺史昌黎王馮莎屯清丘景先嚴備待敵豫章王又遣寧朔將軍王僧炳前軍將軍王應之龍驤將軍莊明三千人屯義陽關外爲聲援虜退進號輔國將軍景先啓稱上德化之美上答曰風淪俗敗二千餘年以吾當之豈得頓掃幸得數載盡力救蒼生者必有功於萬物也治天下者雖聖人猶須良佐汝等各各自竭不憂不治也世祖即位徵爲侍中領左軍將軍尋兼領軍將軍景先事上盡心故恩寵特密初西還上坐景陽樓召景先語故舊唯豫章王一人在席而已轉中領軍車駕射雉郊外行游景先常甲仗從廉察左右尋進爵爲侯領太子詹事本官如故遭母喪詔起爲領軍將軍遷征虜將軍丹陽尹五年荒人桓天生引蠻虜於雍州界上司部以北人情騷動上以景先諳究司土詔曰得雍州刺史張瓌啓事蠻虜相扇容

或侵軼蜂蠆有毒宜時剿蕩可遣征虜將軍丹陽尹景先總率步騎直指義陽可假節司州諸軍皆受節度景先至鎮屯軍城北百姓乃安牛酒來迎軍未還遇疾遺言曰此度疾病異於前後自省必無起理但夙荷深恩今謬充戎寄闇弱每事不稱上慚慈旨便長違聖世悲哽不知所言可爲作啓事上謝至尊粗申愚心毅雖成長素闕訓範貞等幼稚未有所識方以仰累聖明非殘息所能陳謝自丁荼毒以來妓妾已多分張所餘醜猥數人皆不似事可以明月佛女桂支佛兒玉女美玉上臺美滿豔華奉東宮私馬有二十餘匹牛數頭可簡好者十匹牛二頭上臺馬五匹牛一頭奉東宮大司馬司徒各奉二匹驃騎鎮軍各奉一匹應私仗器亦悉輸臺六親多未得料理可隨宜溫卹微申素意所賜宅曠大恐非毅等所居須喪服竟可輸還臺劉家前宅久聞其貨可合率市之直若短少啓官乞足三處田勤作自足供衣食力少更隨宜買麤猥奴婢充使不須餘營生周旋部曲還都理應分張其久舊勞勤者應料理隨宜啓聞乞恩卒時年五十上傷惜之詔曰西信適至景先奄至喪逝悲懷切割自不勝任今

便舉哀賻錢十萬布二百匹景先喪還詔曰故假節征虜將軍丹陽尹新吳侯
景先器懷開亮幹局通敏綢繆少長義兼勳戚誠著夷險績茂所司方升寵榮
用申任寄奄至喪逝悲痛良深可贈侍中征北將軍南徐州刺史給鼓吹一部
假節侯如故諡曰忠侯子毅以勳戚子少歷清官太子舍人洗馬隨王友永嘉
太守大司馬諮議參軍南康太守中書郎建武初爲撫軍司馬還北中郎司馬
虜動領軍守琅邪城毅性奢豪好弓馬爲高宗所疑忌王晏事敗幷陷誅之遣
軍圍宅毅時會賓客奏伎聞變索刀未得收人突進挾持毅入與母別出便殺
之
蕭赤斧南蘭陵人太祖從祖弟也祖隆子衞軍錄事參軍父始之冠軍中兵參
軍赤斧歷官爲奉朝請以和謹爲太祖所知宋大明初竟陵王誕反廣陵赤斧
爲軍主隸沈慶之圍廣陵城攻戰有勳事寧封永安亭侯食邑三百七十戶除
車騎行參軍出補晉陵令員外郎丹陽令還除晉熙王撫軍中兵參軍出爲建
威將軍錢唐令遷正員郎赤斧治政爲百姓所安吏民請留之時議見許改除

寧朔將軍太祖輔政以赤斧爲輔國將軍左軍會稽司馬輔鎭東境還黃門郎淮陵太守順帝遜位於丹陽故治立宮上令赤斧輔送至薨乃還建元初還武陵王冠軍長史驃騎司馬南東海太守輔國將軍並如故還長兼侍中祖母喪去職起爲冠軍將軍寧蠻校尉出爲持節督雍梁南北秦四州郢州之竟陵司州之隨郡軍事雍州刺史本官如故在州不營產利勤於奉公還散騎常侍左衞將軍世祖親遇與蕭景先相比封南豐縣伯邑四百戶還給事中太子詹事赤斧夙患渴利永明三年會世祖使甲仗衞三廂赤斧不敢辭疾甚數日卒年五十六家無儲積無絹爲衾上聞之愈加惋惜詔賻錢五萬上材一具布百匹蠟二百斤追贈金紫光祿大夫謚曰懿伯子穎胄襲爵

穎胄字雲長弘厚有父風起家祕書郎太祖謂赤斧曰穎胄輕朱被身覺其趨進轉美足慰人意遷太子舍人遭父喪感脚疾數年然後能行世祖有詔慰勉賜醫藥除竟陵王司徒外兵參軍晉熙王文學穎胄好文義弟穎基好武勇世祖登烽火樓詔羣臣賦詩穎胄詩合旨上謂穎胄曰卿文弟武宗室便不乏才

除明威將軍安陸內史遷中書郎上以穎胄勳戚子弟除左將軍知殿內文武
事得入便殿出爲新安太守吏民懷之隆昌元年永嘉王昭粲爲南徐州以穎
胄爲南東海太守行南徐州事轉持節督青冀二州軍事輔國將軍青冀二州
刺史不行除黃門郎領四廂直遷衞尉高宗廢立穎胄從容不爲同異乃引穎
胄預功建武二年進爵侯增邑爲六百戶賜穎胄以常所乘白輸牛上慕儉約
欲鑄壞大官元日上壽銀酒鎗尚書令王晏等咸稱盛德穎胄曰朝廷盛禮莫
過三元此一器既是舊物不足爲侈帝不悅後預曲宴銀器滿席穎胄曰陛下
前欲壞酒鎗恐宜移在此器也帝甚有慚色冠軍江夏王寶玄鎮石頭以穎胄
爲長史行石頭戍事復爲衞尉出爲冠軍將軍廬陵王後軍長史廣陵太守行
南兗州府州事是年虜動揚聲當飲馬長江帝懼敕穎胄移居民入城百姓驚
恐席卷欲南渡穎胄以賊勢尚遠不卽施行虜亦尋退仍爲持節督南兗徐青
冀荆五州諸軍事輔國將軍南兗州刺史和帝爲荆州以穎胄爲冠軍將軍西
中郎長史南郡太守行荆州府州事東昏侯誅戮羣公委任厮小崔陳敗後方

鎭各懷異計永元二年十月尚書令臨湘侯蕭懿及弟衛尉暢見害先遣輔國將軍巴西梓潼二郡太守劉山陽領三千兵受旨之官就穎冑共襲雍州雍州刺史梁王將起義兵慮穎冑不識機變遣使王天虎詣江陵聲云山陽西上幷襲荆雍書與穎冑或勸同義舉穎冑意猶未決初山陽出爲南州謂人曰朝廷以白虎幡追我亦不復還矣席卷妓妾盡室而行至巴陵遲回十餘日不進梁王復遣天虎賚書與穎冑陳設其略是時或云山陽謀殺穎冑以荆州同義舉穎冑乃與梁王定契斬王天虎首送示山陽發百姓車牛聲云起步軍征襄陽十一月十八日山陽至江津單車白服從左右數十人詣穎冑穎冑使前汝陽太守劉孝慶前永平太守劉熙曅鎧曹參軍蕭文照前建威將軍陳秀輔國將軍孫末伏兵城内山陽入門卽於車中亂斬之副軍主李元履收餘衆歸附遣使蔡道猷馳驛送山陽首於梁王乃發教纂嚴分部購募東昏聞山陽死發詔討荆雍贈山陽寧朔將軍梁州刺史穎冑有器局既唱大事虛心委己衆情歸之加穎冑右將軍都督行留諸軍事置佐史本官如故西中郎司馬夏侯詳加

征虜將軍遣寧朔將軍王法度向巴陵穎冑獻錢二十萬米千斛鹽五百斛諮
議宗塞別駕宗史獻穀二千斛牛二頭換借富貲以助軍費長沙寺僧業富沃
鑄黃金爲龍數千兩埋土中歷相傳付稱爲下方黃鐵莫有見者乃取此龍以
充軍實十二月移檄西中郎府長史都督行留諸軍事右軍將軍南郡太守南
豐縣開國侯蕭穎冑司馬征虜將軍新興太守夏侯詳告京邑百官諸州郡牧
守夫運不常夷有時而陂數無恆剝否極則亨昔商邑中微彭韋投袂漢室方
昏虛牟効節故風聲永樹卜世長久者也昔我太祖高皇帝德範生民功格天
地仰緯形雲俯臨紫極世祖嗣興增光前業雲雨之所沾被日月之所出入莫
不舉踵來王交臂納貢鬱林昏迷顛覆厥序俾我大齊之祚翦焉將墜高宗明
皇帝建道德之盛軌垂仁義之至蹤紹二祖之鴻基繼三五之絕業昧旦丕顯
不明求衣故奇士盈朝異人輻湊若迺經禮緯樂之文定鼎作洛之制非雲如
醴之祥白質黑章之瑞諒以則天比大無德稱焉而嗣主不綱窮肆陵暴十諐
畢行三風咸襲喪初而無哀貌在慼而有喜容酣酒嗜音罔懲其侮讒賊狂邪

是與比周遂令親賢嬰荼毒之誅宰輔受葅醢之戮江僕射蕭劉領軍徐司空
沈僕射曹右衛或外戚懿親或皇室令德或時宗民望或國之虎臣並勳彰中
興功比周邵秉鈞贊契受遺先朝咸以名重見疑正直貽斃害加黨族虐及嬰
孺曾無渭陽追遠之情不顧本枝殲落之痛信必見疑忠而獲罪百姓業業罔
知攸暨崔慧景內逼淫刑外不堪命驅土崩之民爲免死之計倒戈回刃還指
宮闕城無完守人有異圖賴蕭令君勳濟宗祏業拯蒼氓四海蒙一匡之德億
兆憑再造之功江夏王拘迫威強牽制巨力迹屈當時迺心可亮竟不能內恕
探情顯加鴆毒蕭令自以親惟族長任實宗臣至誠苦言朝夕獻入讒醜交構
漸見疎疑浸潤成災奄離怨酷用人之功以寧社稷刈人之身以騁淫濫台輔
既誅姦小競用梅蟲兒茹法珍妖忍愚戾窮縱醜惡販鬻主威以爲家勢營惑
嗣主恣其妖虐宮女千餘裸服宣淫孽臣數十裎裼相逐帳飲闤肆之間宵遊
街陌之上提挈群豎以爲歡笑劉山陽潛受凶旨規肆狂逆天誘其衷即就梟
翦夫天生蒸民樹之以君使司牧之勿使失性豈有尊臨寓縣毒遍黔首絕親

戚之恩無君臣之義功重者先誅勳高者速斃九族內離四夷外叛封境日蹙
戎馬交馳帑藏既空百姓已竭不卹不憂慢遊是好民怨於下天徵於上故熒
惑襲月孽火燒宮妖水表災震蝕告沴七廟阽危三才莫紀大懼我四海之命
永淪于地南康殿下體自高宗天挺英懿食葉之徵著於弱年當璧之祥兆乎
綺歲億兆顒顒咸思戴奉且勢居上游任總連帥家國之否寧濟是當莫府身
備皇宗忝荷顧託憂深責重誓清時難今命冠軍將軍西中郎諮議領中直兵
參軍軍主楊公則寧朔將軍領中兵參軍軍主王法度冠軍將軍諮議參軍軍
主龐𠜊輔國將軍諮議參軍領別駕軍主宗史輔國將軍諮議參軍軍主樂藹
等領勁卒三萬陵波電邁迳造秣陵冠軍將軍領諮議中直兵參軍軍主蔡道
恭輔國將軍中直兵參軍右軍府司馬軍主席闡文輔國將軍中直兵參軍軍
主任漾之寧朔將軍中直兵參軍軍主韓孝仁寧朔將軍中直兵參軍軍主朱
斌中直兵參軍軍主宗冰之建威將軍中直兵參軍軍主朱景舒寧朔將軍中
直兵參軍軍主庾域寧遠將軍軍主庾略等被甲二萬直指建業輔國將軍武

寧太守軍主鄧元起輔國將軍前軍將軍軍主王世興等鐵騎一萬分趨白下征虜將軍領司馬新興太守夏侯詳寧朔將軍諮議參軍軍主柳忱寧朔將軍領中兵參軍軍主劉孝慶建威將軍軍主江陵令江詮等帥組甲五萬駱驛繼發雄劒高麾則五星從流長戟遠指則雲虹變色天地爲之矞皇山淵以之崩沸莫府親貫甲冑授律中權董帥熊羆之士十有五萬征鼓紛沓雷動荆南寧朔將軍南康王友蕭穎達領虎旅三萬抗威後拒蕭雍州勳業蓋世謀猷淵肅既痛家禍兼憤國難泣血枕戈誓雪怨酷精卒十萬已出漢川張郢州節義慷慨悉力齊奮江州邵陵王湘州張行事王司州皆遠近懸契不謀而同並勒驍猛指景風驅舟艦魚麗萬里蓋水車騎雲屯平原霧塞以同心之士伐倒戈之衆威德之師救危亡之國何征而不服何誅而不克哉今兵之所指唯在梅蟲兒茹法珍二人而已諸君德載累世勳著先朝屬無妄之時居道消之運受迫羣豎念有危懼大軍近次當各思拔迹來赴軍門檄到之日有能斬送蟲兒法珍首者封二千戶開國縣侯若迷惑凶黨敢拒軍鋒刑茲無赦戮及宗族賞罰

之信有如皦日江水在此余不食言遣冠軍將軍楊公則向湘州王法度不進軍免官公則進剋巴陵仍向湘州遣寧朔將軍劉坦行湘州事穎胄遣人謂梁王曰時月未利當須來年二月今便進兵恐非良策梁王曰今坐甲十萬糧用自竭況藉以義心一時驍銳且太白出西方仗義而動天時人謀無有不利昔武王伐紂行逆太歲豈復待年月邪穎胄乃從遣西中郎參軍鄧元起率衆向夏口三年正月和帝爲相國穎胄領左長史進號鎮軍將軍於是始選用方伯梁王屢表勸和帝卽尊號梁州刺史柳惔竟陵太守曹景宗並勸進穎胄使別駕宗史撰定禮儀上尊號改元於江陵立宗廟南北郊州府城門悉依建康宮置尚書五省以城南射堂爲蘭臺南郡太守爲尹建武中荆州大風雨龍入柏齋中柱壁上有爪足處刺史蕭遙欣恐畏不敢居之至是以爲嘉祐殿中興元年三月穎胄爲侍中尚書令假節都督如故尋領吏部尚書監八州軍事行荆州刺史本官如故左丞樂藹奏曰敕旨以軍旅務殷且停朝直竊謂匪懈于位義昭夙興國容舊典不可頓闕與兼右丞江詮等參議八座丞郎以下宜五日

一朝有事郎坐侍下鼓無事許從實還外奏可粱王義師出沔口郢州刺史張沖據城拒守楊公則定湘州行事張寶積送江陵率軍會夏口巴西太守魯休烈巴東太守蕭惠訓遣子璝拒義師穎胄遣汶陽太守劉孝慶進峽口與巴東太守任漾之宜都太守鄭法紹衞之時軍旅之際人情未安穎胄府長史張熾從絳衫左右三十餘人入千秋門城內驚恐疑有同異御史中丞奏彈熾詔以贖論穎胄弟穎孚在京師廬陵人修靈祐竊將南上於西昌縣山中聚兵二千人襲郡內史謝篹奔豫章穎孚靈祐據郡求援穎胄遣寧朔將軍范僧簡入湘州南道援之僧簡進剋安成仍以爲輔國將軍安成內史拜穎孚爲冠軍將軍廬陵內史合二郡兵出彭蠡口東昏侯遣軍主彭盆劉希祖三千人受江州刺史陳伯之節度南討二郡義兵仍進取湘州南康太守王丹保郡應盆等穎孚聞兵至望風奔走前內史謝篹復還郡劉希祖至安成攻戰七日城陷范僧簡見殺希祖仍爲安成內史穎孚收散卒據西昌謝篹又遣軍攻之衆敗奔湘州以穎孚爲督湘東衡陽零陵桂陽營陽五郡湘東內史假節將軍如故尋病卒

後修靈祐又合餘衆攻篡篡復敗走豫章劉希祖亦以郡降湘東內史王僧粲亦拒義自稱平西將軍湘州刺史以南平鎮軍主周敷爲長史率前軍襲湘州去州百餘里楊公則長史劉坦守州城遣軍主尹法略拒之屢戰不勝及聞建康城平僧粲散走乃斬之南康太守王丹亦爲郡人所殺郢城降義師衆軍東下八月魯休烈蕭璝破汝陽太守劉孝慶等於峽口巴東太守任漾之見殺遂至上明江陵大震穎胄恐馳告梁王曰劉孝慶爲蕭璝所敗宜遣楊公則還援根本梁王曰公則今泝流上荊鞭長之義耳蕭璝魯休烈烏合之衆尋自退散政須荊州少時持重艮須兵力兩弟在雍指遣往徵不爲難至穎胄乃追贈任漾之輔國將軍梁州刺史遣軍主蔡道恭假節屯上明拒蕭璝時梁王已平郢江二鎮穎胄輔帝出居上流有安重之勢素能飲酒噉白肉鱠至三升旣聞蕭璝等兵相持不決憂慮感氣十二月壬寅夜卒遺表曰臣疹患數日不謂便至困篤氣息綿微待盡而已臣雖庸薄忝籍葭莩過受先朝殊常之眷循寵礪心誓生以死屬皇業中否天地分崩總率諸侯翼奉明聖賴社稷靈長大明在運

故兵之所臨無思不服今四海垂平干戈行戢方希陪翠華奉法駕反東都觀
舊物不幸遘疾奄辭明世懷此深恨永結泉壤竊惟王業至重萬機甚大登之
實難守之未易陛下富於春秋當遠尋祖宗創業艱難殷鑒季末顛覆厥緒思
所以念始圖終康此兆庶征東大將軍臣衍元勳上德光贊天下陛下垂拱仰
成則風流日化臣雖萬沒無所遺恨時年四十和帝出臨哭詔贈侍中丞相本
官如故前後部羽葆鼓吹班劍三十人轀輬車黃屋左纛梁王國建康城住在
石頭和帝密詔報穎胄凶問祕不發喪及城平識者聞之知天命之有在矣梁
天監元年詔曰念功惟德歷代所同追遠懷人彌與事篤齊故侍中丞相尚書
令穎胄風格峻遠器宇淵邵清猷盛業問望斯歸締構義始肇基王迹契闊屯
夷載形心事朕膺天改命光宅區宇望岱瞻河永言增慟可封巴東郡公邑三
千戶本官如故喪還今上車駕臨哭渚次詔曰齊故侍中丞相尚書令穎胄葬
送有期前代所加殊禮依晉王導齊豫章王故事可悉給謚曰獻武范僧簡贈
交州刺史

史臣曰魏氏基於用武夏侯諸曹並以戚族而爲將相夫股肱爲義既有常緫肺腑之重兼存宗寄豐沛之閒貴人滿市功臣所出多在南陽夫貞幹所以成務非虛言也

贊曰新吳事武劒在帝心南豐治政迹顯亡衾鎮軍茂績機識弘深荆南立主嚮義漢陰

南齊書卷三十八

南齊書卷三十八考證

蕭穎胄傳至是以爲嘉祐殿○祐南史作福

廬陵人修靈佑○靈佑南史作景智

南齊書卷三十八考證

南齊書卷三十九

梁　蕭　子　顯　撰

列傳第二十

劉　瓛弟璡　陸　澄

劉瓛字子珪沛國相人晉丹陽尹惔六世孫也祖弘之給事中父惠治書御史瓛初州辟祭酒主簿宋大明四年舉秀才兄璲亦有名先應州舉至是別駕東海王元曾與瓛父惠書曰比歲賢子充秀州閭可謂得人除奉朝請不就少篤學博通五經聚徒教授常有數十人丹陽尹袁粲於後堂夜集瓛在座粲指庭中柳樹謂瓛曰人謂此是劉尹時樹每想高風今復見卿清德可謂不衰矣薦爲祕書郎不見用除邵陵王郡主簿安陸王國常侍安成王撫軍行參軍公事免瓛素無宦情自此不復仕除車騎行參軍南彭城郡丞尚書祠部郎並不拜袁粲誅瓛微服往哭并致賻助太祖踐阼召瓛入華林園談語謂瓛曰吾應天革命物議以爲何如瓛對曰陛下誡前軌之失加之以寬厚雖危可安若循其

覆轍雖安必危矣既出帝顧謂司徒褚淵曰方直乃爾學士故自過人敕瓛使數入而瓛自非詔見未嘗到宮門上欲用瓛爲中書郎使吏部尚書何戢喻旨戢謂瓛曰上意欲以鳳池相處恨君資輕可且就前除少日當轉國子博士便卽後授瓛曰平生無榮進意今聞得中書郎而拜豈本心哉後以母老闕養重拜彭城郡丞謂司徒褚淵曰自省無廊廟之才所願唯保彭城丞耳上又以瓛兼總明觀祭酒除豫章王驃騎記室參軍丞如故瓛終不就武陵王曅爲會稽太守上欲令瓛爲曅講除會稽郡丞學徒從之者轉衆永明初竟陵王子良請爲征北司徒記室瓛與張融王思遠書曰奉教使恭召會當停公事但念生平素抱有乖恩顧吾性拙人間不習仕進昔嘗爲行佐便以不能及公事免黜此皆眷者所共知也量己審分不敢期榮夙嬰貧困加以疎懶衣裳容髮有足駭者中以親老供養褰裳徒步脫爾逮今二代一紀先朝使其更自修正勉厲於階級之次見其繿縷或復賜以衣裳袁褚諸公咸加勸勵終不能自反也一不復爲安可重爲哉昔人有以冠一免不重加於首每謂此得進止之儀古者以

賢制爵或有秩滿而辭老以庸制祿或有身病而求歸者永瞻前良在己何若
又上下年尊益不願居官次廢晨昏也先朝爲此曲申從許故得連年不拜榮
授而帶帖薄祿既習此歲久又齒長疾侵豈宜攝齋河間之聽廁迹東平之僚
本無絕俗之操亦非能偃蹇爲高此又諸賢所當深察者也近奉初教便自希
得託迹於客遊之末而固辭榮級其故何耶以古之王侯大人或以此延四方
之士甚美者則有輻湊燕路慕君王之義驤鑣魏闕高公子之仁繼有追申白
而入楚羨鄒枚而遊梁吾非敢叨夫曩賢庶欲從九九之遺蹤既於聞道集泮
不殊而幸無職司拘礙可得奉温清展私計志在此爾除步兵校尉並不拜瓛
姿狀纖小儒學冠於當時京師士子貴遊莫不下席受業性謙率通美不以高
名自居遊詣故人唯一門生持胡床隨後主人未通便坐問答住在檀橋瓦屋
數間上皆穿漏學徒敬慕不敢指斥呼爲青溪焉竟陵王子良親往修謁七年
表世祖爲瓛立館以揚烈橋故主第給之生徒皆賀瓛曰室美爲人災此華宇
豈吾宅耶幸可詔作講堂猶恐見害也未及徙居遇病子良遣從瓛學者彭城

劉繪順陽范縝將廚於瓛宅營齋及卒門人受學者並弔服臨送時年五十六
瓛有至性祖母病疽經年手持膏藥漬指爲爛母孔氏甚嚴明謂親戚曰阿稱
便是今世曾子阿稱瓛小名也年四十餘未有婚對建元中太祖與司徒褚淵
爲瓛娶王氏女王氏椓壁挂履土落孔氏牀上孔氏不悅瓛卽出其妻及居父
喪不出廬足爲之屈杖不能起今上天監元年下詔爲瓛立碑謚曰貞簡先生
所著文集皆是禮義行於世初瓛講月令畢謂學生嚴植曰江左以來陰陽律
數之學廢矣吾今講此曾不得其髣髴時濟陽蔡仲熊禮學博聞謂人曰凡鐘
律在南不容復得調平昔五音金石本在中土今旣來南土氣偏陂音律乖爽
瓛亦以爲然仲熊歷安西記室尚書左丞瓛弟璡
璡字子璥方軌正直宋泰豫中爲明帝挽郎舉秀才建平王景素征北主簿深
見禮遇邵陵王征虜安南行參軍建元初爲武陵王曅冠軍征虜參軍曅與僚
佐飲自割鵝炙璡曰應刃落俎膳夫之事殿下親執鸞刀下官未敢安席因起
請退與友人孔澈同舟入東澈留目觀岸上女子璡舉席自隔不復同坐豫章

王太尉板行佐兄巘夜隔壁呼𨹧共語𨹧不答方下牀著衣立然後應巘問其久𨹧曰向東帶未竟其立操如此文惠太子召𨹧入侍東宮每上事輒削草尋署中兵兼記室參軍大司馬軍事射聲校尉卒官

陸澄字彥淵吳郡吳人也祖邵臨海太守父瑗州從事澄少好學博覽無所不知行坐眠食手不釋卷起家太學博士中軍衞軍府行佐太宰參軍補太常丞郡主簿北中郎行參軍宋泰始初爲尚書殿中郎議皇后諱及下外皆依舊稱姓左丞徐爰案司馬孚議皇后不稱姓春秋逆王后于齊澄不引典據明而以意立議坐免官白衣領職郎官舊有坐杖有名無實澄在官積前後罰一日并受千杖轉通直郎兼中書郎尋轉兼左丞泰始六年詔皇太子朝賀服衮冕九章澄與儀曹郎丘仲起議服冕以朝實著經文秦除六冕漢明還備魏晉以來不欲令臣下服衮冕故位公者加侍官今皇太子禮絕羣后宜遵聖王盛典革近代之制尋轉著作正員郎兼官如故除安成太守轉劉韞撫軍長史加綏遠將軍襄陽太守並不拜仍轉劉秉後軍長史東海太守遷御史中丞建元元年

驃騎諮議沈憲等坐家奴客爲劫子弟被劾憲等晏然左丞任遐奏澄不糾請
免澄官澄上表自理曰周稱舊章漢言故事爰自河雒降逮淮海朝之憲度動
尙先准若乃任情違古率意專遣豈謂酌諸故實擇其茂典案遐啓彈新除諮
議參驃騎大將軍軍事沈憲太子庶子沈曠并弟息敕付建康而憲被使曠受
假俱無歸罪事狀臣以不糾憲等爲失伏尋晉宋左丞案奏不乏於時其及中
丞者從來殆無王獻之習達朝章近代之宗其爲左丞彈司徒屬王濛憚罰自
解屬疾遊行初不及中丞桓祕不奔山陵左丞鄭襲不彈祕直彈中丞孔欣時
又云別攝蘭臺檢校此逕彈中丞之謂唯左丞庾登之奏鎮北檀道濟北伐不
進致虎牢陷沒蕃岳宰臣引咎謝譽而責帥之劾曾莫奏聞請收治道濟免中
丞何萬歲夫山陵情敬之極北伐專征之大祕霸季之貴道濟元勳之盛所以
咎及南司事非常憲然祕事猶非及中丞也今若以此爲例恐人之貴賤事之
輕重物有其倫不可相方左丞江奧彈段景文又彈裴方明左丞甄法崇彈蕭
珍又彈杜驥又彈段國又彈范文伯左丞羊玄保又彈蕭汪左丞殷景熙彈張

仲仁兼左丞何承天彈呂萬齡並不歸罪皆爲重劾凡茲十彈差是憲職之比悉無及中丞之議左丞荀萬秋劉藏江謐彈王僧朗王雲之陶寶度不及中丞最是近例之明者謐彈在今龕暨之後事行聖照遠取十奏近徵二案自宜依以爲體豈得捨而不遵臣竊此人之謬奉國憲今退所糾既行一時若默而不言則向爲來准後人被繩方當追請素飡之責貽塵千載所以備舉顯例引通國典雖有愚心不在微躬請出臣表付外詳議若所陳非謬裁由天鑒詔委外詳議尚書令褚淵奏宋世左丞荀伯子彈彭城令張道欣等坐界劫累發不禽免道欣等官中丞王淮不糾亦免官左丞羊玄保彈豫州刺史管義之譙梁羣盜免義之官中丞傅隆不糾亦免隆官左丞羊玄保又彈兗州刺史鄭從之濫上布及加課租綿免從之官中丞傅隆不糾免隆官左丞陸展彈建康令丘珍孫丹陽尹孔山士劫發不禽免珍孫山士官中丞何勗不糾亦免勗官左丞劉矇彈青州刺史劉道隆失火燒府庫免道隆官中丞蕭惠開不糾免惠開官左丞徐爰彈右衞將軍薛安都屬疾不直免安都官中丞張永結免澄謏聞膚見

貽撓後昆上掩皇明下籠朝識請以見事免澄所居官詔曰澄表據多謬不足深劾可白衣領職明年轉給事中祕書監遷吏部四年復爲祕書監領國子博士遷都官尚書出爲輔國將軍鎮北鎮軍二府長史廷尉領驍騎將軍永明元年轉度支尚書尋領國子博士時國學置鄭王易杜服春秋何氏公羊麋氏穀梁鄭玄孝經澄謂尚書令王儉曰孝經小學之類不宜列在帝典乃與儉書論之曰易近取諸身遠取諸物彌天地之道通萬物之情自商瞿至田何其間五傳年未爲遠無訛雜之失秦所不焚無崩壞之弊雖有異家之學同以象數爲宗數百年後乃有王弼王濟云弼所悟者多何必能頓廢前儒若謂易道盡於王弼方須大論意者無乃仁智殊見四道異傳無體不可以一體求屢遷不可以一遷執也晉太興四年太常荀崧請置周易鄭玄注博士行乎前代于時政由王庾皆儁神清識能言玄遠捨輔嗣而用康成豈其妄然泰元立王肅易當以在玄弼之閒元嘉建學之始玄弼兩立逮顏延之爲祭酒黜鄭置王意在貴玄事成敗儒今若不大弘儒風則無所立學衆經皆儒惟易獨玄玄不可棄儒

不可缺謂宜並存所以合無體之義且弼於注經中已舉繫辭故不復別注今若專取弼易則繫說無注左氏泰元取服虔而兼取賈逵經服傳無經雖在注中而傳又有無經者故也今留服而去賈則經有所闕案杜預注傳王弼注易俱是晚出並貴後生杜之異古未如王之奪實祖述前儒特舉其違又釋例之作所引惟深穀梁泰元舊有麋信注顏益以范甯麋猶如故顏論閏分范注當以同我者親常謂穀梁劣公羊爲注者又不盡善竟無及公羊之有何休恐不足兩立必謂范善便當除麋世有一孝經題爲鄭玄注觀其用辭不與注書相類案玄自序所注衆書亦無孝經儉答曰易體微遠實貫羣籍施孟異聞周韓殊旨豈可專據小王便爲該備依舊存鄭高同來說元凱注傳超邁前儒若不列學官其可廢矣賈氏注經世所罕習穀梁小書無俟兩注存麋略范率由舊式凡此諸義並同雅論疑孝經非鄭所注僕以此書明百行之首實人倫所先七略藝文並陳之六藝不與蒼頡凡將之流也鄭注虛實前代不嫌意謂可安仍舊立置儉自以博聞多識讀書過澄澄曰僕年少來無事唯以讀書爲業且

年已倍令君令君少便執掌王務雖復一覽便諳然其卷軸未必多僕儉集學
士何憲等盛自商略澄待儉語畢然後談所遺漏數百千條皆儉所未覩儉乃
歎服儉在尚書省出巾箱几案雜服飾令學士隸事事多者與之人人各得一
兩物澄後來更出諸人所不知事復各數條幷奪物將去轉散騎常侍祕書監
吳郡中正光祿大夫加給事中中正如故尋領國子祭酒以竟陵王子良得古
器小口方腹而底平可將七八升以問澄澄曰此名服匿單于以與蘇武子良
後詳視器底有字髣髴可識如澄所言隆昌元年以老疾轉光祿大夫加散騎
常侍未拜卒年七十謚靖子當世稱爲碩學讀易三年不解文義欲撰宋書竟
不成王儉戲之曰陸公書廚也家多墳籍人所罕見撰地理書及雜傳死後乃
出澄弟鮮得罪宋世當死澄於路見舍人王道隆叩頭流血以此見原揚州主
簿顧測以兩奴就鮮質錢鮮死子暉誣爲賣券澄爲中丞測與書相往反後又
牋與太守蕭緬云澄欲遂子弟之非未近義方之訓此趨販所不爲況搢紳領
袖儒宗勝達乎測遂爲澄所排抑世以此少之時東海王摛亦史學博聞歷尚

書左丞竟陵王子良校試諸學士唯摛問無不對永明中天忽黃色照地衆莫能解摛云是榮光世祖大悅用爲永陽郡

史臣曰儒風在世立人之正道聖哲微言百代之通訓洙泗既往義乖七十稷下橫論屈服千人自後專門之學與命氏之儒起石渠朋黨之事白虎同異之說六經五典各信師言嗣守章句期乎勿失西京儒士莫有獨擅東都學術鄭賈先行康成生炎漢之季訓義優洽一世孔門褒成並軌故老以爲前修後生未之敢異而王肅依經辯理與碩相非爰與聖證據用家語外戚之尊多行晉代江左儒門參差互出雖於時不絕而罕復專家晉世以玄言方道宋氏以文章閑業服膺典藝斯風不純二代以來爲教衰矣建元肇運戎警未夷天子少爲諸生端拱以思儒業載戢干戈遽詔庠序永明纂襲克隆均校王儉爲輔長於經禮朝廷仰其風冑子觀其則由是家尋孔教人誦儒書執卷欣欣此焉彌盛建武繼立因循舊緒時不好文輔相無術學校雖設前軌難追劉瓛承馬鄭之後一時學徒以爲師範虎門初闢法駕親臨待問無五更之禮充庭闕蒲輪

之御身終下秩道義空存斯故進賢之責也其餘儒學之士多在卑位或隱世辭榮者別見他篇云

贊曰儒宗義肆紛綸子珪升堂受業事越關西璡居闇室立操無攜彥淵書史疑問窮稽

南齊書卷三十九

南齊書卷三十九考證

陸澄傳易體微遠實貫羣籍施孟異聞周韓殊旨豈可專據小王便爲該備依舊存鄭○南史無異聞殊旨二句 臣承蒼按陸澄言王弼注易異乎儒學而王儉答之如此自唐孔穎達作正義專取弼書而康成之說遂廢矣

史臣贊彥淵書史疑問窮稽○臣承蒼按彥淵當是王摛字齊書無摛傳南史附摛於王諶傳後不載其字有云竟陵王子良校試諸學士唯摛問無不對此云疑問窮稽想必謂摛也

南齊書卷三十九考證

南齊書卷四十

梁　蕭　子　顯　撰

列傳第二十一

武十七王

武帝二十三男穆皇后生文惠太子竟陵文宣王子良張淑妃生廬陵王子卿魚復侯子響周淑儀生安陸王子敬建安王子眞阮淑媛生晉安王子懋衡陽王子峻王淑儀生隨郡王子隆蔡婕妤生西陽王子明樂容華生南海王子罕傅充華生巴陵王子倫謝昭儀生邵陽王子貞江淑儀生臨賀王子岳庾昭容生西陽王子文荀昭華生南康王子琳顏婕妤生永陽王子珉宮人謝生湘東王子建何充華生南郡王子夏第六十二十五二十二皇子早亡子珉建武中繼衡陽元王後

竟陵文宣王子良字雲英世祖第二子也初沈攸之難隨世祖在盆城授寧朔將軍仍爲宋邵陵王左軍行參軍轉主簿安南記室參軍邵陵王友王名友尋

廢此官遷安南長史昇明三年爲使持節都督會稽東陽臨海永嘉新安五郡輔國將軍會稽太守宋世元嘉中皆責成郡縣孝武徵求急速以郡縣遲緩始遣臺使自此公役勞擾太祖踐阼子良陳之曰前臺使督逋切調恆聞相望於道及臣至郡亦殊不疎凡此輩使人既非詳愼懃順或貪險崎嶇要求此役朝辭禁門情態卽異暮宿村縣威福便行但令朱鼓裁完鈹槊微具顧眄左右叱咤自專擿宗斷族排輕斥重脅遏津埭恐喝傳郵破崗水逆商旅半引逼令到下先過己船浙江風猛公私畏渡脫舫在前驅令俱發呵蹙行民固其常理侮折守宰出變無窮既瞻郭望境便飛下嚴符但稱行臺未顯所督先訶彊寺却攝羣曹開亭正榻便振荊革其次絳標寸紙一日數至徵村切里俄刻十催四鄉所召莫辨枉直孩老士庶具令付獄或尺布之逋曲以當匹百錢餘稅且增爲千或誑應質作尚方寄繫東冶萬姓駭迫人不自固遂漂衣敗力競致兼擬値今夕酒諧肉飫卽許附申赦格明日禮輕貨薄便復不入恩科筐貢微闕棰撻肆情風塵毀謗隨忿而發及其犹蒜轉積鵝粟漸盈遠則分鬻他境近則託

貿吏民反請郡邑助民由緩回刺言臺推信在所如聞頃者令長守牧離此每

實非復近歲愚謂凡諸檢課宜停遣使密畿州郡則指賜勅遙外鎭宰明下條

源既各奉別旨人競自罄雖復臺使盈湊會取正屬所徒相疑債反更淹懈凡

預衣冠荷恩盛世多以闇緩貽譽少爲欺猾入罪若類以宰牧乖政則觸事難

委不容課逋上綱偏覺非才但賒促差降各限一期如乃事速應緩自依違糾

坐之坐之之科不必須重但令必行期在可肅且兩裝之船充擬千緒三坊寡

役呼訂萬計每一事之發彌晨方辦粗計近遠率遣一部職散人領無減二十

舟船所資皆復稱是長江萬里費固倍之較略一年脫得省者息船優役實爲

不少兼折姦減竊遠近暫安封聞喜縣公邑千五百戶子良敦義愛古郡民朱

百年有至行先卒賜其妻米百斛蠲一民給其薪蘇郡閣下有虞翻舊牀罷任

還乃致以歸後於西邸起古齋多聚古人器服以充之夏禹廟盛有禱祀子良

曰禹泣辜表仁菲食旌約服翫果粽足以致誠使歲獻扇簟而已建元二年穆

妃薨去官仍爲征虜將軍丹陽尹開私倉賑屬縣貧民明年上表曰京尹雖居

都邑而境壤兼跨廣袤周輪幾將千里縈原抱隰其處甚多舊遏古塘非唯一
所而民貧業廢地利久蕪近啓遣五官殷瀰典籤劉僧瑗到諸縣循履得丹陽
溧陽永世等四縣解并村耆辭列堪墾之田合計荒熟有八千五百五十四頃
脩治塘遏可用十一萬八千餘夫一春就功便可成立上納之會遷官事寢是
年始制東宮官僚以下官敬子良世祖卽位封竟陵郡王邑二千戶爲使持節
都督南徐兗二州諸軍事鎭北將軍南徐州刺史永明元年徙爲侍中都督南
兗兗徐青冀五州征北將軍南兗州刺史持節如故給油絡車明年入爲護軍
將軍兼司徒領兵置佐侍中如故鎭西州三年給鼓吹一部四年進號車騎將
軍子良少有清尚禮才好士居不疑之地傾意賓客天下才學皆遊集焉善立
勝事夏月客至爲設瓜飲及甘果著之文教士子文章及朝貴辭翰皆發教撰
錄是時上新親政水旱不時子良密啓曰臣思水潦成患良田沃壤變爲汙澤
農政告祥因高肆務播植旣周繼以旱虐黔庶呼嗟相視褫氣夫國資於民民
資於食匪食匪民何以能政臣每一念此寢不便席本始中郡國大旱宣帝下

詔除民租今聞所在逋餘尚多守宰嚴期兼夜課切新稅力尚無從故調於何
取給政當相驅為盜耳愚謂逋租宜皆原除少降停恩微紓民命自宋道無章
王風陵替竊官假號駢門連室今左民所檢動以萬數漸漬之來非復始適一
朝洗正理致沸騰小人之心罔思前恩董之以威反怨後罰獸窮則觸事在匪
輕齊有天下日淺恩洽未布一方或飢當加優養愚謂自可依源削除未宜便
充猥役且部曹檢校誠存精密令史奸黠鮮不容情情既有私理或枉謬耳目
有限羣狡無極變易是非居然可見詳而後取於事未遲明詔深矜獄圄恩文
累墜今科綱嚴重稱為峻察負罪離僭充積牢戶暑時鬱蒸加以金鐵聚憂之
氣足感天和民之多怨非國福矣頃土木之務甚為殷廣雖役未及民勤費已
積炎旱致災或由於此皇明載遠書軌未一緣淮帶江數州地耳以魏方漢猶
一郡之譬以今比古復為遠矣何得不愛其民緩其政救其危存其命哉湘區
奧密蠻寇熾彊如聞南師未能挫戮百姓齊民積年塗炭疽食侵淫邊虞方重
交州夐絕一垂實惟荒服恃遠後賓固亦恆事自青德啓運款關受職置之度

外不足絓言今縣軍遠伐經途萬里衆寡事殊客主勢異以逸待勞全勝難必
又緣道調兵以足軍力民丁烏合事乖習銳廣州積歲無年越州兵糧素乏加
以發借必致恇擾愚謂叔獻所請不宜聽從取亂侮亡更俟後會雖緩歲月必
有可禽之理差息發動費役之勞劉楷見甲以助湘中威力既舉蟻寇自服詔
折租布二分取錢子良又啓曰臣一月入朝六登玫陛廣殿稠人裁奉顏色縱
有所懷豈敢自達比天旹亟見地孽亟臻民下妖訛好生噂沓穀價雖和比室
飢嗛縑纊雖賤駢門躶質臣一念此每入心骨三吳奧區地惟河輔百度所資
罕不自出宜在蠲優使其全富而守宰相繼務在裒剋圍桑品屋以准貲課致
令斬樹發瓦以充重賦破民財產要利一時東郡使民年無常限在所相承准
令上直每至州臺使命切求懸急應充猥役必由窮困乃有畏失嚴期自殘軀
命亦有斬絕手足以避傜役生育弗起殆爲恆事守長不務先富民而唯言益
國豈有民貧於下而國富於上邪又泉鑄歲遠類多翦鑿江東大錢十不一在
公家所受必須輪郭遂買本一千加子七百猶求請無地棰革相繼尋完者爲

用旣不兼兩回復遷貿會非委積徒令小民每嬰困苦且錢帛相半爲制永久
或聞長宰須令輸直進違舊科退容姦利八屬近縣旣在京畿發借徵調實煩
他邑民特尤貧連年失稔草衣藿食稍有流亡今農政就興宜蒙賑給若逋課
未上許以申原兗豫二藩雖曰舊鎭往屬兵虞累棄鄉土密邇寇庭下無安志
編草結菴不違涼暑扶淮聚洛靡有生向俱稟人靈獨絕温飽而賦斂多少尙
均沃實謂凡在荒民應加蠲減又司市之要自昔所難頃來此役不由才舉並
條其重貲許以賈衒前人增估求俠後人加稅請代如此輪回終何紀極兼復
交關津要共相脣齒愚野未閑必加陵誑罪無大小橫沒貲載凡求試穀帛類
非廉謹未解在事所以開容夫獄訟惟平畫一在制雖恩家得罪必宜申憲鼎
姓貽釁最合從網若罰典惟加賤下辟書必蠲世族懼非先王立理之本尙書
列曹上應乾象如聞命議所出先諮於都都旣下意然後付郎謹寫關行愚謂
郎官尤宜推擇宋運告終戎車屢駕寄名軍牒動竊數等故非分充朝資奉殷
積廣越邦宰粱絲郡邑參差調補實允事機且此徒冗雜罕遵王憲嚴加廉視

隨違彈斥一二年間可減太半五年正位司徒給班劍二十人侍中如故移居雞籠山西邸集學士抄五經百家依皇覽例爲四部要略千卷招致名僧講語佛法造經唄新聲道俗之盛江左未有也世祖好射雉子良諫曰鑾轝亟動天蹕屢巡陵犯風煙驅馳野澤萬乘至重一羽甚微從甚微之懽忽至重之誡頃郊郛以外科禁嚴重匪直芻牧事罷遂乃窀掩殆廢且田月向登桑時告至士女呼嗟易生噂議棄民從欲理未可安曩時巡幸必盡威防領軍景先詹事赤斧堅甲利兵左右屯衛令馳鶩外野交侍疏闊晨出晚還頓遺清道此實愚臣最所震迫狡虜玩威甫獲款關二漢全富猶加曲待如聞使臣頻亦怨望前會東宮遂形言色昔宋氏遣使舊列階下劉纘銜使始登朝殿今既反命宜賜優禮伏謂中堂雲構實惟峻絕櫓陛深嚴事隔涼暑而別爲一室如或有疑邊帶廣途訛言孔熾毀立之易過於轉圓若依舊制通敞實允觀聽頃市司驅扇租估過刻吹毛求瑕廉察相繼被以小罪責以重備愚謂宜勑有司更詳優格臣年方朝賢齒未相及以管窺天猶知失得廊廟之士豈闇是非未聞一人開一

說爲陛下憂國家非但面從亦畏威耳臣若不啓陛下於何聞之先是六年左衞殿中將軍邯鄲超上書諫射雉世祖爲止久之超竟被誅永明末上將射雉子良諫曰忽聞外議伏承當更射雉臣下情震越心懷憂悚猶謂疑妄事不必然伏度陛下以信心明照所以傾金寶於禪靈仁愛廣洽得使禽魚養命於江澤豈惟國慶民懽乃以翺翔治樂夫衞生保命人獸不殊重軀愛體彼我無異故禮云聞其聲不食其肉見其生不忍其死且萬乘之尊降同匹夫之樂夭殺無辜傷仁害福之本菩薩不殺壽命得長施物安樂自無恐怖不惱衆生身無患苦臣見功德有此果報所以日夜劬懃厲身奉法實願聖躬康御若此每至寢夢脫有異見不覺身心立就燋爛陛下常日捨財脩福臣私心顒顒尚恨其少豈可今日見此事一損福業追悔便難臣此啓聞私心實切若是大事不可易改亦願陛下照臣此誠曲垂三思況此嬉遊之閒非關當否而動輒傷生實可深慎臣聞子孝奉君臣忠事主莫不靈祇通感徵祥證登臣近段仰啓賜希受戒天心洞遠誠未達勝善之途而聖恩遲疑尚未垂履曲降尊極豈可今月

復隨此事臣不隱心卽實上啓上雖不盡納而深見寵愛又與文惠太子同好釋氏甚相友悌子良敬信尤篤數於邸園營齋戒大集朝臣衆僧至於賦食行水或躬親其事世頗以爲失宰相體勸人爲善未嘗厭倦以此終致盛名尋代王儉領國子祭酒辭不拜八年給三望車九年京邑大水吳興偏劇子良開倉賑救貧病不能立者於第北立廨收養給衣及藥十年領尚書令尋爲使持節都督揚州諸軍事揚州刺史本官如故尋解尚書令加中書監文惠太子薨世祖撿行東宮見太子服御羽儀多過制度上大怒以子良與太子善不啓聞頗加嫌責世祖不豫詔子良甲仗入延昌殿侍醫藥子良啓進沙門於殿戶前誦經世祖爲感夢見優曇鉢華子良按佛經宣旨使御府以銅爲華插御床四角日夜在殿內太孫間日入參承世祖暴漸內外惶懼百僚皆已變服物議疑立子良俄頃而蘇問太孫所在因召東宮器甲皆入遺詔使子良輔政高宗知尚書事子良素仁厚不樂世務乃推高宗詔云事無大小悉與鸞參懷子良所志也太孫少養於子良妃袁氏甚著慈愛既懼前不得立自此深忌子良大行出

太極殿子良居中書省帝使虎賁中郎將潘敞領二百人仗屯太極西階防之
成服後諸王皆出子良乞停至山陵不許進位太傅增班劍爲三十人本官如
故解侍中隆昌元年加殊禮劒履上殿入朝不趨贊拜不名進督南徐州其年
疾篤謂左右曰門外應有異遣人視見淮中魚萬數皆浮出水上向城門尋薨
時年三十五帝常慮子良有異志及薨甚悅詔給東園温明祕器斂以袞冕之
服東府施喪位大鴻臚持節監護太官朝夕送祭又詔曰褒崇明德前王令典
追遠尊親沿情所隆故使持節都督揚州諸軍事中書監太傅領司徒揚州刺
史竟陵王新除督南徐州體睿履正神鑒淵邈道冠民宗具瞻允集肇自弱齡
孝友光備爰及贊契協升景業燮曜台階五教克宣敷奏端朝百揆惟穆寄重
先顧任均負圖諒以齊暉二南同規往哲方憑保祐永翼雍熙天不慭遺奄焉
薨逝哀慕抽割震于厥心今龜謀襲吉先遠戒期宜崇嘉制式引風烈可追崇
假黃鉞侍中都督中外諸軍事太宰領大將軍揚州牧綠綟綬備九服錫命之
禮使持節中書監王如故給九旒鸞輅黃屋左纛轀輬車前後部羽葆鼓吹挽

歌二部虎賁班劒百人葬禮依晉安平王孚故事初豫章王嶷葬金牛山文惠
太子葬夾石子良臨送望祖硎山悲感歎曰北瞻吾叔前望吾兄死而有知請
葬茲地旣薨遂葬焉所著內外文筆數十卷雖無文采多是勸戒建武中故吏
范雲上表爲子良立碑事不行子昭胄嗣
昭胄字景胤汎涉有父風永明八年自竟陵王世子爲寧朔將軍會稽太守鬱
林初爲右衛將軍未拜遷侍中領右軍將軍建武三年復爲侍中領驍騎將軍
轉散騎常侍太常以封境邊虜建元元年改封巴陵王先是王敬則事起南康
侯子恪在吳郡高宗慮有同異召諸王侯入宮晉安王寶義及江陵公寶覽等
住中書省高武諸孫住西省敕人各兩左右自隨過此依軍法孩抱者乳母隨
入其夜大醫煑藥都水辦數十具棺材須三更當悉殺之子恪奔歸二更達建
陽門刺啓時刻已至而帝眠不起中書舍人沈徽孚與帝所親左右單景儁共
謀少留其事須臾帝覺景儁啓子恪已至驚問曰未邪景儁具以事答明日悉
遣王侯還第建武以來高武王侯居常震怖朝不保夕至是尤甚及陳顯達起

事王侯復入宮昭冑懲往時之懼與弟永新侯昭穎逃奔江西變形爲道人崔
慧景舉兵昭冑兄弟出投之慧景事敗昭冑兄弟首出投臺軍主胡松各以王
侯還第不自安謀爲身計子良故防閤桑偃爲梅蟲兒軍副結前巴西太守蕭
寅謀立昭冑昭冑許事克用寅爲尚書左僕射護軍將軍以寅有部曲大事皆
委之時胡松領軍在新亭寅遣人說之云須昏人出寅等便率兵奉昭冑入臺
閉城號令昏人必還就將軍將軍但閉壘不應則三公不足得也松又許諾會
東昏新起芳樂苑月許日不復出遊偃等議募健兒百餘人從萬春門入突取
之昭冑以爲不可偃同黨王山沙慮事久無成以事告御刀徐僧重寅遣人殺
山沙於路吏於麝膝中得其事迹昭冑兄弟與同黨皆伏誅昭穎官至寧朔將
軍彭城太守梁王定京邑追贈昭冑散騎常侍撫軍將軍昭穎黃門郎梁受禪
降封昭冑子同監利侯

廬陵王子卿字雲長世祖第三子也建元元年封臨汝縣公千五百戶兄弟四
人同封世祖卽位爲持節都督郢州司州之義陽軍事冠軍將軍郢州刺史永

明元年徙都督荆湘益寧梁南北秦七州安西將軍荆州刺史持節如故始與
王鑑爲益州子卿解督子卿在鎭營造服飾多違制度上勑之曰吾前後有勑
非復一兩過道諸王不得作乖體格服飾汝何意都不憶吾勑邪忽作瑇瑁乘
具何意已成不須壞可速送下純銀乘具乃復可爾何以作鐙亦是銀可卽壞
之忽用金薄裹箭脚何意亦速壞去凡諸服章自今不啓吾知復專輒作者後
有所聞當復得痛杖又曰汝比在都讀學不就年轉成長吾日冀汝美勿得勑
如風過耳使吾失氣五年入爲侍中撫軍將軍未拜仍爲中護軍侍中如故六
年還祕書監領右衞將軍尋還中軍將軍侍中並如故十年進號車騎將軍俄
還使持節都督南豫司三州軍事驃騎將軍南豫州刺史侍中如故子卿之鎭
道中戲部伍爲水軍上聞之大怒殺其典籤遣宜都王鏗代之子卿還第至崩
不與相見鬱林卽位復爲侍中驃騎將軍隆昌元年轉衞將軍開府儀同三司
置兵佐鄱陽王鏘見害以子卿代爲司徒領兵置佐尋復見殺時年二十七
魚復侯子響字雲音世祖第四子也豫章王嶷無子養子響後有子表留爲嫡

世祖卽位爲輔國將軍南彭城臨淮二郡太守見諸王不致敬子響勇力絕人
關弓四斛力數在園池中帖騎馳走竹樹下身無虧傷旣出繼車服異諸王每
入朝輒忿怒拳打車壁世祖知之令車服與皇子同永明三年遷右衞將軍仍
出爲使持節都督豫州郢州之西陽汝南二郡軍事冠軍將軍豫州刺史明年
進號右將軍進南豫州之歷陽淮南潁川汝陽四郡入爲散騎常侍右衞將軍
六年有司奏子響體自聖明出繼宗國大司馬臣嶷昔未有胤所以因心鞠養
陛下弘天倫之愛臣嶷深猶子之恩遂乃繼體扶疏世祚垂改茅蔣蕃蔚冢嗣
莫移誠欣惇睦之風實虧立嫡之教臣等參議子響宜還本乃封巴東郡王遷
中護軍常侍如故尋出爲江州刺史常侍如故七年遷使持節都督荊湘雍梁
寧南北秦七州軍事鎮軍將軍荊州刺史子響少好武在西豫時自選帶仗左
右六十人皆有膽幹至鎮數在內齋殺牛置酒與之聚樂令內人私作錦袍絳
襖欲餉蠻交易器仗長史劉寅等連名密啓上勅精檢寅等懼欲祕之子響聞
臺使至不見勅召寅及司馬席恭穆諮議參軍江愈殷曇粲中兵參軍周彥典

籤吳修之王賢宗魏景淵於琴臺下詰問之寅等無言脩之曰既以降勑旨政
應方便答塞景淵曰故應先檢校子響大怒執寅等於後堂殺之以啓無江愈
名欲釋之而用命者已加戮上聞之怒遣衛尉胡諧之游擊將軍尹略中書舍
人茹法亮領齋仗數百人檢捕羣小勑子響若束首自歸可全其性命諧之等
至江津築城燕尾洲遣傳詔石伯兒入城慰勞子響曰我不作賊長史等見負
今政當受殺人罪耳乃殺牛具酒饌餉臺軍而諧之等疑畏執錄其吏子響怒
遣所養數十人收集府州器仗令二千人從靈溪西渡克明旦與臺軍對陣南
岸子響自與百餘人袍騎將萬鈞弩三四張宿江堤上明日凶黨與臺軍戰子
響於堤上放弩亡命王衝天等蒙楯陵城臺軍大敗尹略死之官軍引退上又
遣丹陽尹蕭順之領兵繼至子響部下恐懼各逃散子響乃白服降賜死時年
二十二臨死啓上曰劉寅等入齋檢仗具如前啓臣罪既山海分甘斧鉞奉勑
遣胡諧之茹法亮賜重勞其等至竟無宣旨便建旗入津對城南岸築城守臣
累遣書信喚法亮渡乞白服相見其永不肯羣小懼怖遂致攻戰此臣之罪也

臣此月二十五日束身投軍希還天闕停宅一月臣自取盡可使齊代無殺子之譏臣免逆父之謗旣不遂心今便命盡臨啓哽塞知復何陳有司奏絕子響屬籍削爵土收付廷尉法獄治罪賜爲蛸氏諸所連坐別下考論贈劉寅侍中席恭穆輔國將軍益州刺史江愈殷曇粲黃門郎周彥驍騎將軍寅字景蕤高平人也有文義而學不閑世務席恭穆安定焉氏人關隴豪族上憐子響死後遊華林園見猿對跳子鳴嘯上留目久之因嗚咽流涕豫章王嶷上表曰臣聞將而必戮炳自春秋罄于甸人著於經禮猶懷不忍之言尙有如倫之痛豈不事因法往情以恩留故庶人蛸子響識懷靡樹見淪不逞肆憤一朝取陷凶德遂使迹隣非孝事近無君身膏草野未云塞釁但輟矢倒戈歸罪司戮即理原心亦旣迷而知返釁骨不收辜魂莫赦撫事惟往載傷心目昔閔榮伏夷愴動墳園思荆就辟側懷丘墓皆兩臣釁結於明時二主議加於盛世積代用之爲美歷史不以云非伏願一下天矜爰詔蛸氏使得安兆末郊旋窆餘麓微列葦輤之容薄申封樹之禮豈伊窮骸被德實且天下歸仁臣屬忝皇枝偏留友睦

以臣繼別未安子響言承出命提攜鞠養俯見成人雖輟胤蕃條歸體琁蕚循執之念不移傅訓之憐何已敢冒宸嚴布此悲乞上不許先是貶爲魚復侯

安陸王子敬字雲端世祖第五子也初封應城縣公永明二年出爲持節監南兗兗徐青冀五州北中郎將南兗州刺史四年進號右將軍明年徙都督荊湘梁雍南北秦六州軍事平西將軍荊州刺史持節如故尋進號安西將軍七年徵侍中護軍將軍十年轉散騎常侍撫軍將軍丹陽尹十一年進車騎將軍尋給鼓吹一部隆昌元年遷使持節都督南兗兗徐青冀五州征北大將軍南兗州刺史延興元年加侍中高宗除諸蕃王遣中護軍王玄邈征九江王廣之襲殺子敬時年二十三

晉安王子懋字雲昌世祖第七子也初封江陵公永明三年爲持節都督南豫豫司三州南中郎將南豫州刺史魚復侯子響爲豫州子懋解督四年進號征虜將軍南豫新置力役寡少加子懋領宣城太守明年爲監南兗兗徐青冀五州軍事後將軍南兗州刺史持節如故六年徙監湘州平南將軍湘州刺史明

年加持節都督八年進號鎮南將軍撰春秋例苑三十卷奏之世祖嘉之勅付
祕閣九年親府州事十年入爲侍中領右衞將軍十一年遷散騎常侍中書監
未拜仍爲使持節都督雍梁南北秦四州郢州之竟陵司州之隨郡軍事征北
將軍雍州刺史給鼓吹一部豫章王喪服未畢上以邊州須威望許得奏之鬱
林即位即本號爲大將軍子懋見幼主新立密懷自全之計令作部造器仗陳
顯達時爲征虜屯襄陽欲脅取以爲將帥顯達密啓高宗徵顯達還隆昌元年
遷子懋爲都督江州刺史留西楚部曲助鎮襄陽單將白直俠轂自隨顯達入
別子懋謂曰朝廷令身單身而反身是天王豈可過爾輕率今猶欲將二三千
人自隨公意何如顯達曰殿下若不留部曲便是大違勅旨其事不輕且此閒
人亦難可收用子懋默然顯達因辭出便發去子懋計未立還鎮尋陽延興元
年加侍中聞鄱陽隨郡二王見殺欲起兵赴難母阮在都遣書欲密迎上阮報
其兄于瑤之爲計瑤之馳告高宗於是纂嚴遣平西將軍王廣之南北討使軍
主裴叔業與瑤之先襲尋陽聲云爲郢州行司馬子懋知之遣三百人守盆城

叔業泝流直上至夜回下襲盆城城局參軍樂貢開門納之子懋率府州兵力先已具船於稽亭渚聞叔業得盆城乃據州自衛子懋部曲多雍土人皆踊躍願奮叔業畏之遣于瑤之說子懋曰今還都必無過憂政當作散官不失富貴也懋既不出兵攻叔業衆情稍沮中兵參軍于琳之瑤之兄也說子懋重賂叔業子懋使琳之往琳之因說叔業請取子懋叔業遣軍主徐玄慶將四百人隨琳之入州城僚佐皆奔散琳之從二百人拔刃入齋子懋罵曰小人何忍行此事琳之以袖鄣面使人害之時年二十三初子懋鎮雍世祖勅以邊略曰吾比連得諸處啓所說不異虜必無敢送死理然爲其備不可鼙懈今秋犬羊輩越逸者其亡滅之徵吾今亦行密纂集須有分明指的便當有大處分今普勅鎮守並部偶民丁有事即使應接運已勅更遣想行有至者汝共諸人量覓可使人數往南陽舞陰諸要處參覘糧食最爲根本更不憂人仗常行視驛亭馬不可有廢闕弁約語諸州當其堺皆爾不如法即問事又曰吾勅荊郢二鎮各作五千人陣本擬應接彼耳賊若送死者更即呼取之已勅子真魚繼宗殷公愍

至鎮可以公慇爲城主三千人配之便足汝可好以階級在意勿得人求或超五三階級及文章詩筆乃是佳事然世務彌爲根本可常憶之汝所啓仗此悉是吾左右御仗也云何得用之品格不可乖吾自當優量覓送先是啓求所好書上又曰知汝常以書讀在心足爲深欣也賜子懋杜預手所定左傳及古今善言

隨郡王子隆字雲興世祖第八子也有文才初封枝江公永明三年爲輔國將軍南琅邪彭城二郡太守明年遷江州刺史未拜唐寓之賊平遷爲持節督會稽東陽新安臨海永嘉五郡東中郎將會稽太守遷長兼中書令子隆娶尚書令王儉女爲妃上以子隆能屬文謂儉曰我家東阿也儉曰東阿重出實爲皇家蕃屏未及拜仍還中護軍轉侍中左衞將軍八年代魚復侯子響爲使持節都督荆雍梁寧南北秦六州鎮西將軍荆州刺史給鼓吹一部其年始興王鑑罷益州進號督益州九年親府州事十一年晉安王子懋爲雍州子隆復解督鬱林立進號征西將軍隆昌元年爲侍中撫軍將軍領兵置佐延興元年轉中

軍大將軍侍中如故子隆年二十一而體過充壯常服蘆茹丸以自銷損高宗
輔政謀害諸王世祖諸子中子隆最以才貌見憚故與鄱陽王鏘同夜先見殺
文集行於世
建安王子真字雲仙世祖第九子也永明四年爲輔國將軍南瑯邪彭城二郡
太守遷持節督南豫司二州軍事冠軍將軍南豫州刺史領宣城太守進號南
中郎將六年以府州稍實表解領郡七年進號右將軍還丹陽尹將軍如故轉
左衛將軍七年還中護軍仍出爲持節都督郢司二州軍事平西將軍郢州刺
史鬱林立進號安西將軍隆昌元年爲散騎常侍護軍將軍延興元年轉鎮軍
將軍領兵置佐常侍如故其年見殺年十九
西陽王子明字雲光世祖第十子也永明元年封武昌王三年失國璽改封西
陽六年爲持節都督南兗兗徐青冀五州軍事冠軍將軍南兗州刺史八年進
號征虜將軍十年進左將軍仍爲督會稽東陽臨海永嘉新安五郡軍事會稽
太守將軍如故子明風姿明淨士女觀者咸嗟嘆之鬱林初進號平東將軍隆

昌元年爲右將軍中書令延興元年還侍中領驍騎將軍右軍如故建武元年
轉撫軍將軍領兵置佐二年誅蕭諶誣子明及弟子罕子貞與諶同謀見害年
十七
南海王子罕字雲華世祖第十一子也永明六年爲北中郎將南琅邪彭城二
郡太守上初以白下地帶江山徙琅邪郡自金城治之子罕始鎮此城十年爲
持節都督南兗兗徐青冀五州軍事征虜將軍南兗州刺史鬱林卽位進號後
將軍隆昌元年還散騎常侍右衞將軍建武元年轉護軍將軍二年見殺年十
七
巴陵王子倫字雲宗世祖第十三子也永明七年爲持節都督南豫司二州軍
事南中郎將南豫州刺史十年還北中郎將南琅邪彭城刺史二郡太守鬱林
卽位以南彭城祿力優厚奪子倫與中書舍人綦母珍之更以南蘭陵代之隆
昌元年遷散騎常侍左將軍延興元年遣中書舍人茹法亮殺子倫子倫正衣
冠出受詔曰昔之將死其鳴也哀人之將死其言也善先朝昔滅劉氏今日之

事理數固然君是身家舊人今銜此使當由事不獲已法亮不敢答而退年十
六
邵陵王子貞字雲松世祖第十四子也永明十年爲東中郎將吳郡太守鬱林
卽位進號征虜將軍還爲後將軍建武二年見誅年十五
臨賀王子岳字雲嶠世祖第十六子也永明七年封高宗誅世祖諸子唯子岳
及弟六人在後世呼爲七王朔望入朝上還後宮輒嘆息曰我及司徒諸兒子
皆不長高武子孫日長大永泰元年上疾甚絶而復蘇於是誅子岳等延興建
武中凡三誅諸王每一行事高宗輒先燒香火嗚咽涕泣衆以此輒知其夜當
相殺戮也子岳死時年十四
西陽王子文字雲儒世祖第十七子也永明七年封蜀郡王建武中改封西陽
王永泰元年見殺年十四
衡陽王子峻字雲嵩世祖第十八子也永明七年封廣漢郡王建武中改封永
泰元年見殺年十四

南康王子琳字雲璋世祖第十九子也母荀氏有寵子琳鍾愛永明七年封

宣城王明年上改南康公褚蓁以封子琳永泰元年見殺年十四

湘東王子建字雲立世祖第二十一子也母謝氏無寵世祖度爲尼高宗卽位

使還母子建永泰元年見殺年十三

南郡王子夏字雲廣世祖第二十三子也上春秋高子夏最幼寵愛過諸子初

世祖夢金翅鳥下殿庭搏食小龍無數乃飛上天永泰元年子夏誅年七歲

史臣曰民之勞逸隨所遭遇習以成性有識斯同帝王子弟生長尊貴薪禽之

道未知富厚之圖已極齠年稚齒養器深宮習趨拜之儀受文句之學坐躡搢

紳傍絕交友情僞之事不經耳目憂懼之道未涉胸衿雖卓爾天悟自得懷抱

孤寡爲識所陋猶多朝出閨闥暮司方岳帝子臨州親民尙小年序次第宜屏

皇家防驕翦逸積代恆典平允之情操捶貽慮故輔以上佐簡自帝心勞舊左

右用爲主帥州國府第先令後行飲食遊居動應聞啓端拱守祿遵承法度張

弛之要莫敢厝言行事執其權典籤掣其肘苟利之義未申專違之咎已及處

地雖重行己莫由威不在身恩未接下倉卒一朝艱難總集望其釋位扶危不可得矣路温舒云秦有十失其一尚存斯宋氏之餘風在齊而彌弊也

贊曰武十七王文宣令望愛才悅古仁信温良宗英是寄遺惠未忘廬陵犯色安陸括囊晉安早悟隨郡雕章建賀湘海二陵二陽幼蕃威寵南郡南康

南齊書卷四十

魚復侯子響傳丹陽尹蕭順之領兵繼至子響部下恐懼各逃散子響乃白服降賜死○臣祖庚按南史子響見順之欲自申明順之不許於射堂縊殺之與此互異通鑑考異曰蓋蕭子顯爲順之諱耳注云順之梁武帝之父蕭子顯仕梁朝而作齊書故言其爲順之諱也又按帝紀作巴東王通鑑同蓋魚復巴東屬邑是時貶爲魚復侯也

豫章王嶷上表○臣祖庚按表文與南史所載繁簡互別

微列葦鞾之容○鞾汲古閣本作韂旁注雍本作鞾

先是貶爲魚侯○南監本無先是二字

晉安王子懋傳阮報其兄子瑤之爲計○兄南監本作同産弟南史亦作同産

弟

不如法即問事○問事南監本作周章

或超五三階級及文章詩筆○南監本無及字汲古閣本無級字

南齊書卷四十考證

梁　蕭　子　顯　撰

列傳第二十二

張融　周顒

張融字思光吳郡吳人也祖禕晉琅邪王國郎中令父暢宋會稽太守融年弱冠道士同郡陸脩靜以白鷺羽麈尾扇遺融曰此既異物以奉異人宋孝武聞融有早譽解褐爲新安王北中郎參軍孝武起新安寺僚佐多儭錢帛融獨儭百錢帝曰融殊貧當序以佳祿出爲封溪令從叔永出後渚送之曰似聞朝旨汝尋當還融曰不患不還政恐還而復去廣越嶂嶮獠賊執融將殺食之融神色不動方作洛生詠賊異之而不害也浮海至交州於海中作海賦曰蓋言之用也情矣形乎使天形寅內敷情敷外寅者言之業也吾遠職荒官將海得地行關入浪宿渚經波傳懷樹觀長滿朝夕東西無里南北如天反覆懸烏表裏菟色壯哉水之奇也奇哉水之壯也故古人以之頌其所見吾問翰而賦之焉

當其濟與絕感豈覺人在我外木生之作君自君矣分渾始地判氣初天作成
萬物爲山(爲)川總川振會導海飛門爾其海之狀也之相也則窮區沒渚萬里
藏岸控會江濟朝總江漢回混浩潰巔倒發濤浮天振遠灌日飛高摐(䆖江)撞則
入紘摧隤鼓怒則九紐折裂擔(於活)長風以舉波滯(音郭)天地而爲勢瀄(音盭)澤(于及)潜
(音沓)洽(音合)來往相𩗽(䆖合)汩(子突)湙(音突)㶁(於渤)渤䆴(紆狀)石成窟西衡虞淵之曲東振湯谷
之阿若木於是乎倒覆折扶桑而爲渣(在牙)蘧(音藥)瀿潤(音門)渾涫(於官)㴇(於和)磈(於磊)瓘渤
(非勃)淬(音卒)淪(音崙)澊(音尊)瀾淺龍捘(子拱)湍轉則日月似驚浪動而星河如覆既烈太山
與崐崙相壓而共潰又感雷車震漢破天以折轂滺(於員)漣漪(於卯)瀨(於嬾)轣轉縱橫
揚珠起玉流鏡飛明是其回堆曲浦欹關弱渚之形勢也沙嶼相接洲島相連
東西南北如滿于天梁禽楚獸胡木漢草之所生焉長風動路深雲暗道之所
經焉苕苕嶕嶕窅窅翳翳晨烏宿(音秀)於東隅落河浪其西界茫沆(于剛)汴河汩(于突)
磈(于磊)漫(無官)桓旁踞委岳橫竦危巒重彰岌岌攢嶺聚立嵂(呂九)礧(音窟)崊(呂今)嶔(欽)架
石相陰蔭隤(徒罪)陁陁橫出旁入嵬嵬(支罪)磊磊若相追而下及峯勢縱橫岫形參

錯或如前而未進乍非遷而已却天抗暉於東曲日倒麗於西阿嶺集雪以懷
鏡巖昭春而自華江滓許江洎洎許百滐子曷巖拍芬百嶺觸山礙石汙瀖于各瀗音寒況于朗
硍於磊泱於朗溭音阿洞流柴磹五感反屼五屈頓浪低波砮苦降砇苦交硿苦江折嶺挫峯窣浪
硠音郎掊朋山相磕苦合萬里藹藹極路天外電戰雷奔倒地相礚獸門象逸魚路
鯨奔水遽龍魄陸振虎魂却膽無後向望行前長尋高眺唯水與天若乃山横
蹴浪風倒摧波磊若驚山竭嶺以竦石鬱若飛煙奔雲以振霞連瑤光而交綵
接玉繩以通華爾乎夜滿深霧晝密長雲高河滅景萬里無文山門幽暖岫戶
葢萞九天相掩王地交氛汪汪横横音皇沆沆于剛浩浩音害淬麤貴潰大人之表泱於朗
蕩君子之外風沫相排日閉雲開浪散波合岳起山隤若乃漉沙構白熬波出
素積雪中春飛霜暑路爾其奇名出錄詭物無書高岸乳鳥横門產魚則何𩹉
音羅鱅音容鮨音詣鯡音非魜音人鰈音果鰌音滑哄日吐霞吞河漱月氣開地震聲動天發噴
灑嚱於月噫於戒流雨而揚雲喬髗壯脊架岳而飛墳𨁏音挺動崩五山之勢瞷矣簡睔
矣䑸煥七曜之文蠵蠵瑁蚌綺貝繡螺玄珠互綵綠紫相華遊風秋瀨泳景登春

伏鱗漬綵昇紛洗文若乃春代秋緒歲去冬歸柔風麗景晴雲積暉起龍塗於
靈步翔螭道之神飛浮微雲之如薈落輕雨之依依觸巧塗而礙(去紺)遠抵欒木
以激揚浪相礴(傍各)而起千狀波獨湧乎驚萬容蘋藻留映荷芰提陰扶容曼綵
秀遠華深明藕移玉清蓮代金眄芬芳於遙渚汎灼爍於長潯浮艫雜軸遊舶
交艘帷軒帳席方遠連高入驚波而箭絕振排天之雄飆越湯谷以逐景渡虞
淵以追月徧萬里而無時浹天地於揮忽雕隼飛而未半鯤龍趠(貪教)而不逮舟
人未及復其喘已周流宇宙之外矣陰鳥陽禽春毛秋羽遠翅風遊高翮雲舉
翔歸棲去連陰日路瀾漲波渚陶玄浴素長紘四斷平表九絕雉翥成霞鴻飛
起雪合聲鳴侶竝翰翻羣飛闕溢繡流浦照文爾夫人微亮氣小白如淋涼空
澄遠層漢無陰照天容於鮷渚鏡河色於魦潯括蓋餘以進廣浸夏洲以洞深
形每驚而義維靜跡有事而道無心於是乎山海藏陰雲塵入岫天英徧華日
色盈秀則若士神中琴高道外袖輕羽以衣風逸玄裾於雲帶筵秋月於源潮
帳春霞於秀瀨矖蓬萊之靈岫望方壺之妙闕樹遏日以飛柯嶺回峯以蹴月

空居無俗素館何塵谷門風道林路雲真若乃幽崖阸(於夾)陿(倉夾)隈隩之窮駿波
虎浪之氣激勢之所不攻有卉有木爲灌爲叢路糅網雜結葉相籠通雲交拂
連韻共風蕩洲磝(去角)岸而千里若崩衝崖沃島其萬國如戰振駿氣以擺雷飛
雄光以倒電若夫增雲不氣流風斂聲瀾文復動波色還驚明月何遠沙裏分
星至其積珍全遠架寶諭深瓊池玉壑珠岫珣岑合日開夜舒月解陰珊瑚開
續瑠璃竦華丹文鏡色雜照冰霞洪洪潰潰浴干日月淹漢星墟滲河天界風
何本而自生雲無從而空滅籠麗色以拂烟鏡懸暉以照雪爾乃方員去我混
然落情氣暄而濁化靜自清心無終故不滯志不敗而無成既覆舟而載舟固
以死而以生弘芻狗於人獸導至本以充形雖萬物之日用諒何緯其何經道
湛天初機茂形外亡有所以而有非膠有於生末亡無所以而無信無心以入
太不動動是使山岳相崩不聲聲故能天地交泰行藏虛於用舍應感亮於圓
會仁者見之謂之仁達者見之謂之達咶者幾於上善吾信哉其爲大矣融文
辭詭激獨與衆異後還京師以示鎮國將軍顧凱之凱之曰卿此賦實超玄虛

但恨不道鹽耳融即求筆注之曰漉沙構白熬波出素積雪中春飛霜暑路此
四句後所足也凱之與融兄有恩好凱之卒融身負墳土在南與交阯太守卞
展有舊展於嶺南爲人所殺融挺身奔赴舉秀才對策中第爲尚書殿中郎不
就爲儀曹郎泰始五年明帝取荆郢湘雍四州射手叛者斬亡身及家長者家
口沒奚官元徽初郢州射手有叛者融議家人家長罪所不及亡身刑五年尋
請假奔叔父喪道中罰幹錢敬道鞭杖五十寄繫延陵獄太明五年制二品清
官行僮幹杖不得出十爲左丞孫緬所奏免官尋復位攝祠倉部二曹領事劉
勔戰死祠曹議上應哭勔不融議宜哭於是始舉哀倉曹又以正月俗人所忌
太倉爲可開不融議不宜拘束小忌尋兼掌正廚融見宰殺回車徑去自表解
職爲安成王撫軍倉曹參軍轉南陽王友融父暢先爲丞相長史義宣事難暢
爲王玄謨所錄將殺之玄謨子瞻爲南陽王前軍長史融啓求去官不許融家
貧願祿初與從叔征北將軍永書曰融昔稱幼學早訓家風雖則不敏率以成
性布衣韋席弱年所安簞食瓢飲不覺不樂但世業清貧民生多待榛栗棗脩

女贅既長束帛禽鳥男禮已大勉身就官十年七仕不欲代耕何至此事昔求
三吳一丞雖屬舛錯今聞南康缺守願得爲之融不知階級階級亦可不知融
政以求丞不得所以求郡求郡不得亦可復求丞又與吏部尚書王僧虔書曰
融天地之逸民也進不辨貴退不知賤兀然造化忽如草木實以家貧累積孤
寡傷心八姪俱孤二弟頗弱撫之而感古人以悲豈能山海陋祿申融情累阮
籍愛東平土風融亦欣吾平閑外時議以融非治民才竟不果辟太祖太傅掾
歷驃騎豫章王司空諮議參軍遷中書郎非所好乞爲中散大夫不許融風止
詭越坐常危膝行則曳步翹身仰首意制甚多隨例同行常稽遲不進太祖素
奇愛融爲太尉時時與融款接見融常笑曰此人不可無一不可有二郎位後
手詔賜融衣曰見卿衣服纜故誠乃素懷有本交爾藍縷亦虧朝望今送一通
故衣意謂雖故乃勝新也是吾所著已令裁減稱卿之體并履一量融與吏部
尚書何戢善往詣戢誤通尚書劉澄融下車入門乃曰非是至戶外望澄又曰
非是既造席視澄曰都自非是乃去其爲異如此又爲長沙王鎮軍竟陵王征

北諮議竝領記室司徒從事中郎永明二年總明觀講勑朝臣集聽融扶入就
榻私索酒飲之難問既畢乃長歎曰嗚呼仲尼獨何人哉爲御史中丞到撝所
奏免官尋復融形貌短醜精神清澈王敬則見融革帶垂寬殆將至骼謂之曰
革帶太急融曰既非步吏急帶何爲融假東出世祖問融住在何處融答曰臣
陸處無屋舟居非水後日上以問融從兄緒緒曰融近東出未有居止權牽小
船於岸上住上大笑虜中聞融名上使融接北使李道固就席道固顧之而言
曰張融是宋彭城長史張暢子不融嚬蹙久之曰先君不幸名達六夷豫章王
大會賓僚融食炙始行畢行炙人便去融欲求鹽蒜口終不言方搖食指半日
乃息出入朝廷皆拭目驚觀之八年朝臣賀衆瑞公事融扶入拜起復爲有司
所奏見原遷司徒右長史竟陵張欣時爲諸暨令坐罪當死欣時父興世宋世
討南譙王義宣官軍欲殺融父暢興世以袍覆暢而坐之以此得免興世卒融
著高屐負土成墳至是融啓竟陵王子良乞代欣時死子良答曰此乃是長史
美事恐朝有常典不得如長史所懷遷黃門郎太子中庶子司徒左長史融有

孝義忌月三旬不聽樂事嫂甚謹宋丞相義宣起事父暢以不同將見殺司馬
竺超民諫免之暢臨終謂諸子曰昔丞相事難吾緣竺司馬得活爾等必報其
子弟後超民孫微冬月遭母喪居貧融往弔之悉脫衣以爲賻披牛被而反常
以兄事微豫章王嶷竟陵王子良薨自以身經佐吏哭輒盡慟建武四年病卒
年五十四遺令建白旐無旒不設祭令人捉麈尾登屋復魂曰吾生平所善自
當凌雲一笑三千買棺無製新衾左手執孝經老子右手執小品法華經妾二
人哀事畢各遣還家又曰以吾平生之風調何至使婦人行哭失聲不須暫停
閨閣融玄義無師法而神解過人白黑談論鮮能抗拒永明中遇疾爲問律自
序曰吾文章之體多爲世人所驚汝可師耳以心不可使耳爲心師也夫文豈
有常體但以有體爲常政當使常有其體丈夫當删詩書制禮樂何至因循寄
人籬下且中代之文道體闕變尺寸相資彌縫舊物吾之文章體亦何異何嘗
顛溫涼而錯寒暑綜哀樂而橫歌哭哉政以屬辭多出比事不羈不阡不陌非
途非路耳然其傳音振逸鳴節竦韻或當未極亦已極其所矣汝若復別得體

者吾不拘也吾義亦如文造次乘我顛沛非物吾無師無友不文不句頗有孤神獨逸耳義之爲用將使性入清波塵洗猶沐無得釣聲同利舉價如高俾是道場險成軍路吾昔嗜僧言多肆法辯此盡遊乎言笑而汝等無幸又云人生之口正可論道說義惟飲與食此外如樹網焉吾每以不爾爲恨爾曹當振綱也臨卒又戒其子曰手澤存焉父書不讀況父音情婉在其韻吾意不然別遺爾音吾文體英絕變而屢奇既不能遠至漢魏故無取嗟晉宋豈吾天挺蓋不隤家聲汝若不看父祖之意欲汝見也可號哭而看之融自名集爲玉海司徒褚淵問玉海名融答玉以比德海崇上善文集數十卷行於世張氏知名前有

敷演鏡暢後有充融卷稷

周顒字彥倫汝南安城人晉左光祿大夫顗七世孫也祖虎頭員外常侍父恂歸鄉相顒少爲族祖朗所知解褐海陵國侍郎益州刺史蕭惠開賞異顒攜入蜀爲厲鋒將軍帶肥鄉成都二縣令轉惠開輔國府參軍將軍令如故仍爲府主簿常謂惠開性太險峻每致諫惠開不悅答顒曰天險地險王公設險但問

用險何如耳隨惠開還都宋明帝頗好言理以顒有辭義引入殿內親近宿直帝所爲慘毒之事顒不敢顯諫輒誦經中因緣罪福事帝亦爲之小止轉安成王撫軍行參軍元徽初出爲剡令有恩惠百姓思之還歷邵陵王南中郎三府參軍太祖輔政引接顒顒善尺牘沈攸之送絕交書太祖口授令顒裁答轉齊臺殿中郎建元初爲長沙王參軍後軍參軍山陰令縣舊訂滂民以供雜使顒言之於太守聞喜公子良曰竊見滂民之困困實極矣役命有常秪應轉竭蹙迫驅催莫安其所險者或竄避山湖困者自經溝瀆爾亦有摧臂斮手苟自殘落販傭貼子權赴急難每至滂使發動遵赴常促輒有柤杖被錄稽顙階垂泣淒告哀不知所振下官未嘗不臨食罷筯當書偃筆爲之久之愴不能已交事不濟不得不就加捶罰見此辛酸時不可過山陰邦治事倍餘城然略聞諸縣亦處處皆躓唯上虞以百戶一滂大爲優足過此列城不無凋罄宜應有以普救倒懸設流開便則轉患爲功得之何遠還爲文惠太子中軍錄事參軍隨府轉征北文惠在東宮顒還正員郎始興王前軍諮議直侍殿省復見賞遇顒音

辭辯麗出言不窮宫商朱紫發口成句汎涉百家長於佛理著三宗論立空假
名立不空假名設不空假名難空假名設空假名難不空假名假名空難二宗
又立假名空西涼州智林道人遺顒書曰此義旨趣似非始開妙聲中絶六七
十載貧道年二十時便得此義竊每歡喜無與共之年少見長安耆老多云關
中高勝乃舊有此義當法集盛時能深得斯趣者本無多人過江東略是無一
貧道捉麈尾來四十餘年東西講說謬重一時餘義頗見宗錄唯有此塗白黑
無一人得者爲之發病非意此音猥來入耳始是眞實行道第一功德其論見
重如此顒於鍾山西立隱舍休沐則歸之轉太子僕兼著作撰起居注遷中書
郎兼著作如故常遊侍東宫少從外氏車騎將軍臧質家得衛恒散隷書法學
之甚工文惠太子使顒書玄圃茅齋壁國子祭酒何胤以倒薤書求就顒換之
顒笑而答曰天下有道丘不與易也每賓友會同顒虚席晤語辭韻如流聽者
忘倦兼善老易與張融相遇輒以玄言相滯彌日不解清貧寡欲終日長蔬食
雖有妻子獨處山舍衛將軍王儉謂顒曰卿山中何所食顒曰赤米白鹽綠葵

紫蔘文惠太子問顒菜食何味最勝顒曰春初早韭秋末晚菘時何胤亦精信佛法無妻妾太子又問顒卿精進何如何胤顒曰三塗八難共所未免然各有其累太子曰所累伊何對曰周妻何肉其言辭應變皆如此也轉國子博士兼著作如故太學諸生慕其風爭事華辯後何胤言斷食生猶欲食肉白魚䱇脯糖蟹以爲非見生物疑食蚶蠣使學生議之學生鍾岏曰䱇之就脯驟於屈伸蟹之將糖躁擾彌甚仁人用意深懷如怛至於車螯蚶蠣眉目內闕慚渾沌之奇礦殼外緘非金人之慎不悴不榮曾草木之不若無馨無臭與瓦礫其何算故宜長充庖廚永爲口實竟陵王子良見岏議大怒胤兄點亦遁節清信顒與書勸令菜食曰丈人之所以未極遐蹈或在不近全菜邪脫灑離析之討鼎俎網罟之興載策其來實遠誰敢干議觀聖人之設膳脩仍復爲之品節蓋以茹毛飲血與生民共始縱而勿裁將無厓畔善爲士者豈不以恕己爲懷是以各靜封疆罔相陵軼況乃變之大者莫過死生生之所重無踰性命性命之於彼極切滋味之在我可賒而終身朝晡資之以味彼就冤殘莫能自列我業久長

吁哉可畏且區區微卵脆薄易矜歘彼弱麑顧步宜愍觀其飲喙飛行人應憐悼況可心心撲褫加復恣忍吞嚼至乃野牧盛羣閉豢重圈量肉揣毛以挨枝剝如土委地僉謂常理百爲愴恩事豈一塗若云三世理誣則幸矣良快如使此道果然而形未息則一往一來一生一死輪迴是常事雜報如家人天如客遇客日尠在家日多吾儕信業未足長免則傷心之慘行亦息念丈人於血氣之類雖無身踐至於晨鳧夜鯉不能不取備屠門財貝之經盜手猶爲廉士所棄生性之一啓鸞刀寧復慈心所忍騶虞雖飢非自死之草不食聞其風者豈不使人多愧衆生之稟此形質以畜肌膋皆由其積壅癡迷沈流莫反報受穢濁歷苦酸長此甘與肥皆無明之報聚也何至復引此滋腴自汙腸胃丈人得此有素聊復寸言發起耳顒卒官時會王儉講孝經未畢舉曇濟自代學者榮之官爲給事中

史臣曰弘毅存容至仁表貌汲黯剛戇崔琰聲姿然後能不憚雄桀亟成譏犯張融標心託旨全等塵外吐納風雲不論人物而事君會友敦義納忠誕不越

檢常在名教若夫奇偉之稱則虞翻陸績不得獨擅於前也

贊曰思光矯矯萬里千仞升同應諧黜同解擯務在連衡不謀銷印彥倫辭辯苦節清韻白馬橫擒雲梯獨振

張融海賦文多脫誤諸本同

南齊書卷四十一

南齊書卷四十一考證

張融傳九天相掩王地交氛○諸本同按王疑作五

周顒傳量肉揣毛以挨枝剝○挨南監本作俟枝疑作披

南齊書卷四十一考證

南齊書卷四十二

梁　蕭　子　顯　撰

列傳第二十三

王晏　蕭諶　蕭坦之　江祏

王晏字士彥琅邪臨沂人也祖弘之通直常侍父普曜祕書監宋大明末晏起家臨賀王國常侍員外郎巴陵王征北板參軍安成王撫軍板刑獄隨府轉車騎晉熙王燮爲郢州晏爲安西主簿世祖爲長史與晏相遇府轉鎮西板晏記室諮議沈攸之事難鎮西職僚皆隨世祖鎮盆城上時權勢雖重而衆情猶有疑惑晏便專心奉事軍旅書翰皆委焉性甚便僻漸見親侍乃留爲上征虜撫軍府板諮議領記室從還都遷領軍司馬中軍從事中郎常在上府參議機密建元初轉太子中庶子世祖在東宮專斷朝事多不聞啓晏慮及罪稱疾自疏尋領射聲校尉不拜世祖卽位轉長兼侍中意任如舊永明元年領步兵校尉遷侍中祭酒校尉如故遭母喪起爲輔國將軍司徒左長史晏父普曜藉晏勢

宦多歷通官晏尋遷左衛將軍加給事中未拜而普曜卒居喪有稱起冠軍將
軍司徒左長史濟陽太守未拜遷衛尉將軍如故四年轉太子詹事加散騎常
侍六年轉丹陽尹常侍如故晏位任親重朝夕進見言論朝事自豫章王嶷尚
書令王儉皆降意以接之而晏每以疏漏被上呵責連稱疾久之上以晏須祿
養七年轉爲江州刺史晏固辭不願出外見許留爲吏部尚書領太子右衛率
終以舊恩見寵時王儉雖貴而疏晏既領選權行臺閣與儉頗不平儉卒禮官
議謚上欲依王導謚爲文獻晏啓上曰導乃得此謚但宋以來不加素族出謂
親人曰平頭憲事已行矣八年改領右衛將軍陳疾自解上欲以高宗代晏領
選手敕問之晏啓曰鸞清幹有餘然不諳百氏恐不可居此職上乃止明年還
侍中領太子詹事本州中正又以疾辭十年改授散騎常侍金紫光祿大夫給
親信二十人中正如故十一年遷右僕射領太孫右衛率世祖崩遺旨以尚書
事付晏及徐孝嗣令久於其職鬱林即位轉左僕射中正如故隆昌元年加侍
中高宗謀廢立晏便響應推奉延興元年轉尚書令加後將軍侍中中正如故

封曲江縣侯邑千戶給鼓吹一部甲仗五十人入殿高宗與晏宴於東府語及時事晏抵掌曰公常言晏怯今定何如建武元年進號驃騎大將軍給班劍二十人侍中令中正如故又加兵百人領太子少傅進爵爲公增邑爲二千戶以虜動給兵千人晏爲人篤於親舊爲世祖所稱至是自謂佐命惟新言論常非薄世祖故事衆始怪之高宗雖以事際須晏而心相疑斥料簡世祖中詔得與晏手敕三百餘紙皆是國家事以此愈猜薄之初即位始安王遙光便勸誅晏帝曰晏於我有勳且未有罪遙光曰晏尚不能爲武帝安能爲陛下帝默然變色時帝常遣心腹左右陳世範等出塗巷採聽異言由是以晏爲事晏輕淺無防慮望開府數呼相工自視云當大貴與賓客語好屏人請間上聞之疑晏欲反遂有誅晏之意傖人鮮于文粲與晏子德元往來密探朝旨告晏有異志世範等又啓上云晏謀因四年南郊與世祖故舊主帥於道中竊發會虎犯郊壇帝愈懼未郊一日敕停行元會畢乃召晏於華林省誅之下詔曰晏閭閻凡伍少無特操階緣人乏班齒官途世祖在蕃搜揚擢用棄略疵瑕遂升要重而輕

跳險銳在貴彌著猜忌反覆觸情多端故以兩宮所弗容十手所共指既內愧
于心外懼憲牘掩迹陳痾多歷年載頻授蕃任輒辭請不行事似謙虛情實詭
伏隆昌以來運集艱難匡贊之功頗有心力洒爵冠通侯位登元輔綢繆恩寄
朝莫均焉谿壑可盈無厭將及視天畫地遂懷異圖廣求卜相取信巫覡論薦
黨附遍滿臺府令大息德元淵藪亡命同惡相濟劍客成羣弟詡凶愚遠相脣
齒信驛往來密通要契去歲之初奉朝鮮于文粲備告姦謀朕以信必由中義
無與貳推誠委任覬能悛改而長惡易流構扇彌大與北中郎司馬蕭毅臺隊
主劉明達等剋期竊發以河東王鉉識用微弱可爲其主得志之日當守以虛
器明達諸辭列炳然具存昔漢后以反脣致討魏臣以蚪鬚爲戮況無君之心
既彰陵上之迹斯著此而可容誰寘刑辟並可收付廷尉肅明國典晏未敗數
日於北山廟荅賽夜還晏既醉部伍人亦飲酒羽儀錯亂前後十餘里中不復
相禁制識者云此勢不復久也晏子德元有意尚至車騎長史德元初名湛世
祖謂晏曰劉湛江湛竝不善終此非佳名也晏乃改之至是與弟晉安王友德

和俱被誅晏弟詡永明中爲少府卿六年敕位未登黃門郎不得畜女妓詡與射聲校尉陰玄智坐畜妓免官禁錮十年敕特原詡禁錮後出爲輔國將軍始興內史廣州刺史劉纘爲奴所殺詡率郡兵討之延興元年授詡持節廣州刺史詡亦篤舊晏誅上又遣南中郎司馬蕭季敞襲詡殺之

蕭諶字彥孚南蘭陵蘭陵人也祖道清員外郎父仙伯桂陽王參軍諶初爲州從事晉熙國侍郎左常侍諶於太祖爲絕服族子元徽末世祖在郢州欲知京邑消息太祖遣諶就世祖宣傳謀計留爲腹心昇明中爲世祖中軍刑獄參軍東莞太守以勳勲封安復縣男三百戶建元初爲武陵王冠軍臨川王前軍參軍除尚書都官郎建威將軍臨川王鎮西中兵世祖在東宮諶領宿衞太祖殺張景真世祖令諶口啓乞景真命太祖不悅諶懼而退世祖卽位出諶爲大末令未之縣除步兵校尉領射陽令轉帶南濮陽太守領御仗主永明二年爲南蘭陵太守建威將軍如故復除步兵校尉太守如故世祖齋內兵仗悉付之心膂密事皆使參掌除正員郎轉左中郎將後軍將軍太守如故世祖臥疾延昌

殿敕諶在左右宿直上崩遺敕諶領殿內事如舊鬱林卽位深委信諶諶每請
急出宿帝通夕不得寐諶還乃安轉衛軍司馬兼衛尉加輔國將軍丁母憂敕
還復本任守衛尉高宗輔政有所匡諫帝旣在後宮不出唯遣諶及蕭坦之遥
進乃得聞達諶回附高宗勸行廢立密召諸王典籤約語之不許諸王外接人
物諶親要日久衆皆憚而從之鬱林被廢日初聞外有變猶密爲手敕呼諶其
見信如此諶性險進無計略及廢帝日領兵先入後宮齋內仗身素隸服諶莫
有動者海陵立轉中領軍進爵爲公二千戶甲仗五十人入直殿內月十日還
府建武元年轉領軍將軍左將軍南徐州刺史給扶進爵衡陽郡公食邑三千
戶高宗初許事克用諶爲揚州及有此授諶恚曰見炊飯熟推以與人王晏聞
之曰誰復爲蕭諶作甑節者諶恃勳重干豫朝政諸有選用輒命議尚書使爲
申論上新卽位遣左右要人於外聽察具知諶言深相疑阻二年六月上幸華
林園宴諶及尚書令王晏等數人盡歡坐罷留諶晚出至華林閣仗身執還入
省上遣左右莫智明數諶曰隆昌之際非卿無有今日今一門二州兄弟三封

朝廷相報政可極此卿恆懷怨望乃云炊飯已熟合甑與人邪今賜卿死諶謂
智明曰天去人亦復不遠我與至尊殺高武諸王是君傳語來去我今死還取
卿於省殺之至秋而智明死見諶爲祟詔曰蕭諶擢自凡庸識用輕險因藉倖
會早預驅馳永明之季曲頒恩紀鬱林昏悖頗立誠効寵靈優渥期遇兼隆內
總戎柄外暢蕃威兄弟榮貴震灼朝野曾不感佩殊荷少答萬一自以勳高伊
霍事均難賞才冠當時恥居物後矯制王權與奪由己空懷疑懼坐構嫌猜覘
候宮掖希覬非望蔽上罔下之心誣君不臣之跡固以彰暴民聽喧聒遐邇遂
潛散金帛招集不逞交結禁衛互爲脣齒密契戚邸將肆姦逆朕以其任寄既
重爵列河山每加彌縫弘以大信庶能懷音翻然悛改而豺狼其性凶謀滋甚
夫無將必戮陽秋明義況釁積禍盈若斯之大可收付廷尉速正刑書罪止元
惡餘無所問諶好左道吳興沈文猷相諶云相不減高宗諶喜曰感卿意無爲
人言也至是文猷伏誅諶兄誕字彥偉初爲殿中將軍永明中爲建康令與秣
陵令司馬迪之同乘行車前導四卒左丞沈昭略奏凡有鹵簿官共乘不得兼

列騶寺請免誕等官詔贖論延興元年自輔國徐州爲持節督司州刺史將軍如故明帝立封安德侯五百戶進號冠軍建武二年春虜攻司州誕盡力拒守虜退增封四百戶徵左衛將軍上欲殺諶以誕在邊鎭拒虜故未及行虜退六旬諶誅遣黃門郎梁王爲司州別駕使誅誕東身受戮家口繫尙方諶弟誄與諶同豫廢立爲寧朔將軍東莞太守轉西中郎司馬建武初封西昌侯千戶轉太子左率領軍解司州圍還同伏誅諶伯父仙民官至太中大夫卒

蕭坦之南蘭陵蘭陵人也祖道濟太中大夫父欣祖有勳於世祖至武進令坦之與蕭諶同族初爲殿中將軍累至世祖中軍板刑獄參軍以宗族見驅使除竟陵王鎭北征北參軍東宮直閤以懃直爲世祖所知除給事中淮陵令又除蘭陵令給事中如故尙書起部郎司徒中兵參軍世祖崩坦之隨太孫文武度上臺除射聲校尉令如故未拜除正員郎南魯郡太守少帝以坦之世祖舊人親信不離得入內見皇后帝於宮中及出後堂雜戲狡獪坦之皆得在側或值醉後裸袒坦之輒扶持諫喻見帝不可奉乃改計附高宗密爲耳目除晉安王

征北諮議隆昌元年追錄坦之父勳封臨汝縣男食邑三百戸徙征南諮議高
宗謀廢少帝既與蕭諶及坦之定謀帝腹心直閤將軍曹道剛疑外間有異密
有處分諶未能發始興內史蕭季敞南陽太守蕭穎基竝應還都諶欲待二蕭
至藉其勢力以舉事高宗慮事變以告坦之坦之馳謂諶曰廢天子古來大事
比聞曹道剛朱隆之等轉已猜疑衛尉明日若不就事無所復及弟有百歲母
豈能坐聽禍敗政應作餘計耳諶遑遽明日遂廢帝坦之力也海陵卽位除黃
門郎兼衛尉卿進爵伯增邑爲六百戸建武元年遷散騎常侍右衛將軍進爵
侯增邑爲千五百戸明年虜動假坦之節督徐州征討軍事虜圍鍾離春斷淮
洲坦之擊破之還加領太子中庶子未拜遷領軍將軍永泰元年爲侍中領軍
東昏立爲侍中領軍將軍永元元年遭母喪起復職加右將軍置府江祏兄弟
欲立始安王遙光密謂坦之坦之曰明帝取天下已非次第天下人至今不服
今若復作此事恐四海瓦解我其不敢言持喪還宅宅在東府城東遙光起事
遣人夜掩取坦之坦之科頭著褌踰牆走從東治僦渡南渡間道還臺假節督

衆軍討遙光屯湘宮寺事平還尚書右僕射丹陽尹右軍如故進爵公增邑千
戸坦之肥黑無鬚語聲嘶時人號爲蕭瘂剛狠專執羣小畏而憎之遙光事平
二十餘日帝遣延明主帥黃文濟領兵圍坦之宅殺之子賞祕書郎亦伏誅坦
之從兄翼宗爲海陵郡將發坦之謂文濟曰從兄海陵宅故應無他文濟曰海
陵宅在何處坦之告之文濟曰應得罪仍遣收之檢家赤貧唯有質錢帖子數
百還以啓帝原死繫尚方和帝中興元年追贈坦之中軍將軍開府儀同三司
江祏字弘業濟陽考城人也祖遵寧朔參軍父德鄰司徒右長史祏姑爲景皇
后少爲高宗所親恩如兄弟宋末解褐晉熙國常侍太祖徐州西曹員外郎高
宗冠軍參軍帶濡陽令竟陵王征北參軍尚書水部郎高宗爲吳興以祏爲郡
丞加宣威將軍盧陵王中軍功曹記室安陸王左軍諮議領錄事帶京兆太守
除通直郎補南徐州別駕高宗輔政委以心腹隆昌元年自正員郎補丹陽丞
中書郎高宗爲驃騎鎮東府以祏爲諮議參軍領南昌太守與蕭誄對直東府
省內時新立海陵人情未服高宗胛上有赤誌常祕不傳祏勸帝出以示人晉

壽太守王洪範罷任還上祖示之曰人皆謂此是日月相卿幸無泄言洪範曰
公日月之相在軀如何可隱轉當言之公卿上大悅會直後張伯尹瓚等屢謀
竊發祏誅憂虞無計每夕輒託事外出及入纂議定加祏寧朔將軍高宗爲宣
城王太史密奏圖緯云一號當得十四年祏入帝喜以示祏曰得此復何所望
及卽位遷守衞尉將軍如故封安陸縣侯邑千戶祏祖遵以后父贈金紫光祿
大夫父德隣以帝舅亦贈光祿大夫建武二年遷右衞將軍掌甲仗廉察四年
轉太子詹事祏以外戚親要勢冠當時遠致餉遺或取諸王第名書好物然家
行甚睦待子姪有恩意上寢疾永泰元年轉祏爲侍中中書令出入殿省上崩
遺詔轉右僕射祏弟衞尉祀爲侍中敬皇后弟劉暄爲衞尉東昏卽位參掌選
事高宗雖顧命羣公而意寄多在祏兄弟至是更直殿內動止關諮永元元年
領太子詹事劉暄遷散騎常侍右衞將軍祏兄弟與暄及始安王遙光尚書令
徐孝嗣領軍蕭坦之六人更日帖敕時呼爲六貴帝稍欲行意孝嗣不能奪坦
之雖時有異同而祏堅意執制帝深忿之帝失德旣彰祏議欲立江夏王寶玄

劉暄初爲寶玄郢州行事執事過刻有人獻馬寶玄欲看之暄曰馬何用看妃
索煮肫帳下諮暄暄曰旦已煮鵝不煩復此寶玄恚曰舅殊無渭陽之情暄聞
之亦不悅至是不同祏議欲立建安王寶夤密謀於遙光遙光自以年長屬當
鼎命微㫖動祏祏弟祀以少主難保勸祏立遙光暄以遙光若立已失元舅之
望不肯同故祏遲疑久不決遙光大怒遣左右黃曇慶於青溪橋道中刺殺暄
曇慶見暄部伍人多不敢發事覺暄告祏謀帝處分收祏兄弟祀時直在內殿
疑有異遣信報祏曰劉暄似有異謀今作何計祏曰政當靜以鎮之耳俄而召
祏入見停中書省初直齋袁文曠以王敬則勳當封祏執不與帝使文曠取祏
以刀環築其心曰復能奪我封否祏祀同日見殺祀字景昌初爲南郡王國常
侍歷高祖驃騎東閣祭酒祕書丞晉安王鎮北長史南東海太守行府州事治
下有宣尼廟久廢不脩祀更開掃搆立祀弟禧居喪早卒有子廞字偉卿年十
二聞收至謂家人曰伯既如此無心獨存赴井死後帝於後堂騎馬致適顧謂
左右曰江祏若在我當復能騎此不暄字士穆出身南陽國常侍遙光起事以

討暄爲名事平暄遷領軍將軍封平都縣侯千戸其年又見殺和帝中興元年
贈祏衞將軍暄散騎常侍撫軍將軍並開府儀同三司祀散騎常侍太常卿
史臣曰士死知己蓋有生所共情雖愚智之品有二而逢迎之運唯一夫懷可
知之才受知人之眄無慚外物此固天理其猶藏在中心銜恩念報況乎義早
蕃僚道同遇合踰越勝己顧邁先流棄子如遺曾微舊德使狗之喻人致前譏
慚包疚心我無其事嗚呼陸機所以賦豪士也
贊曰王蕭提契世祖基之樂羊食子里克無辭江劉后戚明嗣是維廢興異論
終用乖疑

南齊書卷四十二

南齊書卷四十二考證

王晏傳字士彥○南史作字休默一字士彥

衡見親侍○侍汲古閣本作待

元會畢乃召晏於華林省誅之○臣宗萬按明帝本紀四年正月丙辰晏伏誅

通鑑考異曰丙辰正月二十八日也按郊禮必在正月既云未郊一日敕停

則誅晏必非元會之日也本傳蓋言元會禮後耳

蕭諶傳諶於太祖爲絶服族子○通鑑諶世祖之族子也與此異

仗身執還入省○臣祖庚按通典唐制鎮戍之官給仗身其人眡鎮戍之上中

下爲差京官五品已上亦有仗身職員通鑑注云仗身執仗之衞士也

一門二州兄弟三封○臣祖庚按通鑑注云諶爲南徐州誕爲司州所謂二州

也諶封衡陽郡公誄封西昌侯誕封安復侯所謂三封也

蕭坦之傳以懃直爲世祖所知○臣祖庚按通鑑云嘗爲東宮直閤爲世宗所

知注云既爲東宮直閤則從世宗爲是東宮亦有直閤將軍據此則祖字訛

也

並應還都〇汲古閣本作遷都尉

江祏傳父德隣〇南史作德驎

領南昌太守〇臣承蒼按齊世無南昌太守之官南史作領南平昌太守

舅殊無渭陽之情〇臣承蒼按渭陽之詩言甥之致情於舅也後人多反用之

南史晉安王子懋傳不意渭陽翻成梟鏡亦以渭陽爲舅氏之稱

南齊書卷四十二考證

南齊書卷四十三

梁　蕭　子　顯　撰

列傳第二十四

江斆　何昌寓　謝瀹　王思遠

江斆字叔文濟陽考城人也祖湛宋左光祿大夫儀同三司父恁著作郎爲太子劭所殺斆母文帝女淮陽公主幼以戚屬召見孝武謂謝莊曰此小兒方當爲名器少有美譽桂陽王休範臨州辟迎主簿不就尚孝武女臨汝公主拜駙馬都尉除著作郎太子舍人丹陽丞時袁粲爲尹見斆歎曰風流不墜政在江郎數與宴賞留連日夜遷安成王撫軍記室祕書丞中書郎斆庶祖母王氏老疾斆視膳嘗藥七十餘日不解衣及累居內官每以侍養陳請朝廷優其朝直尋轉安成王驃騎從事中郎初湛娶褚秀之女被遣褚淵爲衞軍重斆爲人先通音意引爲長史加寧朔將軍順帝立隨府轉司空長史領臨淮太守將軍如故轉太尉從事中郎齊臺建爲吏部郎太祖卽位斆以祖母久疾連年臺閣之

職承曆温凊啓乞自解初宋明帝勑斆出繼從叔遯爲從祖淳後於是僕射王
儉啓禮無後小宗之文近世緣情皆由父祖之命未有既孤之後出繼宗族也
雖復臣子一揆而義非天屬江忠簡胤嗣所寄唯斆一人傍無眷屬斆宜還本
若不欲江遯絶後可以斆小兒繼遯爲孫尚書參議謂間世立後禮無其文荀
顗無子立孫墜禮之始何琦又立此論義無所據於是斆還本家詔使自量立
後者出爲寧朔將軍豫章内史還除太子中庶子領驍騎將軍未拜門客通贓
利世祖遣信檢覈斆藏此客而躬自引咎上甚有怪色王儉從容啓上曰江斆
若能治郡此便是具美耳上意乃釋永明初仍爲豫章王太尉諮議領錄事遷
南郡王友竟陵王司徒司馬斆好文辭圍棊第五品爲朝貴中最遷侍中領本
州中正司徒左長史中正如故五年遷五兵尚書明年出爲輔國將軍東海太
守加秩中二千石行南徐州事七年徙爲侍中領驍騎將軍尋轉都官尚書領
驍騎將軍王晏啓世祖曰江斆今重登禮閣兼掌六軍慈渥所覃實有優忝但
語其事任殆同閑輩天旨既欲升其名位愚謂以侍中領驍騎望實清顯有殊

納言上曰斅常啓吾爲其鼻中惡今旣以何胤王瑩還門下故有此回換耳鬱林卽位遷掌吏部隆昌元年爲侍中領國子祭酒鬱林廢朝臣皆被召入宮斅至雲龍門託藥醉吐車中而去明帝卽位改領祕書監又改領晉安王師建武二年卒年四十四遺令儉約葬不受賻贈詔賻錢三萬布百匹子蒨啓遵斅令讓不受詔曰斅貽厥之訓送終以儉立言歸善益有嘉傷可從所請贈散騎常侍太常謚曰敬子

何昌寓字儼望廬江灊人也祖叔度吳郡太守父佟之太常昌寓少而淹厚爲伯父司空尙之所遇宋建安王休仁爲揚州辟昌寓州主簿遷司徒行參軍太傅五官司徒東閤祭酒尙書儀曹郎建平王景素爲征北南徐州昌寓又爲府主簿以風素見重母老求祿出爲湘東太守加秩千石爲太祖驃騎功曹昌寓在郡景素被誅昌寓痛之至是啓太祖曰伏尋故建平王因心自遠忠孝基性徽和之譽早布國言勝素之情夙洽民聽世祖綢繆太宗眷異朝中貴人野外賤士雖闈見有殊誰不悉斯事者元徽之間政關羣小構扇異端共令傾覆殷

勲之非古人所悼況蒼梧將季能無銜慼一年之中籍者再三有必巔之危無
塹立之安行路寒心往來跼蹐而王夷慮坦然委之天命惟謙惟敬專誠奉國
閨無執戟之衛門闕衣介之夫此五尺童子所見不假闊曲言也一淪疑似身
名頓滅寃結淵泉酷貫穹旻時經隆替歲改三元曠蕩之惠亟申被枉之澤未
流俱沐温光獨酸霜露明公鋪天地之施散雲雨之潤物無巨細咸被慶渥若
今日不蒙照滌則爲萬代寃魂昌寓非敢慕慷慨之士激揚當世實義切於心
痛入骨髓瀝腸紓憤仰希神照辯明枉直亮王素行使還名帝籍歸靈舊塋死
而不泯豈忘德於黄壚叚軀碎首不足上謝又與司空褚淵書曰天下之可哀
者有數而埋寃於黄泉者爲甚焉何者百年之壽同於朝露揮忽去留寧足道
哉政欲闔棺之日不隕令名竹帛傳芳烈鍾石紀清英是以昔賢甘心於死所
者也若懷忠抱義而負枉冥冥之下時主未之矜卿相不爲言良史濡翰將被
以惡名豈不痛哉豈不痛哉竊尋故建平王地屬親賢德居宗望道心惟沖睿
性天峻散情風雲不以塵務嬰衿明發懷古惟以琴書娱志言忠孝行惇慎二

公之所深鑒也前者阮楊連黨搆此紛紜雖被明於朝貴愈結怨於羣醜覘察
繼蹤疑防重著小人在朝詩史所歎少一句 清識飲涕王每永言終日氣淚交横
既推信以期物故日去其備衞朱門蕭條示存典刑而已求解徐州以避北門
要任苦乞會稽貪處東甌閑務此並彰於事迹與公道味相求期心有素方共
經營家國劬勞王室何圖時不我與契闊屯昏忠誠弗亮罹此百殃歲朔亟流
已經四載皇命惟新人沾天澤而幽然深酷未蒙照明封殯卑雜窮魂莫寄昭
穆不序松柏無行事傷行路痛結幽顯吾等叩心泣血實有望於聖時公以德
佐世欲物得其所豈可令建平王枉直不分邪田叔不言梁事袁絲諫止淮南
以兩國釁禍尚回帝意豈非親親之義寧從敦厚而今疑以未辨爲世大戮若
使王心跡得申亦示海內理冤枉明是非存亡國繼絕世周漢之通典有國之
所急也昔叔向之理恃祁大夫而獲亮戾太子之冤資車丞相而見察幽靈有
知豈不眷眷於明顧碎首抽脅自謂不殞淵答曰追風古人良以嘉歎但事既
昭晦理有逆從建平初阻元徽未悖專欲委咎阮楊彌所致疑于時正亦謬參

此機若審如高論其愧特深太祖嘉其義轉爲記室遷司徒左西太尉戶曹屬中書郎王儉衛軍長史儉謂昌寓曰後任朝事者非卿而誰永明元年竟陵王子良表置文學官以昌寓爲竟陵王文學以清信相得意好甚厚轉揚州別駕豫章王又善之還太子中庶子出爲臨川內史除廬陵王中軍長史未拜復爲太子中庶子領屯騎校尉遷吏部郎轉侍中臨海王昭秀爲荊州以昌寓爲西中郎長史輔國將軍南郡太守行荊州事明帝遣徐玄慶西上害蕃鎮諸王玄慶至荊州欲以便宜從事昌寓曰僕受朝廷意寄翼輔外蕃何容以殿下付君一介之使若朝廷必須殿下還當更聽後旨昭秀以此得還京師建武二年爲侍中領長水校尉轉吏部尚書復爲侍中領驍騎將軍四年卒年五十一贈太常謚簡子昌寓不雜交遊通和汎愛歷郡皆清白士君子多稱之

謝瀹字義潔陳郡陽夏人也祖弘微宋太常父莊金紫光祿大夫瀹四兄颺朏顥𧦬世謂謝莊名兒爲風月景山水顥字仁悠少簡靜解褐祕書郎累至太祖驃騎從事中郎建元初爲吏部郎至太尉從事中郎永明初高選文學以顥爲

竟陵王友至北中郎長史卒瀹年七歲王彧見而異之言於宋孝武孝武召見於稠人廣衆之中瀹舉動閑詳應對合旨帝甚悅詔尚公主值景和敗事寢僕射褚淵聞瀹年少清正不惡以女結婚厚爲資送解褐車騎行參軍遷祕書郎司徒祭酒丹陽丞撫軍功曹世祖爲中軍引爲記室齊臺建遷太子中舍人建元初轉桂陽王友以母老須養出爲安成內史還爲中書郎衞軍王儉引爲長史雅相禮遇除黃門郎兼掌吏部尋轉太子中庶子領驍騎將軍轉長史兼侍中瀹以晨昏有廢固辭不受世祖敕令速拜別停朝直還司徒左長史出爲吳興太守長城縣民盧道優家遭劫誣同縣殷孝悌等四人爲劫瀹收付縣獄考正孝悌母駱詣登聞訴稱孝悌爲道優所誹謗橫劾爲劫一百七十三人連名保徵在所不爲申理瀹聞孝悌母訴乃啓建康獄覆道優理窮款首依法斬刑有司奏免瀹官瀹又使典藥吏煑湯失火燒郡外齋南廂屋五間又輒鞭除身爲有司所奏詔並贖論在郡稱爲美績母喪去官服闋爲吏部尚書高宗廢鬱林領兵入殿左右驚走報瀹瀹與客圍棊每下子輒云其當有意竟局乃還齋

臥竟不問外事也明帝卽位瀹又屬疾不視事後上讌會功臣上酒尚書令王
晏等與席瀹獨不起曰陛下受命應天順民王晏妄叨天功以爲己力上大笑
解之座罷晏呼瀹共載還令省欲相撫悅瀹又正色曰君巢窟在何處晏初得
班劒瀹謂之曰身家太傅裁得六人君亦何事一朝至此晏甚憚之加領右軍
將軍兄朏在吳與論啓公事稽晚瀹輒代爲啓上見非其手迹被問見原轉侍
中領太子中庶子豫州中正永泰元年轉散騎常侍太子詹事其年卒年四十
五贈金紫光祿大夫諡簡子初兄朏爲吳興瀹於征虜渚送別朏指瀹口曰此
中唯宜飲酒瀹建武之初專以長酣爲事與劉瑱沈昭略以觴酌交飲各至數
斗世祖嘗問王儉當今誰能爲五言詩儉對曰謝朏得父膏腴江淹有意上起
禪靈寺勑瀹撰碑文

王思遠琅邪臨沂人尚書令晏從弟也父羅雲平西長史思遠八歲父卒祖弘
之及外祖新安太守羊敬元並栖退高尚故思遠少無仕心宋建平王景素辟
爲南徐州主簿深見禮遇景素被誅左右離散思遠親視殯葬手種松柏與盧

江何昌寓沛郡劉璡上表理之事感朝廷景素女廢爲庶人思遠分衣食以相資贍年長爲備笄總訪求素對傾家送遣除晉熙王撫軍行參軍安成王車騎參軍建元初爲長沙王後軍主簿尚書殿中郎出補竟陵王征北記室參軍府遷司徒仍爲錄事參軍遷太子中舍人文惠太子與竟陵王子良素好士並蒙賞接思遠求出爲遠郡除建安內史長兄思玄卒思遠友于甚至表乞自解不許及祥日又固陳世祖乃許之除中書郎大司馬諮議世祖詔舉士竟陵王子良薦思遠及吳郡顧暠之陳郡殷叡邵陵王子貞爲吳郡世祖除思遠爲吳郡丞以本官行郡事論者以爲得人以疾解職還爲司徒諮議參軍領錄事轉黃門郎出爲使持節都督廣交越三州諸軍事寧朔將軍平越中郎將廣州刺史高宗輔政不之任仍遷御史中丞臨海太守沈昭略贓私思遠依事劾奏高宗及思遠從兄晏昭略叔父文季請止之思遠不從案事如故建武中遷吏部郎思遠以從兄晏爲尚書令不欲並居內臺權要之職上表固讓曰近頻煩歸啓實有微槩陛下矜遇之厚古今罕儔臣若孤恩誰當戮力既自誓輕軀命不復

以塵點爲疑正以臣與晏地惟密親必不宜俱居顯要僂僂丹赤守之以死臣實庸鄙無足獎進陛下甄拔之旨要是許其一節臣果不能以理自固有乖則哲之明犯冒之尤誅責在己謬賞之私惟塵聖鑒權其輕重寧守褊心且亦緣陛下以德御下故臣可得以禮進退伏願思垂拯宥不使零墜今若祇膺所忝三公不足爲泰犯忤之後九泉未足爲劇而臣苟求刑戮自棄富榮愚夫不爲臣亦庶免此心此志可憐可矜如其上命必行請罪非理聖恩方置之通塗而臣固求擯壓自愍自悼不覺涕流謹冒鈇鉞悉心以請窮則呼天仰祈一照上知其意乃改授司徒左長史初高宗廢立之際思遠與晏閑言謂晏曰兄荷世祖厚恩今一旦贊人如此事彼或可以權計相須未知兄將來何以自立若及此引決猶可不失後名晏不納及拜驃騎集會子弟謂思遠兄思微曰隆昌之末阿戎勸吾自裁若從其語豈有今日思遠遽應曰如阿戎所見猶未晚也及晏敗故得無他思遠清修立身簡潔衣服牀筵窮治素淨賓客來通輒使人先密覘視衣服垢穢方便不前形儀新楚乃與促膝雖然既去之後猶令二人交

帝拂其坐處上從祖弟季敞性甚豪縱上心非之謂季敞曰卿可數詣王思遠
上既誅晏遷爲侍中掌優策及起居注永元二年遷度支尙書未拜卒年四十
九贈太常諡貞子思遠與顧暠之友善暠之卒後家貧思遠迎其兒子經卹甚
至暠之字士明少孤好學有義行初舉秀才歷官府閤永明末爲太子中舍人
兼尙書左丞隆昌初爲安西諮議兼著作與思遠竝屬文章建武初以疾歸家
高宗手詔與思遠曰此人殊可惜就拜中散大夫卒年四十九思微永元中爲
江州長史爲陳伯之所殺
史臣曰德成爲上藝成爲下觀夫二三子之治身豈直淸體雅業取隆基構行
禮蹈義可以勉物風規云君子之居世所謂美矣
贊曰江纂世業有聞時陂何申舊主辭出乎義謝獻壽觴載色載刺思遠退食
冲心篤寄

南齊書卷四十三

南齊書卷四十三考證

何昌寓傳明帝遣徐玄慶至荆州欲以便宜從事○臣祖庚按南史明帝使裴叔業賫旨詔昌寓令以便宜從事叔業傳無此事又按通鑑從齊書作徐玄慶據此則南史誤矣

謝瀹傳朏指瀹口曰此中唯宜飲酒○臣宗萬按尺牘謝朏與弟瀹書曰今致數斗酒可力飲此勿豫人事與此小異

南齊書卷四十三考證

南齊書卷四十四

梁　蕭　子　顯　撰

列傳第二十五

徐孝嗣　沈文季

徐孝嗣字始昌東海郯人也祖湛之宋司空父聿之著作郎並爲太子劭所殺孝嗣在孕得免幼而挺立風儀端簡八歲襲爵枝江縣公見宋孝武升階流涕迄于就席帝甚愛之尙康樂公主泰始二年西討解嚴車駕還宮孝嗣登殿不著韎爲治書御史蔡準所奏罰金二兩拜駙馬都尉除著作郎母喪去官爲司空太尉二府參軍安成王文學孝嗣姑適東莞劉舍舍兄藏爲尙書左丞孝嗣往詣之藏退語舍曰徐郎是令僕人三十餘可知矣汝宜善自結昇明中遷太祖驃騎從事中郎帶南彭城太守隨府轉爲太尉諮議參軍太守如故齊臺建爲世子庶子建元初國除出爲晉陵太守還爲太子中庶子領長水校尉未拜爲寧朔將軍聞喜公子良征虜長史遷尙書吏部郎太子右衛率轉長史善趨

步閑容止與太宰褚淵相埒世祖深加待遇尚書令王儉謂人曰徐孝嗣將來
必爲宰相轉充御史中丞世祖問儉曰誰可繼卿者儉曰臣東都之日其在徐
孝嗣乎出爲吳興太守儉贈孝嗣四言詩曰方軌叔茂追清彥輔柔亦不吐剛
亦不茹時人以比蔡子尼之行狀也在郡有能名會王儉亡上徵孝嗣爲五兵
尚書其年上敕儀曹令史陳淑王景之朱玄真陳義民撰江左以來儀典令諮
受孝嗣明年遷太子詹事從世祖幸方山上曰朕經始此山之南復爲離宮之
所故應有邁靈丘靈丘山湖新林苑也孝嗣答曰繞黃山款牛首乃盛漢之事
今江南未廣民亦勞止願陛下少更留神上竟無所脩立竟陵王子良甚善之
子良好佛法使孝嗣及廬江何胤掌知齋講及衆僧轉吏部尚書尋加右軍將
軍轉領太子左衞率臺閣事多以委之世祖崩遺詔轉右僕射隆昌元年遷散
騎常侍前將軍丹陽尹高宗謀廢鬱林以告孝嗣孝嗣奉旨無所釐贊高宗入
殿孝嗣戎服隨後鬱林既死高宗須太后令孝嗣於袖中出而奏之高宗大悅
以廢立功封枝江縣侯食邑千戶給鼓吹一部甲仗五十人入殿轉左僕射常

侍如故明帝即位加侍中中軍大將軍定策勳進爵爲公增封二千戶給班劍
二十人加兵百人舊拜三公乃臨軒至是帝特詔與陳顯達王晏並臨軒拜授
北虜動詔孝嗣假節頓新亭時王晏爲令民情物望不及孝嗣也晏誅轉尚書
令領本州中正餘悉如故孝嗣愛好文學賞託清勝器量弘雅不以權勢自居
故見容建武之世恭己自保朝野以此稱之初孝嗣在率府晝臥齋北壁下夢
兩童子遽云移公床孝嗣驚起聞壁有聲行數步而壁崩壓床建武四年即本
號開府儀同三司孝嗣聞有詔斂容謂左右曰吾德慙古人位登袞職將何以
堪之明君可以理奪必當死請若不獲命正當角巾丘園待罪家巷耳固讓不
受是時連年虜動軍國虛乏孝嗣表立屯田曰有國急務兵食是同一夫輟耕
於事彌切故井陌壃里長轂盛於周朝屯田廣置勝戈富於漢室降此以還詳
略可見但求之自古爲論則賒即以當今宜有要術竊尋緣淮諸鎭皆取給京
師費引既殷漕運艱澀聚糧待敵每若不周利害之基莫此爲急臣比訪之故
老及經彼宰守淮南舊田觸處極目陂遏不脩咸成茂草平原陸地彌望尤多

今邊備旣嚴戍卒增衆遠資餽運近廢良疇士多飢色可爲嗟歎愚欲使刺史
二千石躬自履行隨地墾闢精尋灌漑之源善商肥确之異州郡縣戍主帥以
下悉分番附農今水田雖晚方事菽麥菽麥二種益是北土所宜彼人便之不
減粳稻開創之利宜在及時所啓允合請卽使至徐兗司豫爰及荊雍各當境
規度勿有所遺別立主曹專司其事田器耕牛臺詳所給歲終言殿最明其刑
賞此功克舉庶有弘益若緣邊足食則江南自豐權其所饒略不可計事御見
納時帝已寢疾兵事未已竟不施行帝疾甚孝嗣入居禁中臨崩受遺託重申
開府之命加中書監丞元初輔政自尙書下省出住宮城南宅不得還家帝失
德稍彰孝嗣不敢諫諍及江祏見誅內懷憂恐然未嘗表色始安王遙光反衆
情惶惑見孝嗣入宮內乃安然羣小用事亦不能制也進位司空固讓求解丹
陽尹不許孝嗣文人不顯同異名位雖大故得未及禍虎賁中郎將許準有膽
力領軍隸孝嗣陳說事機勸行廢立孝嗣遲疑久之謂必無用干戈理須少主
出遊閉城門召百僚集議廢之雖有此懷終不能決羣小亦稍憎孝嗣勸帝召

百僚集議因誅之冬召孝嗣入華林省遣茹法珍賜藥孝嗣容色不異少能飲
酒藥至斗餘方卒乃下詔曰周德方熙三監迷叛漢歷載昌宰臣構戾皆身膏
斧鉞族同煙燼殷鑒上代垂戒後昆徐孝嗣憑藉世資早蒙殊遇階緣際會遂
登台鉉匡翼之誠無聞詔黷之迹屢著沈文季門世此下缺

沈文季字伯達吳興武康人父慶之宋司空文季少以寬雅正直見知孝建二
年起家主簿徵祕書郎以慶之勳重大明五年封文季爲山陽縣五等伯轉太
子舍人新安王北中郎主簿西陽王撫軍功曹江夏王太尉東曹掾遷中書郎
慶之爲景和所殺兵仗圍宅收捕諸子文季長兄文叔謂文季曰我能死爾能
報遂自縊文季揮刀馳馬去收者不敢追遂得免明帝立起文季爲寧朔將軍
還太子右衞率建安王司徒司馬赭圻平爲宣威將軍廬江王太尉長史出爲
寧朔將軍征北司馬廣陵太守轉黃門郎領長水校尉明帝宴會朝臣以南臺
御史賀咸爲柱下史糾不醉者文季不肯飲酒被驅下殿晉平王休祐爲南徐
州帝問褚淵須幹事人爲上佐淵舉文季轉寧朔將軍驃騎長史南東海太守
休祐被殺雖用藩禮僚佐多不敢至文季獨往省墓展哀出爲臨海太守元徽
初還散騎常侍領後軍將軍轉祕書監出爲吳興太守文季飲酒至五斗妻王
氏王錫女飲酒亦至三斗文季與對飲竟日而視事不廢昇明元年沈攸之反
太祖加文季爲冠軍將軍督吳興錢塘軍事攸之先爲景和銜使殺慶之至是

文季收殺攸之弟新安太守登之誅其宗族加持節進號征虜將軍改封略陽縣侯邑千戶明年遷丹陽尹將軍如故齊國初建爲侍中領祕書監建元元年轉太子右衞率侍中如故改封西豐縣侯食邑千二百戶文季風采稜岸善於進止司徒褚淵當世貴望頗以門戶裁之文季不爲之屈世祖在東宮於玄圃宴會朝臣文季數舉酒勸淵淵甚不平啓世祖曰沈文季謂淵經爲其郡數加淵酒文季曰惟桑與梓必恭敬止豈如明府亡國失土不識枌榆遂言及虜動淵曰陳顯達沈文季當今將略足委以邊事文季諱稱將門因是發怒啓世祖曰褚淵自謂是忠臣未知身死之日何面目見宋明帝世祖笑曰沈率醉也中丞劉休舉其事見原後豫章王北宅後堂集會文季與淵並善琵琶酒闌淵取樂器爲明君曲文季便下席大唱曰沈文季不能作伎兒豫章王嶷又解之曰此故當不損仲容之德淵顏色無異曲終而止文季尋除征虜將軍侍中如故遷散騎常侍左衞將軍征虜如故世祖卽位轉太子詹事常侍如故永明元年出爲左將軍吳郡太守三年進號平東將軍四年遷會稽太守將軍如故是時

連年檢籍百姓怨望富陽人唐寓之僑居桐廬父祖相傳圖墓爲業寓之自云其家墓有王氣山中得金印轉相誑惑三年冬寓之聚黨四百人於新城水斷商旅黨與分布近縣新城令陸赤奮桐廬令王天愍棄縣走寓之向富陽抄略人民縣令何洵告魚浦子邏主從係公發魚浦村男丁防縣永與遣西陵戍主夏侯曇羨率將吏及戍左右埭界人起兵赴救寓之遂陷富陽會稽郡丞張思祖遣臺使孔矜王萬歲張繇等配以器仗將吏白丁防衞永與等十屬文季亦遣器仗將吏救援錢塘寓之至錢塘錢塘令劉彪戍主聶僧貴遣隊主張玗於小山拒之力不敵戰敗寓之進抑浦登岸焚郭邑彪棄縣走文季又發吳嘉與海鹽鹽官民丁救之賊分兵出諸縣鹽官令蕭元蔚諸暨令陵琚之並逃走餘杭令樂琰戰敗乃奔是春寓之於錢塘僭號置太子以新城戍爲天子宮縣廨爲太子宮弟紹之爲揚州刺史錢塘富人柯隆爲尚書僕射中書舍人領太官令獻鋌數千口爲寓之作仗加領尚方令分遣其黨高道度徐寇東陽東陽太守蕭崇之長山令劉國重拒戰見害崇之字茂敬太祖族弟至是臨難貞正果

烈追贈冠軍將軍太守如故賊遂據郡又遣僞會稽太守孫泓取山陰時會稽
太守王敬則朝正故寓之謂乘虛可襲泓至浦陽江郡丞張思祖遣浹口戍主
湯休武拒戰大破之上在樂遊苑聞寓之賊謂豫章王嶷曰宋明初九州同反
鼠輩但作看蕭公雷汝頭遣禁兵數千人馬數百匹東討賊衆烏合畏馬官軍
至錢塘一戰便散禽斬寓之進兵平諸郡縣臺軍乘勝百姓頗被抄奪軍還上
聞之收軍主前軍將軍陳天福棄市左軍將軍中宿縣子劉明徹免官削爵付
東冶天福上寵將也既伏誅內外莫不震肅天福善馬稍至今諸將法之御史
中丞徐孝嗣奏曰風聞山東羣盜剽掠列城雖匪日而殄要憝于王略郡縣闕
攻守之宜倉府多侵耗之弊舉善懲惡應有攸歸吳郡所領鹽官令蕭元蔚桐
廬令王天愍新城令陸赤奮等縣爲首劫破掠並不經格戰委職散走元蔚天
愍還臺赤奮不知所在又錢塘令劉彪富陽令何洵乃率領吏民相戰不敵未
委歸臺餘建德壽昌在劫斷上流不知被劫掠不吳興所領餘杭縣被劫破令
樂琰乃率吏民徑戰不敵委走出都會稽所領諸暨縣爲劫所破令陵琚之不

經格戰委城奔走不知所在案元蔚等妄藉天私作司近服昧斯隱慝職啓虔劉會稽郡丞張思祖謬因承乏總任是尸涓誠知劾終焉無紀平東將軍吳郡太守文季征虜將軍吳興太守西昌侯鸞任屬關河威懷是寄輒下禁止彪琰洵思祖文季視事如故鸞等結贖論詔元蔚等免思祖鸞文季原文季固讓會稽之授轉都官尚書加散騎常侍出爲持節督郢州司州之義陽諸軍事左將軍郢州刺史還爲散騎常侍領軍將軍世祖謂文季曰南士無僕射多歷年所文季對曰南風不競非復一日文季雖不學發言必有辭采當世稱其應對尤善籛及彈棊籛用五子以疾還金紫光祿大夫加親信二十人常侍如故轉侍中領太子詹事還中護軍侍中如故以家爲府隆昌元年復爲領軍將軍侍中如故豫廢鬱林高宗欲以文季爲江州遣左右單景儁宣旨文季口自陳讓稱年老不願外出因問右執法有人未景儁還具言之延興元年還尙書右僕射明帝卽位加領太子詹事增邑五百戶尙書令王晏常戲文季爲吳興僕射文季答曰琅邪執法似不出卿門尋加散騎常侍僕射如故建武二年虜寇壽春

豫州刺史豐城公遙昌嬰城固守數遣輕兵相抄擊明帝以爲憂詔文季領兵
鎮壽春文季入城止游兵一聽出洞開城門嚴加備守虜軍尋退百姓無所傷
損增封爲千九百戶尋加護軍將軍僕射常侍如故王敬則反詔文季領兵屯
湖頭備京路永元元年轉侍中左僕射將軍如故始安王遙光反其夜遣三百
人於宅掩取文季欲以爲都督而文季已還臺明日與尚書令徐孝嗣守衞宮
城戎服共坐南掖門上時東昏已行殺戮孝嗣深懷憂慮欲與文季論世事文
季輒引以他辭終不得及事寧加鎮軍將軍置府侍中僕射如故文季見世方
昏亂託以老疾不豫朝機兄子昭略謂文季曰阿父年六十爲員外僕射欲求
自免豈可得乎文季笑而不答同孝嗣被害其日先被召見文季知敗舉動如
常登車顧曰此行恐往而不反也於華林省死時年五十八朝野寃之中興元
年贈侍中司空謚忠憲兄子昭略有剛氣昇明末爲相國西曹太祖賞之及即
位謂王儉曰南士中有沈昭略何職處之儉曰臣已有擬奏轉前軍將軍上不
欲違可其奏尋還爲中書郎永明初歷太尉大司馬從事中郎驃騎司馬黃門

郎南郡王文學華選以昭略爲友尋兼左丞元年出爲臨海太守御史中丞累
遷侍中冠軍將軍撫軍長史永元元年始安王遙光起兵東府執昭略於城內
昭略潛自南出濟淮還臺至是與文季俱被召入華林省茹法珍等進藥酒昭
略怒罵徐孝嗣曰廢昏立明古今令典宰相無才致有今日以甌擲面破曰作
破面鬼死時年四十餘弟昭光聞收至家人勸逃去昭光不忍捨母遂見獲殺
之中興元年贈昭略太常昭光廷尉
史臣曰爲邦之訓食惟民天足食足兵民信之矣屯田之略實重戰守若夫充
國耕殖用殄羌戎韓浩棗祗亦建華夏置典農之官興大佃之議金城布險峻
壘綿壃飛芻輓粒事難支繼一夫不耕或鍾饑餧緣邊戍卒坐甲千羣故宜盡
收地利因兵務食緩則躬耕急則從戰歲有餘糧則紅食可待前世達治言之
已詳江左以來不暇遠策王旅外出未嘗宿飽四郊嬰守懼等松芻縣兵所救
經歲引日淩風泙水轉漕艱長傾窖底之儲盡倉敖之粟流馬木牛尚深前弊
田積之要唯在江淮郡國同興遠不周急故吳氏列戍南濱屯農水右魏世淮

北大佃而石横開漕皆輔車相資易以待敵孝嗣當蹙境之晨薦希行之計王
無外略民困首領觀機而動斯議殆爲空陳惜矣
贊曰文忠作相器範先標有容有業可以立朝豐城歷仕音儀孔昭爲舟等溺
在運同消

南齊書卷四十四

南齊書卷四十四考證

沈文季傳執昭略於城內○臣承蒼按遙光以建武二年進號撫軍將軍昭略是時爲撫軍長史不容有見執之事若被執則勢須防禁亦不能潛出還臺矣

南齊書卷四十四考證

梁　蕭子顯　撰

列傳第二十六

宗室

衡陽元王道度　始安貞王道生 遙光 遙欣 遙昌　安陸昭王緬

衡陽元王道度太祖長兄也與太祖俱受學雷次宗宣帝問二兒學業次宗答曰其兄外朗其弟內潤皆良璞也隨宣帝征伐仕至安定太守卒於宋世建元二年追加封謚無子太祖以第十一子鈞繼道度後鈞字宣禮永明四年爲江州刺史加散騎常侍母區貴人卒居喪盡禮六年還爲征虜將軍八年還驍騎將軍常侍如故仍轉左衞將軍鈞有好尚爲世祖所知兄弟中意遇次鄱陽王鏘十年轉中書令領石頭戍事遷散騎常侍祕書監領驍騎如故不拜隆昌元年改加侍中給扶海陵立轉撫軍將軍侍中如故尋遇害年二十二明帝卽位以永陽王子珉仍本國繼元王爲孫子珉字雲瑱世祖第二十子也永明七年

封義安王後改永陽永泰元年見害年十四復以武陵昭王曅第三子子坦奉元王後
始安貞王道生字孝伯太祖次兄也宋世爲奉朝請卒建元元年追封謚建武元年追尊爲景皇妃江氏爲后立寢廟於御道西陵曰修安生子鳳高宗安陸昭王緬鳳字景慈官至正員郎卒於宋世謚靖世子明帝建武元年贈侍中驃騎將軍開府儀同三司始安靖王改華林鳳莊門爲望賢門太極東堂書鳳鳥題爲神烏而改鸞鳥爲神雀子遙光嗣
遙光字元暉生有躄疾太祖謂不堪奉拜祭祀欲封其弟世祖諫乃以遙光襲爵初爲員外郎轉給事郎太孫洗馬轉中書郎豫章內史不拜高宗輔政遙光好天文候道密懷規贊隆昌元年除驍騎將軍冠軍將軍南東海太守行南徐州事仍除南彭城太守將軍如故又除輔國將軍吳興太守高宗廢鬱林又除冠軍將軍南蠻校尉西平中郎長史南郡太守一歲之內頻五除並不拜是時高宗欲卽位誅賞諸事唯遙光共謀議建武元年以爲持節都督揚南徐二州

諸軍事前將軍揚州刺史晉安王寶義爲南徐州遙光求解督見許二年進號
撫軍將軍加散騎常侍給通幰車鼓吹遙光好吏事稱爲分明頗多慘害足疾
不得同朝例常乘輿自望賢門入每與上久清閑言畢上索香火明日必有所
誅殺上以親近單少憎忌高武子孫欲并誅之遙光計畫參議當以次施行永
泰元年即本位爲大將軍給油絡車帝不豫遙光數入侍疾帝漸甚河東王鉉
等七王一夕見殺遙光意也帝崩遺詔加遙光侍中中書令給扶永元元年給
班劍二十人即本號開府儀同三司遙光旣輔政見少主即位潛與江祏兄弟
謀自樹立弟遙欣在荊楚擁兵居上流密相影響遙光當據東府號令使遙欣
便星速急下潛謀將發而遙欣病死江祏被誅東昏侯召遙光入殿告以祏罪
遙光懼還省便陽狂號哭自此稱疾不復入臺先是遙光行還入城風飄儀繖
出城外遙光弟遙昌先卒壽春豫州部曲皆歸遙光及遙欣喪還葬武進停東
府前渚荊州衆力送者甚盛帝誅江祏後慮遙光不自安欲轉爲司徒還第召
入喻旨遙光慮見殺八月十二日晡時收集二州部曲於東府門聚人衆街陌

頗怪其異莫知指趣也遙光召親人丹陽丞劉渢及諸傖楚欲以討劉暄爲名夜遣數百人破東冶出囚尚方取仗又召驍騎將軍垣歷生歷生隨信便至勸遙光令率城內兵夜攻臺輦荻燒城門公但乘輿隨後反掌可得遙光意疑不敢出天稍曉遙光戎服出聽事停輿處分上仗登城行賞賜歷生復勸出軍遙光不肯望臺內自有變至日中臺軍稍至尚書符遙光曰逆順之數皎然有徵干紀亂常刑茲罔赦蕭遙光宗室蚩庸才行鄙薄緹裙可望天路何階受遇自昔恩加猶子禮絕帝體寵越皇季旗章車服窮千乘之尊闉隍爽闓踰百雉之制及聖后在天親受顧託話言在耳德音猶存侮蔑天明罔畏不義無君之心履霜有日遂乃稱兵內犯竊發京畿自古巨釁莫斯爲甚今便分命六師弘宣九伐皇上當親御戎軒弘此廟略信賞必罰有如大江於是戒嚴曲赦京邑領軍蕭坦之屯湘宮寺鎮軍司馬曹虎屯清溪大橋太子右衛率左興盛屯東府東籬門衆軍圍東城三面燒司徒二府遙光遣垣歷生從西門出戰臺軍屢北殺軍主桑天愛初遙光起兵問諮議參軍蕭暢暢正色拒折不從十五日暢與

撫軍長史沈昭略潛自南出濟淮還臺人情大沮十六日垣歷生從南門出戰因棄矟降曹虎軍虎命斬之遙光大怒於牀上自竦踊使殺歷生兒其晚臺軍射火箭燒東北角樓至夜城潰遙光還小齋帳中著衣帢坐秉燭自照令人反拒齋閤皆重關左右並踰屋散出臺軍主劉國寶時當伯等先入遙光聞外兵至吹滅火扶匐下牀軍人排閤入於暗中牽出斬首時年三十二遙光未敗一夕城內皆夢羣蚰緣城四出各各共說之咸以爲異臺軍入城焚燒屋宇且盡遙光府佐司馬端爲掌書記曹虎謂之曰君是賊非端曰僕荷始安厚恩今死甘心虎不殺執送還臺徐世檦殺之劉渢遁走還家園爲人所殺端河內人渢南陽人事繼母有孝行弟溓事渢亦謹詔斂葬遙光屍原其諸子追贈桑天愛輔國將軍梁州刺史以江陵公寶覽爲始安王奉靖王後永元二年爲持節督湘州輔國將軍湘州刺史

遙欣字重暉宣帝兄西平太守奉之無後以遙欣繼爲曾孫除祕書郎太子舍人巴陵王文學中書郎延興元年高宗樹置以遙欣爲持節督兗州緣淮軍事

寧朔將軍兗州刺史仍爲督豫州之西陽司州之汝南二郡輔國將軍豫州刺
史持節如故未之任建武元年進號西中郎將封聞喜縣公遷使持節都督荊
雍益寧梁南北秦七州軍事右將軍荊州刺史改封曲江公高宗子弟弱小晉
安王寶義有廢疾故以遙光爲揚州居中遙欣居陝西在外權勢并在其門遙
欣好勇聚畜武士以爲形援四年進號平西將軍永泰元年以雍州虜寇詔遙
欣本官領刺史寧蠻校尉移鎮襄陽虜退不行永元元年卒年三十一贈侍中
司空謚康公葬用王禮
遙昌字季暉解褐祕書郎太孫舍人給事中祕書丞興元元年除黃門侍郎未
拜仍爲持節督郢司二州軍事寧朔將軍郢州刺史建武元年進號冠軍將軍
封豐城縣公千五百戶未之鎮徙督豫州郢州之西陽司州之汝南二郡軍事
征虜將軍豫州刺史持節如故二年虜主元宏寇壽春遣使呼城內人遙昌遣
參軍崔慶遠朱選之詣宏慶遠曰旌蓋飄颻遠涉淮泗風塵慘烈無乃上勞宏
曰六龍騰躍倏忽千里經途未遠不足爲勞慶遠曰川境既殊遠勞軒駕屈完

有言不虞君之涉吾地也何故宏曰故當有故卿欲使我含瑕依違爲欲指斥其事慶遠曰君包荒之德本施北政未承來議無所含瑕宏曰朕本欲有言會卿來問齊主廢立有其例不慶遠曰廢昏立明古今同揆中興克昌豈唯一代主上與先武帝非唯昆季有同魚水武皇臨崩託以後事嗣孫荒迷廢爲鬱林功臣固請爰立明聖上逼太后之嚴令下迫羣臣之稽顙俯從億兆踐登皇極未審聖旨獨何疑怪宏曰聞卿此言殊解我心但哲婦傾城何足可用果如所言武帝子弟今皆何在慶遠曰七王同惡皆伏管蔡之誅其餘列蕃二十餘國內升清階外典方牧哲婦之戒古人所惑然十亂盈朝實唯文母宏曰如我所聞靡有子遺卿言美而乖實未之全信宏又曰雲羅所掩六合宜一故往年與齊武有書言今日之事書似未達齊主命也南使反情有愴然朕亦保兵此段猶是本意不必專爲問罪若如卿言便可釋然慶遠曰見可而進知難而退聖人奇兵今旨欲憲章聖人不失舊好豈不善哉宏曰卿爲欲朕和親爲欲不和慶遠曰和親則二國交歡蒼生再賴不和則二國交怨蒼生塗炭和與不和裁

由聖衷宏曰朕來爲復遊行鹽境北去洛都率爾便至亦不攻城亦不伐塢卿
勿以爲慮宏設酒及羊炙雜果又謂慶遠曰聽卿主克黜凶嗣不違忠孝何以
不立近親如周公輔成王而苟欲自取慶遠答曰成王有亞聖之賢故周公得
輔而相之今近蕃雖無悖德未有成王之賢霍光亦捨漢蕃親而遠立宣帝宏
曰若爾霍光嚮自立爲君當復得爲忠臣不慶遠曰此非其類乃可言宣帝立
與不立義當云何皇上豈得與霍光爲匹若爾何以不言武王伐紂何意不立
微子而輔之苟貪天下宏大笑明日引軍向城東遣道登道人進城內施衆僧
絹五百匹慶遠選之各袴褶絡帶遙昌永泰元年卒上愛遙昌兄弟如子甚痛
惜之贈車騎將軍儀同三司帝以問徐孝嗣孝嗣曰豐城本資尚輕贈以班台
如爲小過帝曰卿乃欲存萬代准則此我孤兄子不得與計謚憲公
安陸昭王緬字景業善容止初爲祕書郎宋邵陵王文學中書郎建元元年封
安陸侯邑千戶轉太子中庶子遷侍中世祖卽位遷五兵尚書領前軍將軍仍
出爲輔國將軍吳郡太守少時大著風績竟陵王子良與緬書曰竊承下風數

十年來未有此政世祖嘉其能轉持節都督郢州司州之義陽軍事冠軍將軍郢州刺史永明五年還爲侍中領驍騎將軍仍遷中領軍明年轉散騎常侍太子詹事出爲會稽太守常侍如故遷使持節都督雍梁南北秦四州荊州之竟陵司州之隨郡軍事左將軍寧蠻校尉雍州刺史緬留心辭訟親自隱卹劫抄度口皆赦遣許以自新再犯乃加誅爲百姓所畏愛九年卒詔賻錢十萬布二百匹喪還百姓緣沔水悲泣設祭於峴山爲立祠贈侍中衞將軍持節都督刺史如故給鼓吹一部諡昭侯年三十七高宗少相友愛時爲僕射領衞尉表求解衞尉私第展哀詔不許每臨緬靈輒慟哭不成聲建武元年贈侍中司徒安陸王邑二千戶子寶晊嗣爲持節督湘州軍事輔國將軍湘州刺史弟寶覽爲江陵公寶宏汝南公邑各千五百戶二年寶晊進號冠軍將軍三年寶宏改封宵城永元元年以安陸郡邊虜寶晊改封湘東王進號征虜將軍二年爲左衞將軍高宗兄弟一門皆尚吏事寶晊粗好文章義師下寶晊在城內東昏廢寶晊望物情歸己坐待法駕既而城內送首詣梁王宣德太后臨朝以寶晊爲太

常寶晊不自安謀反兄弟皆伏誅

史臣曰太祖膺期御世二昆夙殞慶命傍流追序蕃胙安陸王緬以宗子戚屬弱年進仕典郡臨州去有餘迹遺愛在民蓋因情而可感學以從政夫豈必然

贊曰太祖二昆追樹雙蕃元託繼胤貞與子孫並用威福自取亡存安陸稱美事表西魂

南齊書卷四十五

南齊書卷四十五考證

宗室遙昌傳興元元年〇諸本同 臣承蒼按齊世無興元年號海陵王立改隆昌元年爲延興元年冬十月以新除黃門郎爲郢州刺史興元當即延興之訛

南齊書卷四十五考證

南齊書卷四十六

梁　蕭　子　顯　撰

列傳第二十七

王秀之　王　慈　蔡　約　陸慧曉　顧憲之　蕭惠基

王秀之字伯奮瑯邪臨沂人也祖裕宋左光祿大夫儀同三司父瓚之金紫光祿大夫秀之幼時裕愛其風采起家著作佐郎太子舍人父卒爲菴舍於墓下持喪服闋復職吏部尚書褚淵見秀之正潔欲與結婚秀之不肯以此頻轉爲兩府外兵參軍遷太子洗馬司徒左西屬桂陽王司空從事中郎秀之知休範將反辭疾不就出爲晉平太守至郡期年謂人曰此邦豐壤祿俸常充吾山資已足豈可久留以妨賢路上表請代時人謂王晉平恐富求歸還爲安成王驃騎諮議轉中郎又爲太祖驃騎諮議昇明二年轉左軍長史尋陽太守隨府轉鎮西長史南郡太守府主豫章王嶷旣封王秀之遷爲司馬河東太守辭郡不受加寧朔將軍改除黃門郎未拜仍遷豫章王驃騎長史於荊州立學以秀之

領儒林祭酒遷寧朔將軍南郡王司馬復爲黃門郎領羽林監遷長沙王中軍
長史世祖卽位爲太子中庶子吏部郎出爲義興太守遷侍中祭酒轉都官尚
書初秀之祖裕性貞正徐羨之傅亮當朝裕不與來往及致仕隱吳興與子瓚
之書曰吾欲使汝處不競之地瓚之歷官至五兵尚書未嘗詣一朝貴江湛謂
何偃曰王瓚之今便是朝隱及柳元景顏師伯令僕貴要瓚之竟不候之至秀
之爲尚書又不與令王儉款接三世不事權貴時人稱之轉侍中領射聲校尉
出爲輔國將軍隨王鎭西長史南郡內史州西曹苟平遺秀之交知書秀之拒
不答平乃遺書曰僕聞居謙之位既刊于易傲不可長禮明其文是以信陵致
夷門之義燕丹收荊卿之節皆以禮而然矣丈夫處世豈可寂寞恩榮空爲後
代一丘土足下業潤重光聲居朝右不修高世之績將何隔於愚夫僕耿介當
年不通羣品饑寒白首望物嗟來成人之美春秋所善薦我寸長開君尺短故
推風期德規於相益實非碌碌有求於平原者也僕與足下同爲四海國士夫
盛衰迭代理之恆數名位參差運之通塞豈品德權行爲之者哉第五之號既

無易於驃騎西曹之名復何推於長史足下見答書題久之以君若此非典何
宜施之於國士如其循禮禮無不答謹以相還亦何犯於鱗哉君子處人以德
不以位相如不見屈於澠池毛遂安受辱於郢門造敵臨事僕必先於二子未
知足下之貴足下之威孰若秦楚兩王僕以德爲寶足下以位爲寶各寶其寶
於此敬宜常聞古人交絕不泄惡言僕謂之鄙無以相貽故薦貧者之贈平頼
川人豫章王嶷爲荆州時平獻書令減損奢麗豫章王優教酬答尙書令王儉
當事平又與儉書曰足下建高世之名而不顯高世之迹將何以書於齊史哉
至是南郡綱紀啓隨王子隆請罪平平上書自申秀之尋徵侍中領游擊將軍
未拜仍爲輔國將軍吳興太守秀之常云位至司徒左長史可以止足矣吳興
郡隱業所在心願爲之到郡修治舊山移置輜重隆昌元年卒官年五十三謚
曰簡子秀之宗人僧祐太尉從祖兄也父遠光祿勳宋世爲之語曰王遠如屏
風屈曲從俗能蔽風露而僧祐負氣不羣儉常候之辭不相見世祖數閱武僧
祐獻講武賦儉借觀僧祐不與竟陵王子良聞僧祐善彈琴於座取琴進之不

肯從命永明末爲太子中舍人在直屬疾代人未至僧祐委出爲有司所奏贖

論官至黃門郎時衛軍掾孔逭亦抗直著三吳決錄不傳

王慈字伯寶琨雅臨沂人司空僧虔子也年八歲外祖宋太宰江夏王義恭迎

之內齋施寶物恣聽所取慈取素琴石硏義恭善之少與從弟儉共書學除祕

書郎太子舍人安成王撫軍主簿轉記室遷祕書丞司徒左西屬右長史試守

新安太守黃門郎太子中庶子領射聲校尉安成王冠軍豫章王司空長史司

徒左長史兼侍中出爲輔國將軍豫章內史父憂去官起爲建武將軍吳郡太

守遷寧朔將軍大司馬長史重除侍中領步兵校尉慈以朝堂諱榜非古舊制

上表曰夫帝后之德絪縕天地君人之亮蟬聯日月至於名族不著昭自方策

號謚聿宣載伊篇籍所以魏臣據中以建議晉主依經以下詔朝堂榜誌諱字

懸露義非綿古事殷中世空失資敬之情徒乖嚴配之道若乃武功鼎臣贊膺

元吏或以勳崇或由姓表故孔悝見銘謂標叔舅子孟應圖稱題霍氏況以處

一之重列尊名以止仁無二之貴黁沖文而止敬昔東平即世孝章巡宮而灑

泣新野云終和熙見似而流涕感循舊類尚或深心矧觀徽跡能無惻隱今扃
禁欽邃動延車蓋若使鑾駕紆覽四時臨閱豈不重增聖慮用感宸衷愚謂空
標牓第無益於匪躬直述朝堂寧虧於夕惕伏惟陛下保合萬國齊聖羣生當
刪前基之弊軌啓皇齊之孝則詔付外詳議博士李撝議據周禮凡有新令必
奮鐸以警衆乃退以憲之于王宮注憲表懸之也太常丞王僩之議尊極之名
宜率土同諱目可得覩口不可言口不可言則知之者絶知之者絶則犯觸必
衆儀曹郎任昉議撝取證明之文僩之即情惟允直班諱之典爰自漢世降及
有晉歷代無爽今之諱榜兼明義訓邦之字國實爲前事之徵名諱之重情敬
斯極故懸諸朝堂搢紳所聚將使起伏晨昏不違耳目禁避之道昭然易從此
乃敬恭之深旨何情典之或廢尊稱霍氏理例乖方居下以名故以不名爲重
在上必諱故以班諱爲尊因心則理無不安即事則習行已久謂宜式遵無所
創革慈議不行慈患脚世祖敕王晏曰慈在職未久既有微疾不堪朝又不能
騎馬聽乘車在仗後江左來少例也以疾從閑任轉冠軍將軍司徒左長史慈

妻劉秉女子觀尙世祖長女吳縣公主修婦禮姑未嘗交答江夏王鋒爲南徐
州妃慈女也以慈爲冠軍將軍東海太守加秩中二千石行徐州府事還爲冠
軍將軍廬陵王中軍長史未拜永明九年卒年四十一謝超宗嘗謂慈曰卿書
何當及虔公慈曰我之不得仰及猶雞之不及鳳也時人以爲名答追贈太常
謚懿子
蔡約字景撝濟陽考城人也祖廓宋祠部尙書父興宗征西儀同約少尙宋孝
武女安吉公主拜駙馬都尉祕書郎不拜順帝車騎驃騎行參軍通直郎不就
還太祖司空東閤祭酒太尉主簿齊臺建爲世子中舍人仍隨度東宮轉鄱陽
王友竟陵王鎭北征北諮議領記室中書郎司徒右長史黃門郎領本州中正
出爲新安太守復爲黃門郎領射聲校尉通直常侍領驍騎將軍太子中庶子
領屯騎校尉永明八年八月合朔約脫武冠解劍於省眠至下鼓不起爲有司
所奏贖論太孫立領校尉如故出爲宜都王冠軍長史淮南太守行府州事世
祖謂約曰今用卿爲近蕃上佐想副我所期約曰南豫密邇京師不治自理臣

亦何人爝火不息時諸王行事多相裁割約在任主佐之間穆如也遷司徒左長史高宗爲錄尚書輔政百僚屣履到席約躡屐不改帝謂江祏曰蔡氏是禮度之門故自可悅祏曰大將軍有揖客復見於今建武元年遷侍中明年遷西陽王撫軍長史加冠軍將軍徙廬陵王右軍長史將軍如故轉都官尚書遷邵陵王師加給事中江夏王車騎長史加征虜將軍並不拜好飲酒夷淡不與世雜遷太子詹事永明二年卒年四十四贈太常

陸慧曉字叔明吳郡吳人也祖萬載侍中父子真元嘉中爲海陵太守時中書舍人秋當親幸家在海陵假還葬父子真不與相聞當請發民治橋又以妨農不許彭城王義康聞而賞焉自臨海太守眼疾歸爲中散大夫卒慧曉清介正立不雜交游會稽內史同郡張暢見慧曉童幼便嘉異之張緒稱之曰江東裴樂也初應州郡辟舉秀才衛尉史歷諸府行參軍以母老還家侍養十餘年不仕太祖輔政除爲尚書殿中郎隣族來相賀慧曉舉酒曰陸慧曉年踰三十婦父領選始作尚書郎卿輩乃復以爲慶邪太祖表禁奢侈慧曉撰答詔草爲太

祖所賞引爲太傅東閤祭酒建元初仍遷太子洗馬武陵王曄守會稽上爲精
選僚吏以慧曉爲征虜功曹與府參軍沛國劉璡同從述職行至吳璡謂人曰
吾聞張融與陸慧曉並宅其間有水此水必有異味遂往酌而飲之廬江何點
薦慧曉於豫章王嶷補司空掾加以恩禮轉長沙王鎮軍諮議參軍安陸侯緬
爲吳郡復禮異慧曉慧曉求補緬府諮議參軍遷始興王前將軍安西諮議領
冠軍錄事參軍轉司徒從事中郎遷右長史時陳郡謝朏爲左長史府公竟陵
王子良謂王融曰我府二上佐求之前世誰可爲比融曰兩賢同時便是未有
前例子良於西邸抄書令慧曉參知其事尋遷西陽王征虜巴陵王後軍臨汝
公輔國三府長史行府州事復爲西陽王左軍長史領會稽郡丞行郡事隆昌
元年徙爲晉熙王冠軍長史江夏內史行郢州事慧曉歷輔五政治身清肅僚
佐以下造詣趣起送之或謂慧曉曰長史貴重不宜妄自謙屈答曰我性惡人
無禮不容不以禮處人未嘗卿士大夫或問其故慧曉曰貴人不可卿而賤者
可卿人生何容立輕重於懷抱終身常呼人位建武初除西中郎長史行事內

史如故俄徵黃門郎未拜遷吏部郎尚書令王晏選門生補內外要局慧曉爲
用數人而止晏恨之送女妓一人欲與申好慧曉不納吏曹都令史歷政以來
諮執選事慧曉任己獨行未嘗與語帝遣左右單景儁以事誚問慧曉謂景儁
曰六十之年不復能諮都令史爲吏部郎也上若謂身不堪便當拂衣而退帝
甚憚之後欲用爲侍中以形短小乃止出爲輔國將軍晉安王鎭北司馬征北
長史東海太守行府州事入爲五兵尚書行揚州事崔慧景事平領右軍將軍
出監南徐州少時仍遷持節督南兗兗徐青冀五州軍事輔國將軍南兗州刺
史至鎭俄爾以疾歸卒年六十二贈太常

同郡顧憲之字士思宋鎭南將軍凱之孫也性尤清直永明六年爲隨王東中
郎長史行會稽郡事時西陵戍主杜元懿啓吳興無秋會稽豐登商旅往來倍
多常歲西陵牛埭稅官格日三千五百元懿如即所見日可一倍盈縮相兼略
計年長百萬浦陽南北津及柳浦四埭乞爲官領攝一年格外長四百許萬西
陵戍前檢稅無妨戍事餘三埭自舉腹心世祖敕示會稽郡此詎是事宜可訪

察卽啓憲之議曰尋始立牛埭之意非苟逼僦以納稅也當以風濤迅險人力不捷屢致膠溺濟急利物耳旣公私是樂所以輸直無怨京師航渡卽其例也而後之監領者不達其本各務己功互生理外或禁遏別道或空稅江行或撲船倍價或力周而猶責凡如此類不經埭煩牛者上詳被報格外十條並蒙停寢從來諠訴始得暫弭案吳興頻歲失稔今茲尤饉去乏從豐良由饑棘或徵貨貿粒還拯親累或提攜老弱陳力餬口埭司責稅依格弗降舊格新減尙未議登格外加倍將以何術皇慈恤隱振廪蠲調而元懿幸災榷利重增困瘼人而不仁古今共疾且比見加格置市者前後相屬非惟新加無贏並皆舊格猶闕愚恐元懿今啓亦當不殊若事不副言懼貽譴詰便百方侵苦爲公貴怨元懿禀性苛刻已彰往效任以物土譬以狼將羊其所欲擧腹心亦當虎而冠耳書云與其有聚斂之臣寧有盜臣此言盜公爲損蓋微斂民所害乃大也今雍熙在運草木含澤其非事宜仰如聖旨然掌斯任者應簡廉平廉則不竊於公平則無害於民矣愚又以便宜者蓋謂便於公宜於民也竊見頃之言便宜者

非能於民力之外用天分地也率皆即日不宜於民方來不便於公名與實反
有乖政體凡如此等誠宜深察山陰一縣課戶二萬其民貲不滿三千者殆將
居半刻又刻之猶且三分餘一凡有貲者多是士人復除其貧極者悉皆露戶
役民三五屬官蓋惟分定百端輸調又則常然比衆局檢校首尾尋續橫相質
累者亦復不少一人被攝十人相追一緒裁萌千孽互起蠶事弛而農業廢賤
取庸而貴舉責應公贍私日不暇給欲無為非其可得乎死且不憚矧伊刑罰
身且不愛何況妻子是以前檢未窮後巧復滋網辟徒峻猶不能悛竊尋民之
多僞實由宋季軍旅繁興役賦殷重不堪勤劇倚巧祈優積習生常遂迷忘反
四海之大黎庶之衆心用參差難卒澄一化宜以漸不可疾責誠存不擾藏疾
納汙實增崇曠務詳寬簡則稍自歸淳又被符簡病前後年月久遠其事不存
符旨既嚴不敢闇信縣簡送郡郡簡呈使殊形詭狀千變萬源聞者忽不經懷
見者實足傷駭兼親屬里伍流離道路時轉寒涸事方未已其士人婦女彌難
厝衷不簡則疑其有巧欲簡復未知所安愚謂此條宜委縣簡保舉其綱領略

其毛目乃囊漏不出貯中庶嬰疾沈痼者重荷生造之恩也又永興諸暨離唐
寓之寇擾公私殘燼復特彌甚儻値水旱實不易念俗諺云會稽打鼓送卹吳
興步擔令史會稽舊稱沃壤今猶若此吳興本是塉土事在可知因循餘弊誠
宜改張淤元懿今啓敢陳管見世祖並從之由是深以方直見委仍行南豫南
兗二州事籤典咨事未嘗與色動遵法制歷黃門郎吏部郎丞元中爲豫章內
史

蕭惠基南蘭陵蘭陵人也祖源之宋前將軍父思話征西將軍儀同三司惠基
幼以外戚見江夏王義恭歎其詳審以女結婚解褐著作佐郎征北行參軍尚
書水部左民郎出爲湘東內史除奉車都尉撫軍車騎主簿泰始初兄益州刺
史惠開拒命明帝遣惠基奉使至蜀宣旨慰勞惠開降而益州土人反引氐賊
圍州城惠基於外宣示朝廷威賞於是氐人邵虎郝天賜等斬賊帥馬興懷以
降還爲太子中舍人惠基西使千餘部曲並欲論功惠基毀除勳簿竟無所用
或問其此意惠基曰我若論其此勞則驅馳無已豈吾素懷之本邪出爲武陵

內史中書黃門郎惠基善隸書及弈棊太祖與之情好相得早相器遇桂陽之役惠基姊爲休範妃太祖謂之曰卿家桂陽遂復作賊太祖頓新亭壘以惠基爲軍副惠基弟惠朗親爲休範攻戰惠基在城內了不自疑出爲豫章太守還爲吏部郎遷長兼侍中袁粲劉秉起兵之夕太祖以秉是惠基妹夫時直在侍中省遣王敬則觀其指趣見惠基安靜不與秉相知由是益加恩信討沈攸之加惠基輔國將軍徙頓新亭事寧解軍號領長水校尉母憂去官太祖卽位爲征虜將軍衞尉惠基就職少時累表陳解見許服闋爲征虜將軍東陽太守加秩中二千石凡歷四郡無所蓄聚還爲都官尚書轉掌吏部永明三年以久疾徙爲侍中領驍騎將軍尚書令王儉朝宗貴望惠基同在禮閣非公事不私覿焉五年遷太常加給事中自宋大明以來聲伎所尚多鄭衞淫俗雅樂正聲鮮有好者惠基解音律尤好魏三祖曲及相和歌每奏輒賞悅不能已當時能棊人琅邪王抗第一品吳郡褚思莊會稽夏赤松竝第二品赤松思速善於大行思莊思遲巧於鬬棊宋文帝世羊玄保爲會稽太守帝遣思莊入東與玄保戲

因製局圖還於帝前覆之太祖使思莊與王抗交賭自食時至日暮一局始竟
上倦遣還省至五更方決抗睡於局後思莊達曉不寐世或云思莊所以品第
致高緣其用思深久人不能對也抗思莊並至給事中永明中敕抗品棋竟陵
王子良使惠基掌其事初思話先於曲阿起宅有閑曠之致惠基常謂所親曰
須婚嫁畢當歸老舊廬立身退素朝廷稱爲善士明年卒年五十九追贈金紫
光祿大夫弟惠休永明四年爲廣州刺史罷任獻奉傾資上敕中書舍人茹法
亮曰可問蕭惠休吾先使卿宣敕答其勿以私祿足充獻奉今段殊覺其下情
厚於前後人問之故當不復私邪吾欲分受之也十一年自輔國將軍南海太
守爲徐州刺史鬱林卽位進號冠軍將軍建武二年虜圍鍾離惠休拒守虜遣
使仲長文真謂城中曰聖上方修文德何故完城拒命參軍羊倫答曰獫狁孔
熾我是用急虜攻城惠休拒戰破之還侍中領步兵校尉封建安縣子五百戶
永元元年徙吳興太守徵爲右僕射吳興郡項羽神舊酷烈世人云惠休事神
謹故得美還二年卒贈金紫光祿大夫惠休弟惠朗善騎馬同桂陽賊叛太祖

赦之復加序用永明九年爲西陽王征虜長史行南兗州事典籤何益孫贓罪百萬棄市惠朗坐免官

史臣曰長揖上宰廷折公卿古稱遺直希之未過若夫根孤地危峻情不屈則其道雖行其身永廢故多借路求容遜辭自貶高流世業不待旁通直轡揚鑣莫能天閼王秀之世守家風不降節於權輔美矣哉

贊曰秀處邦朝淸心直己伯寶世族榮家爲美約守先業觀進知止慧曉貞亮斯焉君子惠基惠和時之選士

南齊書卷四十六

南齊書卷四十六考證

王秀之傳太尉從祖兄也○臣承蒼按太尉下當有儉字僧祐弘之孫儉曇首之孫故曰從祖兄

南齊書卷四十六考證

南齊書卷四十七

梁　蕭　子　顯　撰

列傳第二十八

王融　謝朓

王融字元長琅邪臨沂人也祖僧達中書令曾高並台輔僧達答宋孝武云亡父亡祖司徒司空父道琰廬陵內史母臨川太守謝惠宣女惇敏婦人也教融書學融少而神明警惠博涉有文才舉秀才晉安王南中郎板行參軍坐公事免竟陵王司徒板法曹行參軍遷太子舍人融以父官不通弱年便欲紹興家業啓世祖求自試曰臣聞春庚秋蟀集候相悲露木風榮臨年共悅夫唯動植且或有心況在生靈而能無感臣自奉望宮闕沐浴恩私拔迹庸虛參名盛列纓劍紫複趨步丹墀歲時歸來誇榮邑里然無勲而官昔賢曾議不任而祿有識必譏臣所用慊慨憤懣不遑自晏誠以深恩鮮報聖主難逢蒲柳先秋光陰不待貪及明時展悉愚效以酬陛下不世之仁若微誠獲信短才見序文武吏

法唯所施用夫君道含弘臣術無隱翁歸乃居中自見充國曰莫若老臣竊景
前修敢蹈輕節以冒不媒之鄙式罄奉公之誠抑又唐堯在上不參二八管夷
吾恥之臣亦恥之願陛下裁覽還祕書丞從叔儉初有儀同之授融贈詩及書
儉甚奇憚之笑謂人曰穰侯印詎便可解尋還丹陽丞中書郎虞使遣求書朝
議欲不與融上䟽曰臣側聞僉議疑給虜書如臣愚情切有未喻夫虜人面獸
心狼猛蜂毒暴悖天經虧違地義逋竄燭幽去來豳朔綿周漢而不悛歷晉宋
其踰梗豈有愛敬仁智恭讓廉脩慚犬馬之馴心同鷙虎之反目設稾秣有儲
筋竿足用必以草竊關燧寇擾邊疆寧容款塞卑辭承衣請朔陛下務存遵養
不時侮亡許其膜拜之誠納裘之賮況復願同文軌儻見款遺思奉聲教方致
猜拒將使舊邑遺逸未知所寘衰胡餘噍或能自推一令蔓草難鉏涓流泛酌
豈直疥癬輕痾容爲心腹重患抑孫武之言也困則數罰窘則多賞先暴而後
畏其衆者虜之謂乎前中原士庶雖淪懾殊俗至於婚葬之晨猶巾𧜟爲禮而
禁令苛刻動加誅轘於時獯粥初遷犬羊尚結卽心徒怨困懼成逃自其將卒

奔離資峙銷闕北畏勍蠕西逼南胡民背如崩勢絕防斷於是曲從物情僞竊

章服歷年將絕隱蔽無聞旣南向而泣者日夜以覬北顧而辭者江淮相屬凶

謀歲窘淺慮無方於是稽顙郊門問禮求樂若來之以文德賜之以副書漢家

軌儀重臨畿輔司隸傳節復入關河無待八百之師不期十萬之衆固其提𢮦

佇俟揮戈願倒三秦大同六漢一統又虜前後奉使不專漢人必介以匈奴備

諸覘獲且設官分職彌見其情抑退舊苗扶任種戚師保則后族馮晉國總錄

則邽姓直勒渴侯台鼎則丘頹苟仁端執政則目凌鉗耳至於東都羽儀西京

簪帶崔孝伯程虞虬久在著作李元和郭季祐上于中書李思沖飾虜淸官游

明根泛居顯職今經典遠被詩史北流馮李之徒必欲遵尙直勒等類居致乖

阻何則匈奴以氈騎爲帷牀馳射爲餱糧冠方帽則犯沙陵雪服左衽則風驤

鳥逝若衣以朱裳戴之玄冕節其揖讓教以翔趨必同艱桎梏等懼冰淵婆娑

蹙躃困而不能前已及夫春草水生阻散馬之適秋風木落絕驅禽之歡息沸

脣於桑墟別醍乳於冀俗聽韶雅如聾聵臨方丈若爰居馮李之徒固得志矣

虜之凶族其如病何於是風土之思深愎戾之情動拂衣者連裾抽鋒者比鏃部落爭於下酋渠危於上我一舉而兼吞卞莊之勢必也且棘寶薦虞晉疆彌盛大鍾出智宿氏以亡帝略遠孚無思不服鑾光幸岱匪暮斯朝臣請收籍依瀍茲書復掌猶取之內府藏之外籯於理有愜即事何損若狂言足採請決敕施行世祖答曰吾意不異卿今所啓比相見更委悉事竟不行永明末世祖欲北伐使毛惠秀畫漢武北伐圖使融掌其事融好功名因此上疏曰臣聞情慉自中事符則感象構於始機動斯彰莊敬之道可宗會揖讓其彌肅勇烈之士足貴應鼙鐸以增思鞏植生民厥詳既緬降及輿運維道有徵莫不有所因循而升皇業者也若夫膏腴既稱天乙知五方之富皮幣已列帝劉測四海之尊異封禪之文則升中之典攸彰歎輿地之圖乃席卷之庸是立伏惟陛下窮神盡聖總極居中偶化兩儀均明二耀拯玄綱於頹絕反至道於澆淳可謂區寓儀形齊民先覺者也臣亦遭逢生此嘉運鑿飲耕食自幸唐年而識用昬籠經術疎淺將薖且軸豈蕨與薇皇鑒燭幽天高聽下賞片言之或善矜一物之失

時湔拂塵蒙霑飾光價拔足草廬廁身朝序復得拜賀歲時瞻望日月於臣心願曾已畢矣但千祀一逢休明難再恩策鉛駑樂陳涓壒竊習戰陣攻守之術農桑牧藝之書申商韓墨之權伊周孔孟之道常願待詔朱闕俯對青蒲請閑宴之私談當世之務位賤人微徒深傾款方今九服清怡三靈和晏木有附枝輪無異轍東鞮獻舞南辮傳歌羌㚇踰山秦屠越海舌象翫委體之勳輶譯厭瞻巡之數固將開桂林於鳳山創金城於西守而蠢爾獯狄敢讐大邦假息關河竊命函谷淪故京之爽塏變舊邑而荒涼息反坫之儒衣久伊川之被髮北地殘垠東都遺老莫不茹泣吞悲傾耳戴目翹心仁政延首王風若試馳咫尺之書具甄戎旅之卒徇其隳城納其降虜可弗勞弦鏃無待干戈真皇王之兵征而不戰者也臣乞以執殳先邁式道中原澄瀚渚之恆流掃狼山之積霧係單于之頸屈左賢之膝習呼韓之舊儀拜鑾輿之巡幸然後天移雲動勒封岱宗咸五登三追蹤七十百神肅警萬國具僚璯弁星離玉帛雲聚集三燭於蘭席聆萬歲之禎聲豈不盛哉豈不韙哉昔桓公志在伐莒郭牙審其幽趣魏后

心存去漢德祖究其深言臣愚昧忖誠不足以知微然伏揆聖心規模弘遠既圖載其事必克就其功臣不勝歡喜圖成上置琅邪城射堂壁上遊幸輒觀視焉九年上幸芳林園禊宴朝臣使融爲曲水詩序文藻富麗當世稱之上以融才辯十一年使兼主客接虜使房景高宋弁弁見融年少問主客年幾融曰五十之年久踰其半因問在朝聞主客作曲水詩序景高又云在北聞主客此製勝於顏延年實願一見融乃示之後日宋弁於瑤池堂謂融曰昔觀相如封禪以知漢武之德今覽王生詩序用見齊王之盛融曰皇家盛明豈直比蹤漢武更慚鄙製無以遠匹相如上以虜獻馬不稱使融問曰秦西冀北實多駿驥而魏主所獻良馬乃駑駘之不若求名檢事殊爲未孚將旦旦信誓有時而爽駉駉之牧不能復嗣宋弁曰不容虛僞之名當是不習土地融曰周穆馬跡徧於天下若騏驥之性因地而遷則造父之策有時而躓弁曰王主客何爲勤勤於千里融曰卿國既異其優劣聊復相訪若千里日至聖上當駕鼓車弁曰向意既須必不能駕鼓車也融曰買死馬之骨亦郭隗之故弁不能答融自恃人地

三十內望爲公輔直中書省夜歎曰鄧禹笑人行逢大舸開喧湫不得進又歎
曰車前無八騶卒何得稱爲丈夫朝廷討雍州刺史王奐融復上疏曰臣每覽
史傳見憂國忘家捐生報德者未曾不撫卷歎息以爲今古共情也然或以片
言微感一飡小惠參國士之眄同布素之遊耳豈有如臣獨拔無聞之伍過超
非分之位名器雙假榮祿兩升而宴安昊罷之晨優游旰食之日所以敢布丹
愚仰聞宸聽今議者或以西夏爲念臣竊謂之不爾其故何哉陛下聖明羣臣
悉力順以制逆上而御下指開賞黜之言微示生死之路方域之人皆相爲敵
既兵威遠臨人不自保雖窮鳥必啄固等命於梁鶉困獸斯驚終並懸於廚鹿
凱師勞飲固不待晨臣之寸心獨有微願自猶犹薦食荒侮伊瀍天道禍淫危
亡日至母后內難糧力外虛謠言物情屬當今會若藉巫漢之歸師騁士卒之
餘憤取函谷如反掌陵關塞若摧枯但士非素蓄無以即用不教民戰是實棄
之特希私集部曲豫加習校若蒙垂許乞隸監省拘食人身權備石頭防衛之
數臣少重名節早習軍旅若試而無績伏受面欺之誅用且有功仰酬知人之

哲會虜動竟陵王子良於東府募人板融寧朔將軍軍主融文辭辯捷尤善倉
卒屬綴有所造作援筆可待子良特相友好情分殊常晚節大習騎馬才地既
華兼藉子良之勢傾意賓客勞問周款文武翕習輻湊之招集江西傖楚數百
人並有幹用世祖疾篤暫絶子良在殿內太孫未入融戎服絳衫於中書省閤
口斷東宮仗不得進欲立子良上既蘇太孫入殿朝事委高宗融知子良不得
立乃釋服還省歎曰公誤我鬱林深忿疾融即位十餘日收下廷尉獄然後使
中丞孔稚珪倚爲奏曰融姿性剛險立身浮競動迹驚羣抗言異類近塞外徼
壘苦求將領遂招納不逞扇誘荒傖狡弄聲勢專行權利反覆脣齒之間傾動
頰舌之內威福自己無所忌憚誹謗朝政歷毀王公謂己才流無所推下事曝
遠近使融依源據答融辭曰囚實頑蔽觸行多詧但夙忝門素得奉教君子爰
自總髮迄將立年州閭鄉黨見許愚慎朝廷衣冠謂無釁咎遇蒙大行皇帝奬
育之恩又荷文皇帝識擢之重司徒公賜預士林安陸王曲垂眄接既身被國
慈必欲以死自効前後陳伐虜之計亦仰簡先朝今段犬羊乍擾紀僧真奉宣

先敕賜語北邊動靜令因草撰符詔于時卽因啓聞希侍鑾輿及司徒宣敕招募同例非一實以戎事不小不敢承教續蒙軍號賜使招集銜敕而行非敢虛扇且格取亡叛不限傖楚狡弄聲勢應有形迹專行權利又無贓賄反覆脣齒之閒未審悉與誰言輕動頰舌之內不容都無主此但聖主膺教實所沐浴自上甘露頌及銀甕啓三日詩序接虜使語辭竭思稱揚得非誹謗且王公百司唯賢是與高下之敬等秩有差不敢踰濫豈應訾毀因才分本劣謬被策用悚怍之情夙宵兢惕未嘗誇示里閭彰曝遠邇自循自省並愧流言直由緣淺寡虞致貽囂謗伏惟明皇臨宇普天蒙澤戊寅赦恩輕重必宥百日曠期始蒙旬日一介罪身獨嬰憲劾若事實有徵爰對有在九死之日無恨泉壤詔於獄賜死時年二十七臨死歎曰我若不爲百歲老母當吐一言融意欲指斥帝在東宮時過失也融被收朋友部曲參問北寺相繼於道融請救於子良子良憂懼不敢救融文集行於世

謝朓字玄暉陳郡陽夏人也祖述吳興太守父緯散騎侍郎朓少好學有美名

文章清麗解褐豫章王太尉行參軍歷隨王東中郎府轉王儉衛軍東閣祭酒
太子舍人隨王鎮西功曹轉文學子隆在荊州好辭賦數集僚友朓以文才尤
被賞愛流連晤對不捨日夕長史王秀之以朓年少相動密以啓聞世祖敕曰
侍讀虞雲自宜恒應侍接朓可還都朓道中爲詩寄西府曰常恐鷹隼擊秋菊
委嚴霜寄言罻羅者寥廓已高翔遷新安王中軍記室朓牋辭子隆曰朓聞潢
汙之水思朝宗而每竭駑蹇之乘希沃若而中疲何則皐壤搖落對之惆悵岐
路東西或以嗚悒況乃服義徒擁歸志莫從邈若墜雨飄似秋蔕朓實庸流行
能無筭屬天地休明山川受納褒採一介搜揚小善捨耒場圃奉筆菟園東泛
三江西浮七澤契闊戎旃從容讌語長裾日曳後乘載脂榮立府廷恩加顏色
沐髮晞陽未測涯涘撫臆論報早誓肌骨不悟滄溟未運波臣自蕩渤澥方春
旅翮先謝清切藩房寂寥舊蓽輕舟反泝弔影獨留白雲在天龍門不見去德
滋永思德滋深唯待青江可望候歸艎於春渚朱邸方開効蓬心於秋實如其
簪履或存衽席無改雖復身填溝壑猶望妻子知歸攬涕告辭悲來橫集尋以

本官兼尚書殿中郎隆昌初敕朓接北使朓自以口訥啓讓不當見許高宗輔政以朓爲驃騎諮議領記室掌霸府文筆又掌中書詔誥除祕書丞未拜仍轉中書郎出爲宣城太守以選復爲中書郎建武四年出爲晉安王鎭北諮議南東海太守行南徐州事啓王敬則反謀上甚嘉賞之遷尚書吏部郎朓上表三讓中書疑朓官未及讓以問祭酒沈約約曰宋元嘉中范曄讓吏部朱脩之讓黃門蔡興宗讓中書並三表詔答具事宛然近世小官不讓遂成恆俗恐此有乖讓意王藍田劉安西並貴重初不自讓今豈可慕此不讓邪孫與公孔顗並讓記室今豈可三署皆讓邪謝吏部今授超階讓別有意豈關官之大小撝謙之美本出人情若大官必讓便與詣闕章表不異例既如此謂都自非疑朓又啓讓上優答不許朓善草隸長五言詩沈約常云二百年來無此詩也敬皇后遷祔山陵朓撰哀策文齊世莫有及者東昏失德江祏欲立江夏王寶玄末更回惑與弟祀密謂朓曰江夏年少輕脫不堪負荷神器不可復行廢立始安年長入纂不乖物望非以此要富貴政是求安國家耳遙光又遣親人劉渢密致

意於朓欲以爲肺腑朓自以受恩高宗非渢所言不肯答少日遙光以朓兼知
衞尉事朓懼見引即以祏等謀告左興盛劉暄與盛不敢發言祏聞以告遙光
遙光大怒乃稱敕召朓仍回車付廷尉與徐孝嗣祏暄等連名啓誅朓曰謝朓
資性險薄大彰遠近王敬則往構凶逆微有誠効自爾昇擢超越倫伍而谿壑
無厭著於觸事比遂扇動內外處處姦說妄貶乘輿竊論宮禁閒謗親賢輕議
朝宰醜言異計非可具聞無君之心既著共棄之誅宜及臣等參議宜下北里
肅正刑書詔公等啓事如此朓資性輕險久彰物議直以彫蟲薄伎見齒衣冠
昔在渚宮構扇蕃邸日夜從諛仰窺俯畫及還京師翾自宣露江漢無波以爲
己功素論於茲而盡縉紳所以側目去夏之事頗有微誠賞擢曲加踰邁倫序
感悅未聞陵競彌著遂復矯構風塵妄惑朱紫詆貶朝政疑閒親賢巧言利口
見醜前志涓流纖孽作戒遠圖宜有少正之刑以申去害之義便可收付廷尉
肅明國典又使御史中丞范岫奏收朓下獄死時年三十六朓初告王敬則敬
則女爲朓妻常懷刀欲報朓朓不敢相見及爲吏部郎沈昭略謂朓曰卿人地

之美無忝此職但恨今日刑於寡妻朓臨敗歎曰我不殺王公王公由我而死

史臣曰晉世遷宅江表人無北歸之計英霸作輔芟定中原彌見金德之不競也元嘉再略河南師旅傾覆自此以來攻伐寢議雖有戰爭事存保境王融生遇永明軍國寧息以文敏才華不足進取經略心旨殷懃表奏若使宮車未晏有事邊關融之報効或不易限夫經國體遠許久爲難而立功立事信居物右其賈誼終軍之流亞乎

贊曰元長穎脫拊翼將飛時來運往身沒志違高宗始業乃顧玄暉逢昏屬亂先蹈禍機

南齊書卷四十七

南齊書卷四十七考證

王融傳居中自見○汲古閣本見下注宋本作是

事符則感○汲古閣本感下注宋本作咸按感字爲是宋本誤也

不容都無主此○主南監本作彼

謝朓傳沈昭略謂朓曰卿人地之美無忝此職但恨今日刑于寡妻○南史作

尙書郎范縝嘲朓之語

南齊書卷四十七考證

南齊書卷四十八

梁　蕭　子　顯　撰

列傳第二十九

袁彖　孔稚珪　劉繪

袁彖字偉才陳郡陽夏人也祖洵吳郡太守父覬武陵太守彖少有風氣好屬文及玄言舉秀才歷諸王府參軍不就覬臨終與兄顗書曰史公才識可嘉足懋先基矣史公彖之小字也服未闋顗在雍州起事見誅宋明帝投顗屍江中不聽斂葬彖與舊奴一人微服潛行求屍四十餘日乃得密瘞石頭後崗身自負土懷其父集未嘗離身明帝崩後乃改葬顗從叔司徒粲外舅征西將軍蔡興宗並器之除安成王征虜參軍主簿尚書殿中郎出爲廬陵內史豫州治中太祖太傅相國主簿祕書丞議駮國史檀超以天文志紀緯序位度五行志載當時祥沴二篇所記事用相懸日蝕爲災宜居五行超欲立處士傳彖曰夫事關業用方得列其名行今栖遁之士排斥皇王陵轢將相此偏介之行不可長

風移俗故遷書未傳班史莫編一介之善無緣頓略宜列其姓業附出他篇遷
始與王友固辭太祖使吏部尚書何戢宣旨令就遷中書郎兼太子中庶子又
以中書兼御史中丞轉黃門郎兼中丞如故坐彈謝超宗簡奏依違免官尋補
安西諮議南平內史除黃門未拜仍轉長史南郡內史行荆州事還爲太子中
庶子本州大中正出爲冠軍將軍監吳興郡事彖性剛嘗以微言忤世祖又與
王晏不協世祖在便殿用金柄刀子治瓜晏在側曰外閒有金刀之言恐不宜
用此物世祖愕然窮問所以晏曰袁彖爲臣說之上銜怒良久彖到郡坐過用
祿錢免官付東冶世祖遊孫陵望東冶曰中有一好貴因數日專駕與朝臣幸
冶履行庫藏因宴飲賜囚徒酒肉敕見彖與語明日釋之尋白衣行南徐州事
司徒諮議衛軍長史還侍中彖形體充腴有異於衆每從車駕射雉在郊野數
人推扶乃能徒步幼而母卒養於伯母王氏事之如親閨門中甚有孝義隆昌
元年卒年四十八謚靖子
孔稚珪字德璋會稽山陰人也祖道隆位侍中父靈產泰始中罷晉安太守有

隱遁之懷於禹井山立館事道精篤吉日於靜屋四向朝拜涕泗滂沲東出過錢塘北郭輒於舟中遙拜杜子恭墓自此至都東向坐不敢背側元徽中爲中散太中大夫頗解星文好術數太祖輔政沈攸之起兵靈產密白太祖曰攸之兵衆雖彊以天時冥數而觀無能爲也太祖驗其言擢遷光祿大夫以篚盛靈產上靈臺令其占候餉靈產白羽扇素隱几曰君性好古故遺君古物稚珪少學涉有美譽太守王僧虔見而重之引爲主簿州舉秀才解褐宋安成王車騎法曹行參軍轉尚書殿中郎太祖爲驃騎以稚珪有文翰取爲記室參軍與江淹對掌辭筆遷正員郎中書郎尚書左丞父憂去官與兄仲智還居父山舍仲智妾李氏驕妬無禮稚珪白太守王敬則殺之服闋爲司徒從事中郎州治中別駕從事史本郡中正永明七年轉驍騎將軍復領左丞遷黃門郎左丞如故轉太子中庶子廷尉江左相承用晉世張杜律二十卷世祖留心法令數訊囚徒詔獄官詳正舊注先是七年尚書刪定郎王植撰定律章表奏之曰臣尋晉律文簡辭約旨通大綱事之所質取斷難釋張斐杜預同注一章而生殺永殊

自晉泰始以來唯斟酌參用是則吏挾威福之勢民懷不對之怨所以溫舒獻
辭於失政絳侯忼慨而興歎皇運革祚道冠前王陛下紹興光開帝業下車之
痛每惻上仁滿堂之悲有矜聖思爰發德音刪正刑律敕臣集定張杜二注謹
礪愚蒙盡思詳撰削其煩害錄其尤衷取張注七百三十一條杜注七百九十
一條或二家兩釋於義乃備者又取一百七條其注相同者取一百三條集為
一書凡一千五百三十二條為二十卷請付外詳校擿其違謬從之於是公卿
八座參議考正舊注有輕重處竟陵王子良下意多使從輕其中朝議不能斷
者制旨平決至九年稚珪上表曰臣聞匠萬物者以繩墨為正馭大國者以法
理為本是以古之聖王臨朝思理遠防邪萌深杜姦漸莫不資法理以成化明
刑賞以樹功者也伏惟陛下躡歷登皇乘圖踐帝天地更築日月再張五禮裂
而復縫六樂𩔁而爰緝乃發德音下明詔降恤刑之文申慎罰之典敕臣與公
卿八座共刪注律謹奉聖旨諮審司徒臣子良稟受成規創立條緒使兼監臣
宋躬兼平臣王植等抄撰同異定其去取詳議八座裁正大司馬臣嶷其中洪

疑大議衆論相背者聖照玄覽斷自天筆始就成立律文二十卷錄敘一卷凡
二十一卷今以奏聞請付外施用宣下四海臣又聞老子仲尼曰古之聽獄者
求所以生之今之聽獄者求所以殺之與其殺不辜寧失有罪是則斷獄之職
自古所難矣今律文雖定必須用之用失其平不異無律律書精細文約例廣
疑似相傾故誤相亂一乖其綱枉濫橫起法吏無解既多謬僻監司不習無以
相斷則法書徒明於帙裏冤魂猶結於獄中今府州郡縣千有餘獄如令一獄
歲枉一人則一年之中枉死千餘矣冤毒之死上干和氣聖明所急不可不防
致此之由又非但律吏之咎列邑之宰亦亂其經或以軍勳餘力或以勞吏暮
齒獷情濁氣忍幷生靈昏心狠態吞剝坻物虐理殘其命曲文被其罪冤積之
興復緣斯發獄吏雖良不能爲用使于公哭於邊城孝婦冤於遐外陛下雖欲
宥之其已血濺九泉矣尋古之名流多有法學故釋之定國聲光漢臺元常文
惠績映魏閣今之士子莫肯爲業縱有習者世議所輕良由空懃永歲不逢一
朝之賞積學當年終爲閭伍所蚩將恐此書永墜下走之手矣今若弘其爵賞

開其勸慕課業宦流班習冑子拔其精究使處內局簡其才良以居外仕方岳
咸選其能邑長並擢其術則皋繇之謀指掌可致杜鄭之業鬱焉何遠然後姦
邪無所逃其刑惡吏不能藏其詐如身手之相驅若絃括之相接矣臣以疎短
謬司大理陛下發自聖衷憂矜刑網御延奉訓遠照民瘼臣謹仰述天官伏奏
雲陛所奏繆允者宜寫律上國學置律學助教依五經例國子生有欲讀者策
試上過高第卽便擢用使處法職以勸士流詔報從納事竟不施行轉御史中
丞遷驃騎長史輔國將軍建武初遷冠軍將軍平西長史南郡太守稚珪以虜
連歲南侵征役不息百姓死傷乃上表曰匈奴爲患自古而然雖三代智勇兩
漢權奇算略之要二塗而已一則鐵馬風馳奮威沙漠二則輕車出使通驛虜
庭推而言之優劣可覩今之議者咸以丈夫之氣恥居物下況我天威寧可先
屈吳楚勁猛帶甲百萬截彼鯨鯢何往不碎請和示弱非國計也臣以爲戎狄
獸性本非人倫鴟鳴狼踞不足喜怒蜂目蠆尾何關美惡唯宜勝之以深權制
之以遠筭弘之以大度處之以蝨賊豈足肆天下之忿損蒼生之命發雷電之

怒爭蟲鳥之氣百戰百勝不足稱雄橫屍千里無益上國而蟻聚蠶攢窮誅不盡馬足毛羣難與競逐漢高橫威海表窘迫長圍孝文國富刑清事屈陵辱宣帝撫納安靜朔馬不驚光武卑辭厚禮寒山無靄是兩京四主英濟中區輸寶貨以結和遣宗女以通好長轡遠馭子孫是賴豈不欲戰惜民命也唯漢武藉五世之資承六合之富驕心奢志大事匈奴遂連兵積歲轉戰千里長驅瀚海飲馬龍城雖斬獲名王屠走凶羯而漢之器甲十亡其九故衞霍出關千隊不反貳師入漢百旅頓降李廣敗於前鋒李陵沒於後陣其餘奔北不可勝數遂使國儲空懸戶口減半好戰之功其利安在戰不及和相去何若自西朝不綱東晉遷鼎羣胡沸亂羌狄交橫荆棘攢於陵廟豺虎咆於宮闈山淵反覆黔首塗地逼迫崩騰開闢未有是時得失略不稍陳近至元嘉多年無事末路不量復挑彊敵遂迺連城覆徙虜馬飲江青徐之際草木爲人耳建元之初胡塵犯塞永明之始復結通和十餘年間邊候且息陛下張天造歷駕日登皇聲雷寓宙勢壓河岳而封豕殘魂未屠劒首長蛇餘喘偷窺外甸烽亭不靜五載於斯

昔歲蟻壞瘻食樊漢今茲蟲毒浸淫未已興師十萬日費千金五歲之費寧可貲計陛下何惜匹馬之驛百金之賂數行之詔誘此凶頑使河塞息肩關境全命蓄甲養民以觀彼弊我策若行則爲不世之福若不從命不過如戰失一隊耳或云遣使不受則爲辱命夫以天下爲量者不計細恥以四海爲任者寧顧小節一城之沒尚不足惜一使不反曾何取慚且我以權取貴得我略行何嫌其恥所謂尺蠖之屈以求伸也臣不言遣使必得和自有可和之理猶如欲戰不必勝而有可勝之機耳今宜早發大軍廣張兵勢徵犀甲於岷峨命樓船於浦海使自青徂豫候騎星羅泝江入漢雲陣萬里據險要以奪其魂斷糧道以折其膽多設疑兵使精銷而計亂固列金湯使神茹而慮屈然後發衷詔馳輕驛辯辭重幣陳列吉凶北虜頑而愛奇貪而好貨畏我之威喜我之賂畏威喜賂願和必矣陛下用臣之啓行臣之計何憂玉門之下而無款塞之胡哉彼之言戰既慇懃臣之言和亦慊闊伏願察兩塗之利害檢二事之多少聖照玄省灼然可斷所表謬奏希下之朝省使同博議臣謬荷殊恩奉佐侯岳敢肆瞽直

伏奏千里帝不納徵侍中不行留本任稚珪風韻清疎好文詠飲酒七八斗與外兄張融情趣相得又與琅邪王思遠廬江何點點弟胤並款交不樂世務居宅盛營山水憑几獨酌傍無雜事門庭之內草萊不剪中有蛙鳴或問之曰欲爲陳蕃乎稚珪笑曰我以此當兩部鼓吹何必期效仲舉永元元年爲都官尚書遷太子詹事加散騎常侍三年稚珪疾東昏屏除以牀輿走因此疾甚遂卒年五十五贈金紫光祿大夫

劉繪字士章彭城人太常悛弟也父勔宋末權貴門多人客使繪與之共語應接流暢勔喜曰汝後若束帶立朝可與賓客言矣解褐著作郎太祖太尉行參軍太祖見而歎曰劉公爲不亡也豫章王嶷爲江州以繪爲左軍主簿隨鎮江陵轉鎮西外兵曹參軍驃騎主簿繪聰警有文義善隸書數被賞召進對華敏僚吏之中見遇莫及琅邪王詡爲功曹以吏能自進嶷謂僚佐曰吾雖不能得應嗣陳蕃然閤下自有二驥也復爲司空記室錄事轉太子洗馬大司馬諮議領錄事時豫章王嶷與文惠太子以年秩不同物論謂宮府有疑繪苦求外出

爲南康相郡事之暇專意講說上左右陳洪請假南還問繪在郡何似既而閼之曰南康是三州喉舌應須治幹豈可以年少講學處之邪徵還爲安陸王護軍司馬轉中書郎掌詔誥敕助國子祭酒何胤撰治禮儀永明末京邑人士盛爲文章談義皆湊竟陵王西邸繪爲後進領袖機悟多能時張融周顒並有言工融音旨緩韻顒辭致綺捷繪之言吐又頓挫有風氣時人爲之語曰劉繪貼宅別開一門言在二家之中也魚復侯子響誅後豫章王嶷欲求葬之召繪言其事使爲表繪求紙筆須臾便成嶷惟足八字云提攜鞠養俯見成人乃歎曰禰衡何以過此後北虜使來繪以辭辯敕接虜使事畢當撰語辭繪謂人曰無論潤色未易但得我語亦難矣事兄悛恭謹與人語呼爲使君隆昌中悛坐罪將見誅繪伏闕請代兄死高宗輔政救解之引爲鎮軍長史轉黃門郎高宗爲驃騎以繪爲輔國將軍諮議領錄事典筆翰高宗即位遷太子中庶子出爲寧朔將軍撫軍長史安陸王寶晊爲湘州以繪爲冠軍長史長沙內史行湘州事將軍如故寶晊妃悛女也寶晊愛其侍婢繪奪取具以啓聞寶晊以爲恨與繪

不協遭母喪去官有至性持喪墓下三年食麤糲服闋爲寧朔將軍晉安王征北長史南東海太守行南徐州事繪雖豪俠常惡武事雅善博射未嘗跨馬兄悛之亡朝議贈平北將軍雍州刺史詔書已出繪請尚書令徐孝嗣改之及梁王義師起朝廷以繪爲持節督雍梁南北秦四州郢州之竟陵司州之隨郡諸軍事輔國將軍領寧蠻校尉雍州刺史固讓不就衆以朝廷昏亂爲之寒心繪終不受東昏改用張欣泰繪轉建安王車騎長史行府國事義師圍城南兗州刺史張稷總城內軍事與繪情款異常將謀廢立閑語累夜東昏殞城內遣繪及國子博士范雲等送首詣梁王於石頭轉大司馬從事中郎中興二年卒年四十五繪撰能書人名自云善飛白言論之際頗好矜詡弟瑱字士温好文章飲酒奢逸不叒財物滎陽毛惠遠善畫馬瑱善畫婦人世並爲第一官至吏部郎先繪卒

史臣曰刑禮相望勸戒之道淺識言治莫辯後先故宰世之堤防御民之羈絆端隄爲政貴在畫一輕重屢易手足無從律令之本文約旨曠據典行罰各用

情求舒慘之意既殊寬猛之利亦異辭有出沒義生增損舊尹之事政非一途
後主所是卽爲成用張弛代積稍至遷訛故刑開二門法有兩路刀筆之態深
舞弄之風起承喜怒之機隙挾千金之姦利剪韭復生寧失有罪抱木牢戶未
必非冤下吏上司文簿從事辯聲察色莫用矜府申枉理讞急不在躬案法隨
科幸無咎悔至於郡縣親民百務萌始以情矜過曾不待獄以律定罪無細非
嚳蓋由網密憲煩文理相背夫懲恥難窮盜賊長有欲求猛勝事在或然掃墓
高門爲利孰遠故永明定律多用優寬治物不患仁心見累於弘厚爲令貴在
必行而惡其舛雜也

贊曰袁猗厥戚猶子爲情稚珪夷遠奏諫罷兵士章機悟立行砥名

南齊書卷四十八考證

袁彖傳懷其父集○父集南史作文集卽指其伯父顗之集也

南齊書卷四十八考證

南齊書卷四十九

梁　蕭　子　顯　撰

列傳第三十

王　奐從弟繢　張沖

王奐字彥孫，琅邪臨沂人也。祖僧朗，宋左光祿儀同。父粹，黃門郎。奐出繼從祖中書令球，故字彥孫。解褐著作佐郎，太子舍人，安陸王冠軍主簿，太子洗馬，本州別駕，中書郎，桂陽王司空諮議，黃門郎。元徽元年，爲晉熙王征虜長史、江夏內史，遷侍中，領步兵校尉，復出爲晉熙王鎮西長史，加冠軍將軍、江夏武昌太守，徵祠部尚書，轉掌吏部。昇明初，遷冠軍將軍、丹陽尹。初，王晏父普曜爲沈攸之長史，常慮攸之舉事，不得還。時奐爲吏部，轉普曜爲內職，晏深德之。及晏仕世祖府，奐從弟蘊反，世祖謂晏曰：「王奐宋家外戚，王蘊親同逆黨，既其羣從，豈能無異意？我欲具以啓聞。」晏叩頭曰：「王奐脩謹，保無異志。晏父母在都，請以爲質。」世祖乃止。出爲吳興太守，秩中二千石，將軍如故。尋進號征虜將軍。建元元

年進號左將軍明年遷太常領鄱陽王師仍轉侍中祕書監領驍騎將軍又遷
征虜將軍臨川王鎮西長史領南蠻校尉南郡內史奐一歲三遷上表固讓南
蠻曰今天地初闢萬物載新荆蠻來威巴濮不擾但使邊民樂業有司脩務本
府舊州日就殷阜臣昔遊西土較見盈虛兼日者戎燼之後痍毀難復雖復緝
以善政未及來蘇今復割撤大府制置偏校崇望不足以助強語實安能以相
弊且資力既分職司增廣衆勞務倍文案滋煩非獨臣見其難竊以爲國計非
允見許於是罷南蠻校尉官進號前將軍世祖卽位徵右僕射仍轉使持節監
湘州軍事前將軍湘州刺史永明二年徙爲散騎常侍江州刺史初省江州軍
府四年遷右僕射本州中正奐無學術以事幹見處遷尚書僕射中正如故校
籍郎王植屬吏部郎孔琇之以校籍令史俞公喜求進署矯稱奐意植坐免官
六年還散騎常侍領軍將軍奐欲請車駕幸府上晚信佛法御膳不宰牲使王
晏謂奐曰吾前去年爲斷殺事不復幸詣大臣已判無容欻爾也王儉卒上用
奐爲尚書令以問王晏晏位遇已重與奐不能相推荅上曰柳世隆有重望恐

不宜在奐後乃轉爲左僕射加給事中出爲使持節散騎常侍都督雍梁南北秦四州郢州之竟陵司州之隨郡軍事鎮北將軍雍州刺史上謂王晏曰奐於釋氏實自專至其在鎮或以此妨務卿相見言次及之勿道吾意也上以行北諸戍士卒多繿縷送袴褶三千具令奐分賦之十一年奐輒殺寧蠻長史劉與祖上大怒使御史中丞孔稚珪奏其事曰雍州刺史王奐啓錄小府長史劉與祖虛稱與祖扇動山蠻規生逆謀誑言誹謗言辭不遜敕使送與祖下都奐慮所啓欺妄於獄打殺與祖詐啓稱自經死止今體傷犍蒼黝事暴聞聽攝與祖門生劉倪到臺辨問列與祖與奐共事不能相和自去年朱公恩領軍征蠻失利與祖啓聞以啓呈奐奐因此便相嫌恨若云與祖有罪便應事在民間民間恬然都無事迹至十年九月十八日奐使仗身三十人來稱敕錄與祖付獄安定郡蠻先在郡贓私與祖既知其取與卽牒啓奐不問與祖後執錄奐仍令蠻領仗身於獄守視與祖未死之前於獄以物畫漆柈子中出密報家道無罪令啓乞出都一辨萬死無恨又云奐駐與祖嚴禁信使欲作方便殺以除口舌又

云奐意乃可奐第三息彪隨奐在州凡事是非皆干豫扇構密除與祖又云與祖家餉糜中下藥食兩口便覺回乞獄子食者皆大利與祖大叫道糜中有藥近獄之家無人不聞又云奐治著與祖日急判無濟理十一月二十一日奐使獄吏來報與祖家道與祖於獄自經死屍出家人共洗浴之見與祖頸下有傷肩胛烏黲陰下破碎實非與祖自經死家人及門義共見非是一人重攝檢殮州都留田文喜列與倪符同狀與祖在獄嘷苦望下既蒙降旨欣願始遂豈容於此方復自經敕以十九日至與祖以二十一日死推理檢迹灼然矯假尋敕使送下奐輒拒詔所謗諸條悉出奐意毀故丞相若陳顯達誹訕朝事莫此之深彪私隨父之鎮敢辭王法罪並合窮戮上遣中書舍人呂文顯直閤將軍曹道剛領齋仗五百人收奐敕鎮西司馬曹虎從江陵步道會襄陽奐子彪素凶剽奐不能制女婿殷叡懼禍謂奐曰曹呂今來既不見真敕恐爲奸變政宜錄取馳啓聞耳奐納之彪輒令率州內得千餘人開鎮庫取仗配衣甲出南堂陳兵閉門拒守奐門生鄭羽叩頭啓奐乞出城迎臺使奐曰我不作賊欲先遣啓

自申政恐曹呂輩小人相陵藉故且閉門自守耳虎遂出與虎軍戰其黨范虎領二百人降臺軍虎敗走歸土人起義攻州西門彪登門拒戰却之與司馬黃瑤起寧蠻長史裴叔業於城內起兵攻與與聞兵入還內禮佛未及起軍人遂斬之年五十九執彪及弟爽弼殷叡皆伏誅詔曰逆賊王奐險詖之性自少及長外飾廉勤內懷凶慝貽戾鄉伍敢棄衣冠拔其文筆之用擢以顯任出牧樊阿政刑弛亂第三息彪矯弄威權父子均勢故寧蠻長史劉興祖忠於奉國每事匡執奐忿其異己誣以訕謗肆怒囚錄然後奏聞朕察奐愚詐詔送興祖還都乃懼姦謀發露潛加殺害欺罔既彰中使辯覈遂授兵登陴逆捍王命天威電掃義夫咸奮曾未浹辰罪人斯獲方隅克殄漢南肅清自非犯官兼豫同逆謀爲一時所驅逼者悉無所問奐長子太子中庶子融融弟司徒從事中郎琛於都棄市餘孫皆原宥殷叡字文子陳郡人晉太常融七世孫也宋元嘉末祖元素坐染太初事誅叡遺腹亦當從戮外曾祖王僧朗啓孝武救之得免叡解文義有口才司徒褚淵甚重之謂之曰諸殷自荆州以來無出卿右者叡斂容

答曰殷族衰悴誠不如昔若此旨爲虚故不足降此旨爲實彌不可聞奐爲雍
州啓叡爲府長史叡族父恆字昭度與叡同承融後宋司空景仁孫也恆及父
道矜並有古風以是見蚩於世其事非一恆宋泰始初爲度支尚書坐屬父疾
及身疾多爲有司所奏明帝詔曰殷道矜有生便病比更無橫疾恆因愚習惰
久妨清敘左遷散騎常侍領校尉恆歷官清顯至金紫光祿大夫建武中卒奐
弟佃女爲長沙王晃妃世祖詔曰奐自陷逆節長沙王妃男女並長且奐又出
繼前代或當有准可特不離絶奐從弟績
績字叔素宋車騎將軍景文子也弱冠爲祕書郎太子舍人轉中書舍人景文
以此授超階令績經年乃受景文封江安侯績襲其本爵爲始平縣五等男還
祕書丞司徒右長史元徽末除寧朔將軍建平王征北長史南東海太守黄門
郎寧朔將軍東陽太守世祖爲撫軍吏部尚書張岱選績爲長史呈選牒太祖
笑謂岱曰此可謂素望還散騎常侍驍騎將軍出補義興太守輒錄郡吏陳伯
喜付陽羨獄欲殺之縣令孔逭不知何罪不受績教爲有司所奏績坐白衣領

職還太子中庶子領驍騎轉長史兼侍中世祖出射雉續信佛法稱疾不從駕
轉左民尚書以母老乞解職改授寧朔將軍大司馬長史淮陵太守出爲宣城
太守秩中二千石隆昌元年還輔國將軍太傅長史不拜仍爲冠軍將軍豫章
內史進號征虜又坐事免官除冠軍將軍司徒左長史散騎常侍隨王師除征
虜將軍驃騎長史還散騎常侍太常永元元年卒年五十三謚靖子續女適安
陸王子敬世祖寵子永明三年納妃修外舅姑之敬世祖遣文惠太子相隨往
續家置酒設樂公卿皆冠冕而至當世榮之
張沖字思約吳郡吳人父東通直郎沖出繼從伯侍中景胤小名査父邵小名
梨宋文帝戲景胤曰査何如梨景胤答曰梨是百果之宗査何敢及沖亦少有
至性辟州主簿隨從叔永爲將帥除綏遠將軍盱眙太守永征彭城遇寒雪軍
人足脛凍斷者十七八沖足指皆墮除尚書駕部郎桂陽王征南中兵振威將
軍歷驃騎太尉南中郎參軍不拜還征西從事中郎通直郎武陵王北中郎直
兵參軍長水校尉除寧朔將軍本官如故還左軍將軍加寧朔將軍輔國將軍

沖少從戎事朝廷以幹力相待故歷處軍校之官出爲馬頭太守徙盱眙太守輔國將軍如故永明六年遷西陽王冠軍司馬八年爲假節監青冀二州刺史事將軍如故沖父初卒遺命曰祭我必以鄉土所產無用牲物沖在鎮四時還吳園中取果菜流涕薦焉仍轉刺史鬱林即位進號冠軍將軍明帝即位以晉壽太守王洪軌代沖除黃門郎加征虜將軍建武二年虜寇淮泗假沖節都督青冀二州北討諸軍事本官如故虜弁兵攻司州徐青詔出軍分其兵勢沖遣軍主桑係祖由渣口攻拔虜建陵驛馬厚丘三城多所殺獲又與洪軌遣軍主崔季延襲虜紀城據之沖又遣軍主杜僧護攻拔虜虎坑馮時即丘三城驅生口輜重還至溘溝虜救兵至緣道要擊僧護力戰大破之其年還廬陵王北中郎司馬加冠軍將軍未拜豐城公遙昌爲豫州上慮寇未已徙沖爲征虜長史南梁郡太守永泰元年除江夏王前軍長史東昏即位出爲建安王征虜長史輔國將軍江夏內史行郢州府州事永元元年遷持節督豫州軍事豫州刺史代裴叔業竟不行明年遷督南兗兗徐青冀五州輔國將軍南兗州刺史持節

如故會司州刺史申希祖卒以沖爲督司州軍事冠軍將軍司州刺史裴叔業以壽春降虜又遷沖爲督南兗兗徐青冀五州南兗州刺史持節將軍如故並未拜崔慧景事平徵建安王寶𡩋還都以沖爲督郢司二州郢州刺史持節將軍如故一歲之中頻授四州至此受任其冬進征虜將軍封定襄侯食邑千戶梁王義師起東昏遣驍騎將軍薛元嗣制局監暨榮伯領兵及糧運百四十餘船送沖使拒西師元嗣等懲劉山陽之敗疑沖不敢進停住夏口浦聞義師將至元嗣榮伯相率入郢城時竟陵太守房僧寄被代還至郢東昏敕僧寄留守魯山除驍騎將軍僧寄謂沖曰臣雖未荷朝廷深恩實蒙先帝厚澤蔭其樹者不折其枝實欲微立塵效沖深相許諾共結盟誓乃分部拒守遣軍主孫樂祖數千人助僧寄據魯山岸立城壘明年二月梁王出沔口圍魯山城遣軍主曹景宗等過江攻郢城未及盡濟沖遣中兵參軍陳光靜等開門出擊爲義師所破光靜戰死沖固守不出景宗於是據石橋浦連軍相續下至加湖東昏遣軍主巴西梓潼二郡太守吳子陽光子衿李文釗陳虎牙等十三軍援郢至加湖

不得進乃築城舉烽城內亦舉火應之而內外各自保不能相救冲病死元嗣
榮伯與冲子孜及長史江夏內史程茂固守東昏詔贈冲散騎常侍護軍將軍
假元嗣子陽節江水暴長加湖城淹潰義師乘高艦攻之子陽等大敗散魯山
城乏糧軍人於磯頭捕細魚供食密治輕船將奔夏口梁王命偏軍斷其取路
防備越逸房僧寄病死孫樂祖窘以城降郢城被圍二百餘日士庶病死者七
八百家魯山既敗程茂及元嗣等議降使孜爲書與梁王冲故吏青州治中房
長瑜謂孜曰前使君忠貫昊天操逾松竹郎君但當端坐畫一以荷析薪若天
運不與幅巾待命以下從使君今若隨諸人之計非唯郢州士女失高山之望
亦恐彼所不取也魯山陷後二日元嗣等以郢城降東昏以程茂爲督郢司二
州輔國將軍郢州刺史元嗣爲督雍梁南北秦四州郢州之竟陵司州之隨郡
冠軍將軍雍州刺史並持節時郢魯二城已降死者相積竟無叛散時以冲及
房僧寄比臧洪之被圍也贈僧寄益州刺史時新蔡太守席謙永明中爲中書
郎王融所薦父恭穆鎮西司馬爲魚復侯所害至是謙鎮盆城聞義師東下曰

我家世忠貞殞死不二爲陳伯之所殺
史臣曰石碏棄子弘滅親之戒鮑永晚降知事新之節王奐誠在靡貳迹允嚴
科張沖未達天心守迷義運致危之理異爲亡之事一也
贊曰王居北牧子未克家終成干紀覆此冑華張壘窮守死如亂麻爲悟既晚
辯見方賒

南齊書卷四十九

南齊書卷四十九考證

王奐傳上遣中書舍人呂文顯直閤將軍曹道剛領齋仗五百人收奐○臣祖庚按通鑑注云齋仗齋庫精仗以給禁衞勇力之士

曹呂今來既不見真勅恐爲奸變政宜錄取馳啓聞耳○臣承蒼按南史載叡諫奐當白服接臺使又勸奐仰藥自全與此傳不同

奐長子太子中庶子融融弟司徒從事中郎琛於都棄市○臣祖庚按琛弟肅此不載以其入魏也又按南史奐弟份自拘請罪帝宥之肅屢引魏人至邊帝謂份曰比有北信不份曰肅近忘墳柏寧遠憶有臣此亦不載通鑑考異曰奐以三月死帝以七月殂是冬肅始見魏主於鄴南史誤也

張沖傳沖在鎭四時還吳園中○諸本同吳園中南史作吳國

停住夏口浦○夏口南史作夏首

士庶病死者七八百家○臣祖庚按梁高祖紀及韋叡傳作死者什七八通鑑考異曰按死者不可以家數也

南齊書卷四十九考證

南齊書卷五十

梁　蕭　子　顯　撰

列傳第三十一

文二王　明七王

文惠太子四男安皇后生鬱林王昭業宮人許氏生海陵恭王昭文陳氏生巴陵王昭秀褚氏生桂陽王昭粲巴陵王昭秀字懷尙太子第三子也永明中封曲江公千五百戶十年爲寧朔將軍濟陽太守鬱林卽位封臨海郡王二千戶隆昌元年爲使持節都督荆雍益寧梁南北秦七州軍事西中郎將荆州刺史延興元年徵爲車騎將軍衞京師以永嘉王昭粲代之明帝建武二年通直常侍庾曇隆啓曰周定雒邑天子置畿內之民漢都咸陽三輔爲社稷之衞中晉南遷事移威弛近郡名邦多有國食宋武創業依擬古典神州部內不復別封而孝武末年分樹寵子苟申私愛有乖訓準隆昌之元特開母弟之貴竊謂非古聖明御寓禮舊爲先畿內限斷宜遵昔制賜茅授土一出外州詔付尙書詳

議其冬改封昭秀爲巴陵王永泰元年見殺年十六
桂陽王昭粲太子第四子也鬱林立以皇弟封永嘉郡王南徐州刺史延興元
年出爲使持節都督荊雍益寧梁南北秦七州軍事西中郎將荊州刺史明帝
立欲以聞喜公遙欣爲荊州轉昭粲爲右將軍中書令建武二年改封桂陽王
四年遷太常將軍如故永泰元年見殺年八歲
明帝十一男敬皇后生東昏侯寶卷江夏王寶玄鄱陽王寶夤和帝殷貴嬪生
巴陵隱王寶義晉熙王寶嵩袁貴妃生廬陵王寶源管淑妃生邵陵王寶攸許
淑媛生桂陽王寶貞餘皆早夭
巴陵隱王寶義字智勇明帝長子也本名明基建武元年爲持節都督揚南徐
州軍事前將軍揚州刺史封晉安郡王三千戸寶義少有廢疾不堪出人間故
止加除授仍以始安王遙光代之轉寶義爲右將軍領兵置佐鎮石頭二年出
爲使持節都督南徐州軍事鎮北將軍南徐州刺史東昏卽位進征北大將軍
開府儀同三司給仗永元元年給班劍二十人始安王遙光誅爲都督揚南徐

二州軍事驃騎大將軍揚州刺史持節如故東府被兵火屋宇燒殘帝方營宮殿不暇脩葺寶義鎭西州三年進位司徒和帝西臺建以爲侍中司空使持節都督刺史如故梁王定京邑宣德太后令以寶義爲太尉領司徒詔云不言之化形于自遠時人皆云此實錄也梁受禪封謝沐縣公尋封巴陵郡王奉齊後天監中薨

江夏王寶玄字智深明帝第三子也建武元年爲征虜將軍領石頭戍事封江夏郡王仍出爲持節都督郢司二州軍事西中郎將郢州刺史永泰元年還爲前將軍領石頭戍事未拜東昏卽位進號鎭軍將軍永元元年又進車騎將軍代晉安王寶義爲使持節都督南徐兗二州軍事南徐兗二州刺史將軍如故寶玄娶尚書令徐孝嗣女爲妃孝嗣被誅離絕少帝送少姬二人與之寶玄恨望密有異計明年崔慧景舉兵還至廣陵遣使奉寶玄爲主寶玄斬其使因是發將吏防城帝遣馬軍主戚平外監黃林夫助鎭京口慧景將渡江寶玄密與相應殺司馬孔矜典籤呂承緒及平林夫開門納慧景使長史沈佚之諮議柳

憕分部軍衆乘八㭊輿手執絳麾幡隨慧景至京師住東城百姓多往投集慧景敗收得朝野投寶玄及慧景軍名帝令燒之曰江夏尚爾豈復可罪餘人寶玄逃奔數日乃出帝召入後堂以步鄣裹之令羣小數十人鳴鼓角馳繞其外遣人謂寶玄曰汝近圍我亦如此少日乃殺之

廬陵王寶源字智淵明帝第五子也建武元年爲北中郎將鎮瑯邪城封廬陵郡王遷右將軍領石頭戍事仍出爲使持節都督南兗兗徐青冀五州軍事後將軍南兗州刺史王敬則伏誅徙寶源爲都督會稽東陽臨海永嘉新安五郡軍事會稽太守將軍如故永元元年進號安東將軍和帝即位以爲侍中車騎將軍開府儀同三司都督太守如故未拜中興二年薨

鄱陽王寶寅字智亮明帝第六子也建武初封建安郡王二年爲北中郎將鎮瑯邪城明年出爲持節都督江州軍事南中郎將江州刺史東昏即位爲使持節都督郢司二州軍事征虜將軍郢州刺史尋進號前將軍永元二年徵爲撫軍領石頭戍事未拜三年爲車騎將軍開府儀同三司鎮石頭其秋雍州刺史

張欣泰等謀起事於新亭殺臺內諸主帥事在欣泰傳難作之日前南譙太守王靈秀奔往石頭率城內將吏見力去車脚載寶夤向臺城百姓數千人皆空手隨後京邑騷亂寶夤至杜姥宅日已欲暗城門閉城上人射之衆棄寶夤逃走寶夤逃亡三日戎服詣草市尉尉馳以啓帝帝迎寶夤入宮問之寶夤涕泣稱爾日不知何人逼使上車仍將去制不自由帝笑乃復爵位和帝立西臺以寶夤爲使持節都督南徐兗二州軍事衞將軍南徐州刺史少帝以爲使持節都督荆益寧雍梁北南秦七州軍事荆州刺史將軍如故宣德太后臨朝梁王爲建安公改封寶夤爲鄱陽王中興二年謀反奔魏

邵陵王寶攸字智宣明帝第九子也建武元年封南平郡王二年改封三年爲北中郎將鎭琅邪城永元元年爲持節都督南北徐南兗青冀五州軍事南兗州刺史郎將如故未拜遷征虜將軍領石頭戍事丹陽尹戍事如故陳顯達事平出爲持節督江州軍事左將軍江州刺史以本號還京師授中將軍祕書監中興二年謀反宣德太后令賜死

晉熙王寶嵩字智靖明帝第十子也永元二年爲冠軍將軍丹陽尹仍遷持節都督南徐兗二州軍事南徐州刺史將軍如故中興元年和帝以爲中書令明年謀反伏誅

桂陽王寶貞明帝第十一子也永元二年爲中護軍北中郎將領石頭戍事中興二年謀反伏誅

史臣曰春秋書鄭伯克段于鄢兄弟之恩離君臣之義正夫逆順有勢況親兼一體道窮數盡或容觸啄而寶玄自尋干戈欣受家難曾不悟執柯所指蹄蕚相從以此而圖萬全未知其髣髴也

贊曰文惠二王于嗟夭殤明子七國終亦衰亡

南齊書卷五十

南齊書卷五十一

梁　蕭　子　顯　撰

列傳第三十二

裴叔業　崔慧景　張欣泰

裴叔業河東聞喜人晉冀州刺史徽後也徽子游擊將軍黎遇中朝亂子孫沒涼州仕於張氏黎玄孫先福義熙末還南至滎陽太守叔業父祖晚渡少便弓馬有武幹宋元徽末累官爲羽林監太祖驃騎行參軍建元元年除屯騎校尉虜侵司豫二州以叔業爲軍主征討本官如故上初卽位羣下各獻讜言二年叔業上疏曰成都沃壤四塞爲固古稱一人守隘萬夫趑趄雍齊亂於漢世譙李寇於晉代成敗之迹事載前史頃世以來綏馭乖術地惟形勢居之者異姓國實武用鎮之者無兵致寇掠充斥賦稅不斷宜遣帝子之尊臨撫巴蜀總益梁南秦爲三州刺史率文武萬人先啓岷漢分遣郡戍皆配精力搜盪山源糾虔姦蠹威令既行民夷必服除寧朔將軍軍主如故永明四年累至右軍將軍

東中郎諮議參軍高宗爲豫州叔業爲右軍司馬加建威將軍軍主領陳留太守七年爲王敬則征西司馬將軍軍主如故隨府轉驃騎在壽春爲佐數年九年爲寧蠻長史廣平太守雍州刺史王奐事難叔業率部曲於城內起義上以其有幹用仍留爲晉安王征北諮議領中兵扶風太守遷晉熙王冠軍司馬延興元年加寧朔將軍司馬如故叔業早與高宗接事高宗輔政厚任叔業以爲心腹使領軍掩襲諸蕃鎮叔業盡心用命建武二年虜圍徐州叔業以軍主隸右衛將軍蕭坦之救援叔業攻虜淮柵外二城剋之賊衆赴水死甚衆除黃門侍郎上以叔業有勳誠封武昌縣伯五百戶仍爲持節督徐州軍事冠軍將軍徐州刺史四年虜主寇沔北上令叔業援雍州叔業啓北人不樂遠行唯樂侵伐虜界則雍司之賊自然分張無勞動民向遠也上從之叔業率軍攻虹城獲男女四千餘人徙督豫州輔國將軍豫州刺史持節如故永泰元年叔業領東海太守孫令終新昌太守劉思効馬頭太守李僧護等五萬人圍渦陽虜南兗州所鎮去彭城百二十里僞兗州刺史孟表固守拒戰叔業攻圍之積所斬級

高五丈以示城內又遣軍主蕭璝成寶真分攻龍亢戍卽虜馬頭郡也虜閉城
自守僞徐州刺史廣陵王率二萬人騎五千匹至龍亢璝等拒戰不敵叔業三
萬餘人助之數道攻虜虜新至營未立於是大敗廣陵王與數十騎走官軍追
獲其節虜又遣僞將劉藻高忽繼至叔業率軍迎擊破之再戰斬首萬級獲生
口三千人器仗驢馬絹布千萬計虜主聞廣陵王敗遣僞都督王肅大將軍楊
大眼步騎十餘萬救渦陽叔業見兵盛夜委軍遁走明日官軍奔潰虜追之傷
殺不可勝數日暮乃止叔業還保渦口上遣使慰勞高宗崩叔業還鎮少主卽
位誅大臣京師屢有變發叔業登壽春城北望肥水謂部下曰卿等欲富貴乎
我言富貴亦可辦耳永元元年徙督南兗兗徐青冀五州軍事南兗州刺史將
軍持節如故叔業見時方亂不樂居近蕃朝廷疑其欲反叔業亦遣使參察京
師消息於是異論轉盛叔業兄子植颺並爲直閤殿內驅使慮禍至棄母奔壽
陽說叔業以朝廷必見掩襲徐世檦等慮叔業外叛遣其宗人中書舍人裴長
穆宣旨許停本任叔業猶不自安而植等說之不已叔業憂懼問計於梁王梁

王令遣家還都自然無患叔業乃遣子芬之等還質京師明年進號冠軍將軍
傳叔業反者不已芬之愈懼復奔壽春於是發詔討叔業遣護軍將軍崔慧景
征虜將軍豫州刺史蕭懿督水陸衆軍西討頓軍小峴叔業病困植請救魏虜
送芬之爲質叔業尋卒虜遣大將軍李醜楊大眼二千餘騎入壽春初虜主元
宏建武二年至壽春其下勸攻城宏曰不須攻後當降也植等皆還洛陽
崔慧景字君山清河東武城人也祖構奉朝請父系之州別駕慧景初爲國子
學生宋泰始中歷位員外郎稍遷長水校尉寧朔將軍太祖在淮陰慧景與宗
人祖思同時自結太祖欲北渡廣陵使慧景具船於陶家後渚事雖不遂以此
見親除前軍沈攸之事平仍出爲武陵王安西司馬河東太守使防扞陝西昇
明三年豫章王爲荆州慧景留爲鎭西司馬兼諮議太守如故太祖受禪封樂
安縣子三百戸豫章王遣慧景奉表稱慶還京師太祖召見加意勞接轉平西
府司馬南郡內史仍遷爲南蠻長史加輔國將軍內史如故先是蠻府置佐資
用甚輕至是始重其選建元元年虜動豫章王遣慧景三千人頓方城爲司州

聲援虜退梁州賊李烏奴未平以慧景爲持節都督梁南北秦沙四州軍事西戎校尉梁南秦二州刺史將軍如故敕荆州資給發遣配以實甲千人步道從襄陽之鎮初烏奴屢爲官軍所破走氐中乘閒出擾動梁漢據關城遣使詣荆州請降豫章王不許遣中兵參軍王圖南率益州軍從劍閣掩討大摧破之烏奴還保武興慧景發漢中兵衆進頓白馬遣支軍與圖南腹背攻擊烏奴大敗遂奔於武興世祖卽位進號冠軍將軍在州蓄聚多獲珍貨永明三年以本號還遷黃門郎領羽林監明年遷隨王東中郎司馬加輔國將軍出爲持節督司州軍事冠軍將軍司州刺史母喪詔起復本任慧景每罷州輒傾資獻奉動數百萬世祖以此嘉之九年以本號徵還轉太子左率加通直常侍明年遷右衞將軍加給事中是時虜將南侵上出慧景爲持節督豫州郢州之西陽司州之汝南二郡諸軍事冠軍將軍豫州刺史鬱林卽位進號征虜將軍慧景以少主新立密與虜交通朝廷疑懼高宗輔政遣梁王至壽春安慰之慧景遣密啓送誠勸進徵還爲散騎常侍左衞將軍建武二年虜寇徐豫慧景以本官假節向

鍾離受王玄邈節度尋加冠軍將軍四年還度支尙書領太子左率冬虜主攻沔北五郡假慧景節率衆二萬騎千匹向襄陽雍州衆軍並受節度永泰元年慧景至襄陽五郡已沒加慧景平北將軍置佐史分軍助戍樊城慧景頓渦口村與太子中庶子梁王及軍主前寧州刺史董仲民劉山陽裴颺傅法憲等五千餘人進行鄧城前參騎還稱虜軍且至須臾望數萬騎俱來慧景據南門梁王據北門令諸軍上城上時慧景等蓐食輕行皆有饑懼之色軍中北館客三人走投虜具告之虜僞都督中軍大將軍彭城王元勰分遣僞武衞將軍元蚪趣城東南斷慧景歸路僞司馬孟斌向城東僞右衞將軍播正屯城北交射城內梁王欲出戰慧景曰虜不夜圍人城待日暮自當去也旣而虜衆轉盛慧景於南門拔軍衆軍不相知隨後奔退虜軍從北門入劉山陽與部曲數百人斷後死戰虜遣鎧馬百餘匹突取山陽山陽使射手射之三人倒馬手殺十餘人不能禁且戰且退慧景南出過鬧溝軍人蹈藉橋皆斷壞虜軍夾路射之軍主傅法憲見殺赴溝死者相枕山陽取襖杖填溝乘之得免虜主率大衆追之晡

時虜主至沔北圍軍主劉山陽山陽據城苦戰至暮虜乃退衆軍恐懼其夕皆下船還襄陽東昏卽位改領右衞將軍平北假節如故未拜永元元年還護軍將軍尋加侍中陳顯達反加慧景平南將軍都督衆軍事屯中堂時輔國將軍徐世檦專執號令慧景備員而已帝旣誅戮將相舊臣皆盡慧景自以年宿位重轉不自安明年裴叔業以壽春降虜改授慧景平西將軍假節侍中護軍如故率軍水路征壽陽軍頓白下將發帝長圍屏除出琅邪城送之帝戎服坐城樓上召慧景單騎進圍內無一人自隨者裁交數言拜辭而去慧景旣得出甚喜子覺爲直閤將軍慧景密與期四月慧景至廣陵覺便出奔慧景過廣陵數十里召會諸軍主曰吾荷三帝厚恩當顧託之重幼主昏狂朝廷壞亂危而不扶責在今日欲與諸君共建大功以安宗社何如衆皆響應於是回軍還廣陵司馬崔恭祖守廣陵城開門納之帝聞變以征虜將軍右衞將軍左興盛假節督京邑水陸衆軍慧景停二日便收衆濟江集京口江夏王寶玄又爲內應合二鎮兵力奉寶玄向京師臺遣驍騎將軍張佛護直閤將軍徐元稱屯騎校尉

姚景珍西中郎參軍徐景智游邏軍主董伯珍騎官桓靈福等據竹里爲數城
寶玄遣信謂佛護曰身自還朝君何意苦相斷遏佛護答曰小人荷國重恩使
於此創立小戍殿下還朝但自直過豈敢干斷遂射慧景軍因合戰慧景子覺
及崔恭祖領前鋒皆傖楚善戰又輕行不爨食以數舫緣江載酒肉爲軍糧每
見臺軍城中烟火起輒盡力攻擊臺軍不復得食以此饑困元稱等議欲降佛
護不許十二日恭祖等復攻之城陷佛護單馬走追得斬首徐元稱降餘軍主
皆死慧景至臨沂令李玉之發橋斷路慧景收殺之臺遣中領軍王瑩都督衆
軍據湖頭築壘上帶蔣山西巖實甲數萬慧景至查硎竹塘人萬副兒善射獵
能捕虎投慧景曰今平路皆爲臺軍所斷不可議進唯宜從蔣山龍尾上出其
不意耳慧景從之分遣千餘人魚貫緣山自西巖夜下鼓叫臨城中臺軍驚恐
卽時奔散帝又遣右衛將軍左興盛率臺內三萬人拒慧景於北籬門望風退
走慧景引軍入樂遊苑恭祖率輕騎十餘匹突進北掖門乃復出宮門皆閉慧
景引衆圍之於是東府石頭白下新亭諸城皆潰左興盛走不得入宮逃淮渚

荻舫中慧景擒殺之宮中遣兵出盪不剋慧景燒蘭臺府署爲戰場守衞尉蕭暢屯南掖門處分城內隨方應擊衆心以此稍安慧景稱宣德太后令廢帝爲吳王時巴陵王昭胄先逃民間出投慧景慧景意更向之故猶豫未知所立竹里之捷子覺與恭祖爭勳慧景不能決恭祖勸慧景射火箭燒北掖樓慧景以大事垂定後若更造費用功力不從其計性好談義兼解佛理頓法輪寺對客高談恭祖深懷怨望先是衞尉蕭懿爲征虜將軍豫州刺史自歷陽步道征壽陽帝遣密使告之懿率軍主胡松李居士等數千人自采石濟岸頓越城舉火臺城中鼓叫稱慶恭祖先勸慧景遣二千人斷西岸軍令不得渡慧景以城旦夕降外救自然應散至是恭祖請擊義師又不許乃遣子覺將精手數千人渡南岸義師昧旦進戰數合士皆致死覺大敗赴淮死者二千餘人覺單馬退開桁阻淮其夜崔恭祖與驍將劉靈運詣城降慧景衆情離壞乃將腹心數人潛去欲北渡江城北諸軍不知猶爲拒戰城內出盪殺數百人義軍渡北岸慧景餘衆皆奔慧景圍城凡十二日軍旅散在京師不爲營壘及走衆於道稍散單

馬至蟠浦爲漁父所斬以頭內鮨魚籃擔送至京師時年六十三追贈張佛護
爲司州刺史左興盛豫州刺史竝征虜將軍徐景智柏靈福屯騎校尉董伯珍
員外郎李玉之給事中其餘有差恭祖者慧景宗人驍果便馬稍氣力絕人頻
經軍陣討王敬則與左興盛軍容袁文曠爭敬則首訴明帝曰恭祖秃馬絳衫
手刺倒賊故文曠得斬其首以死易勳而見枉奪若失此勳要當刺殺左興盛
帝以其勇健謂興盛曰何容令恭祖與文曠爭功遂封二百戶慧景平後恭祖
繫尚方少時殺之覺亡命爲道人見執伏法臨刑與妹書曰捨逆旅歸其家以
爲大樂況得從先君遊太清乎古人有力扛周鼎而有立錐之歎以此言死亦
復何傷平生素心士大夫皆知之矣既不得附驥尾安得施名於後世慕古竹
帛之事今皆亡矣慧景妻女亦頗知佛義覺弟偃爲始安內史藏竄得免和帝
西臺立以爲寧朔將軍中興元年詣公車門上書曰臣竊惟太祖高宗之孝子
忠臣而昏主之賊臣亂子者江夏王與陛下先臣與鎭軍是也臣聞堯舜之心
常以天下爲憂而不以位爲樂彼孑然之舜龔畝之人猶尚若此況祖業之重

家國之切江夏旣行之於前陛下又蹈之於後雖成敗異術而所由同方也陛
下初登至尊與天合符天下纖介之屈尙望陛下申之絲髮之寃尙望陛下理
之況先帝之子陛下之兄所行之道卽陛下所由哉如此尙弗恤其餘何幾哉
陛下德侔造化仁育羣生雖在昆蟲草木有不得其所者覽而傷焉而況乎友
愛天至孔懷之深夫豈不懷將以事割此實左右不明未之或詳惟陛下公聽
並觀以詢之芻蕘羣臣有以臣言爲不可乞使臣廷辯之則天人之意塞四海
之疑釋必若不然倖小民之無識耳使其曉然知此相聚而逃陛下以責江夏
之寃朝廷將何以應之哉若天聽沛然回光發惻愴之詔而使東牟朱虛東褒
儀父之節則荷戈之士誰不盡死愚戇之言萬一上合事乞留中事寢不報僾
又上疏曰近冒陳江夏之寃定承聖詔已有褒贈此臣狂疎之罪也然臣所以
諮問者不得其實罪在萬沒無所復云但愚心所恨非敢以父子之親骨肉之
間而僥幸曲陛下之法傷至公之義誠不曉聖朝所以然之意若以狂主雖狂
而實是天子江夏雖賢實是人臣先臣奉人臣逆人君以爲不可申明詔得矣

然未審陛下亦是人臣不而鎮軍亦復奉人臣逆人君今之嚴兵勁卒方指於象魏者其故何哉臣所不死苟存視息非有他故所以待皇運之開泰申寃魂之枉屈今皇運既已開泰矣而死於社稷盡忠反以爲賊臣何用此生陛下世矣臣聞王臣之節竭智盡公以奉其上居股肱之任者申理寃滯薦達羣賢凡此衆臣夙與夜寐心未嘗須臾之間而不在公故萬物無不得其理而頌聲作焉臣謹案鎮軍將軍臣穎胄宗室之親股肱之重身有伊霍之功荷陛下稷旦之任中領軍臣衍受帷幄之寄副宰相之尊皆所以棟梁朝廷社稷之臣天下所當遑遑匪懈盡忠竭誠欲使萬物得理而頌聲大興者豈復宜踰此哉而同知先臣股肱江夏匡濟王室天命未遂王亡與亡而不爲陛下瞥然一言知而不言是不忠之臣不知而言乃不智之臣此而不知將何所知如以江夏心異先臣受制臣力則江夏同致死斃聽可昏政淫刑見殘無道然江夏之異以何爲明孔呂二人誰以爲戮手御麾幡言輒任公同心共志心若膠漆而以爲異臣竊惑焉如以先臣遣使江夏斬之則征東之驛何爲見戮陛下斬征東之使

實詐山陽江夏違先臣之請實謀孔矜天命有歸故事業不遂耳夫唯聖人乃
知天命守忠之臣唯知盡死安顧成敗詔稱江夏遭時屯故跡屈行令內恕探
情無玷純節今茲之旨又何以處鎮軍哉臣所言畢矣乞就湯鑊然臣雖萬沒
猶願陛下必申先臣何則惻愴而申之則天下伏不惻愴而申之天下之人北
面而事陛下者徒以力屈耳先臣之忠有識所知南史之筆千載可期亦何待
陛下屈申而爲褒貶然小臣惓惓之愚爲陛下計耳臣之所言非孝於父實忠
於君惟陛下熟察少留心焉臣頻觸宸嚴而不彰露所以每上封事者非自爲
戇地猶以春秋之義有隱諱之意也臣雖淺薄然今日之事斬足斷頭殘身滅
形何所不能爲陛下耳臣聞生人之死肉人之骨有識之士未爲多感公聽並
觀申人之寃秉德任公理人之屈則普天之人爭爲之死何則理之所不可以
已也陛下若引臣寃免臣兄之罪收往失發惻愴之詔懷可報之意則桀之犬
實可吠堯跖之客實可刺由又何況由之犬堯之客臣非忝生實爲陛下重此
名於天下已成之基可惜之寶莫復是加寖明寖昌不可不循寖微寖滅不可

不愼惟陛下熟察詳擇其衷若陛下猶以爲疑鎭軍未之允決乞下征東共詳
可否無以向隅之悲而傷陛下滿堂之樂何則陛下昏主之弟江夏亦昏主之
弟鎭軍受遺託之恩先臣亦荷顧命之重情節無異所爲皆同殊者唯以成敗
仰資聖朝耳臣不勝愚忠請使羣臣廷辯者臣乞專令一人精賜本語僥幸萬
一天聽昭然則軻沈七族離燔妻子人以爲難臣豈不易詔報曰具卿寃切之
懷卿門首義而旌德未彰亦追以慨然今當顯加贈謚僾尋下獄死
張欣泰字義亨竟陵人也父興世宋左衛將軍欣泰少有志節不以武業自居
好隸書讀子史年十餘詣吏部尙書褚淵淵問之曰張郎弓馬多少欣泰答曰
性怯畏馬無力牽弓淵甚異之辟州主簿歷諸王府佐元徽中興世在家擁雍
州還資見錢三千萬蒼梧王自領人劫之一夜垂盡興世憂懼感病卒欣泰兄
欣華時任安成郡欣泰悉封餘財以待之建元初歷官寧朔將軍累除尙書都
官郎世祖與欣泰早經款遇及卽位以爲直閤將軍領禁旅除豫章王太尉參
軍出爲安遠護軍武陵內史還復爲直閤步兵校尉領羽林監欣泰通涉雅俗

交結多是名素下直輒遊園池著鹿皮冠衲衣錫杖挾素琴有以啓世祖者世
祖曰將家兒何敢作此舉止後從車駕出新林敕欣泰甲仗廉察欣泰停仗於
松樹下飲酒賦詩制局監呂文度過見啓世祖世祖大怒遣出外數日意稍釋
召還謂之曰卿不樂爲武職驅使當處卿以清貫除正員郎永明八年出爲鎮
軍中兵參軍南平內史巴東王子響殺僚佐上遣中庶子胡諧之西討使欣泰
爲副欣泰謂諧之曰今太歲在西南逆歲行軍兵家深忌不可見戰戰必見危
今段此行勝既無名負誠可恥彼凶狡相聚所以爲其用者或利賞逼威無由
自潰若且頓軍夏口宣示禍福可不戰而擒也諧之不從進屯江津尹略等見
殺事平欣泰徙爲隨王子隆鎮西中兵改領河東內史子隆深相愛納數與談
宴州府職局多使關領意遇與謝朓相次典籤密以啓聞世祖怒召還都屏居
家巷置宅南岡下面接松山欣泰負弩射雉恣情閑放衆伎雜藝頗多閑解明
帝卽位爲領軍長史遷諮議參軍上書陳便宜二十條其一條言宜毀廢塔寺
帝並優詔報答建武二年虜圍鍾離城欣泰爲軍主隨崔慧景救援欣泰移虜

廣陵侯曰聞攻鍾離是子之深策可無謬哉兵法云城有所不攻地有所不爭豈不聞之乎我國家舟舸百萬覆江横海所以案甲於今不至欲以邊城疲魏士卒我且千里運糧行留俱弊一時霖雨川谷涌溢然後乘帆渡海百萬齊進子復奚以御之乃令魏主以萬乘之重攻此小城是何謂歟攻而不拔誰之耻邪假令能拔子守之我將連舟千里舳艫相屬西過壽陽東接滄海仗不再請糧不更取士卒偃臥起而接戰乃魚鱉不通飛鳥斷絶偏師淮左其不能守皎可知矣如其不拔吾將假法於魏之有司以請子之過若挫兵夷衆攻不卒下驅士塡隍拔而不能守則魏朝名士其當別有深致乎吾所未能量昔魏之大武佛狸傾一國之衆攻十雉之城死亡太半僅以身返旣智屈於金墉亦雖拔而不守皆筭失所爲至今爲笑前鑒未遠已忘之乎和門邑邑戲載往意虜旣爲徐州軍所挫更欲於邵陽洲築城慧景慮爲大患欣泰曰虜所以築城者外示姱大實懼我躡其後耳今若說之以彼此各願罷兵則其患自息慧景從之遣欣泰至虜城下具述此意及虜引退而洲上餘兵萬人求輸五百匹馬假道

慧景欲斷路攻之欣泰說慧景曰歸師勿遏古人畏之死地之兵不可輕也勝之既不足爲武敗則徒喪前功不如許之慧景乃聽虜過時領軍蕭坦之亦援鍾離還啓明帝曰邵陽洲有死賊萬人慧景欣泰放而不取帝以此皆不加賞四年出爲永陽太守永元初還都崔慧景圍城欣泰入城內領軍守備事寧除輔國將軍廬陵王安東司馬義師起以欣泰爲持節督雍梁南北秦四州郢州之竟陵司州之隨郡軍事雍州刺史將軍如故時少帝昏亂人情咸伺事隙欣泰與弟前始安內史欣時密謀結太子右率胡松前南譙太守王靈秀直閤將軍鴻選含德主帥苟勵直後劉靈運等十餘人並同契會帝遣中書舍人馮元嗣監軍救郢茹法珍梅蟲兒及太子右率李居士制局監楊明泰等十餘人相送中興堂欣泰等使人懷刀於座斫元嗣頭墜果柈中又斫明泰破其腹蟲兒傷刺數瘡手指皆墮居士踰牆得出茹法珍亦散走還臺靈秀仍往石頭迎建安王寶夤率文武數百唱警蹕至杜姥宅欣泰初聞事發馳馬入宮冀法珍等在外城內處分必盡見委表裏相應因行廢立既而法珍得反處分閉門上仗

不配欣泰兵鴻選在殿内亦不敢發城外衆尋散少日事覺詔收欣泰胡松等皆伏誅欣泰少時有人相其當得三公而年裁三十後屋瓦墮傷額又問相者云無復公相年壽更增亦可得方伯耳死時年四十六

史臣曰崔慧景宿將老臣憂危昏運回董御之威舉晉陽之甲乘機用權內襲少主因樂亂之民藉淮楚之剽驍將授首羣師委律鼓鼙讙於宮寢戈戟跱於城隍陵埤負戸士衰氣竭屢發銅虎之兵未有釋位之援勢等易京魚爛待盡征虜將軍投袂以先國急束馬旅師横江競濟風驅電掃制勝轉丸越城之戰旗獲蔽野津舻之捷獻俘象魏瞻壓望烽窮壘重關戮帶定襄曾未及此盛矣哉桓文異世也

贊曰叔業外叛淮肥失險慧景倒戈宮門晝掩欣泰倉卒霜刃不染寶起時昏堅冰互漸

南齊書卷五十一

南齊書卷五十一考證

崔慧景傳四月回軍廣陵○臣祖庚按此有月不日東昏紀四月癸酉慧景棄衆走通鑑考異曰按長歷是歲四月庚午朔癸酉乃四月四日據此則四月四日慧景已棄衆走矣而傳云四月回軍恭祖納之又云十二日恭祖復攻之城陷紀傳前後各不相顧又按紀云夏四月丁未慧景於廣陵襲京師通鑑考異曰是歲三月辛丑朔丁未三月七日當作三月以此考之則回軍廣陵亦當在三月紀傳作四月誤也

司馬崔恭祖守廣陵城開門納之○臣承蒼按南史云俄而慧景至恭祖閉門不敢出慧景知其異己泣數行而去與此互異

單馬至蟹浦爲漁父所斬○臣祖庚按南史云慧景單馬至蟹浦投漁人太叔榮之榮之爲慧景門人時爲蟹浦戍斬慧景首送都與此小異然既云漁人又云爲戍未免矛盾南史固未可據也

張欣泰傳時年四十六○南史作三十六

南齊書卷五十一考證

南齊書卷五十二

梁　蕭　子　顯　撰

列傳第三十三

文學

丘靈鞠　檀　超　卞　彬　丘巨源　王智深　陸　厥　崔慰祖

王逡之　祖沖之　賈　淵

丘靈鞠吳興烏程人也祖系祕書監靈鞠少好學善屬文與上計仕郡爲吏州辟從事諮領軍沈演之演之曰身昔爲州職諮領軍謝晦賓主坐處政如今日卿將來或復如此也舉秀才爲州主簿累遷員外郎宋孝武殷貴妃亡靈鞠獻挽歌詩三首云雲橫廣階闇霜深高殿寒帝摘句嗟賞除新安王北中郎參軍出爲剡烏程令不得志泰始初坐東賊黨錮數年褚淵爲吳興謂人曰此郡才士唯有丘靈鞠及沈勃耳乃啓申之明帝使著大駕南討紀論久之除太尉參軍轉安北記室帶扶風太守不就爲尚書三公郎建康令轉通直郎兼中書郎

昇明中遷正員郎領本郡中正兼中書郎如故時方禪讓太祖使靈鞠參掌詔策建元元年轉中書郎中正如故敕知東宮手筆尋又掌知國史明年出爲鎮南長史尋陽相遷尚書左丞世祖即位轉通直常侍尋領東觀祭酒靈鞠曰人居官願數遷使我終身爲祭酒不恨也永明二年領驍騎將軍靈鞠不樂武位謂人曰我應還東掘顧榮冢江南地方數千里士子風流皆出此中顧榮忽引諸傖渡妨我輩塗轍死有餘罪改正員常侍靈鞠好飲酒臧否人物在沈淵座見王儉詩淵曰王令文章大進靈鞠曰何如我未進時此言達儉靈鞠宋世文名甚盛入齊頗減蓬髮弛縱無形儀不治家業王儉謂人曰丘公仕宦不進才亦退矣遷長沙王車騎長史太中大夫卒著江左文章錄序起太興訖元熙文集行於世

檀超字悅祖高平金鄉人也祖弘宗宋南瑯邪太守超少好文學放誕任氣解褐州西曹嘗與別駕蕭惠開共事不爲之下謂惠開曰我與卿俱起一老姥何足相誇蕭太后惠開之祖姑長沙王道憐妃超祖姑也舉秀才孝建初坐事徙

梁州板宣威府參軍孝武聞超有文章敕還直東宮除驃騎參軍寧蠻主簿鎭北諮議超累佐蕃職不得志轉尙書度支郎車騎功曹桂陽內史入爲殿中郎兼中書郎零陵內史征北驃騎記室國子博士兼左丞超嗜酒好言詠舉止和靡自比晉郗超爲高平二超謂人曰猶覺我爲優也太祖賞愛之遷驍騎將軍常侍司徒右長史建元二年初置史官以超與驃騎記室江淹掌史職上表立條例開元紀號不取宋年封爵各詳本傳無假年表立十志律歷禮樂天文五行郊祀刑法藝文依班固朝會輿服依蔡邕司馬彪州郡依徐爰百官依范曄合州郡班固五星載天文日蝕載五行改日蝕入天文志以建元爲始帝女體自皇宗立傳以備甥舅之重又立處士列女傳詔內外詳議左僕射王儉議金粟之重八政所先食貨通則國富民實宜加編錄以崇務本朝會志前史不書蔡邕稱先師胡廣說漢舊儀此乃伯喈一家之意曲碎小儀無煩錄宜立食貨省朝會洪範九疇一曰五行五行之本先乎水火之精是爲日月五行之宗也今宜憲章前軌無所改革又立帝女傳亦非淺識所安若有高德異行自當載

在列女若止於常美則仍舊不書詔日月災隸天文餘如儉議超史功未就卒
官江淹撰成之猶不備也時豫章熊襄著齊典上起十代其序云尚書堯典謂
之虞書則附所述故通謂之齊名爲河洛金匱

卞彬字士蔚濟陰冤句人也祖嗣之中領軍父延之有剛氣爲上虞令彬才操
不羣文多指刺州辟西曹主簿奉朝請員外郎宋元徽末四貴輔政彬謂太祖
曰外間有童謠云可憐可念尸著服孝子不在日代哭列管鼙鳴死滅族公頗
聞不時王蘊居父憂與袁粲同死故念尸著服也服者衣也褚字邊衣也孝除
子以日代者謂褚淵也列管蕭也彬退太祖笑曰彬自作此齊臺初建彬又曰
誰謂宋遠跂予望之太祖聞之不加罪也除右軍參軍家貧出爲南康郡丞彬
頗飲酒擯棄形骸作蚤虱賦序曰余居貧布衣十年不制一袍之緼有生所託
資其寒暑無與易之爲人多病起居甚疎縈寢敗絮不能自釋兼攝性懈惰嬾
事皮膚澡刷不謹澣沐失時四體㲘㲘加以臭穢故葦席蓬纓之間蚤虱猥流
淫癢渭濩無時恕肉探揣擭撮日不替手虱有諺言朝生暮孫若吾之虱者無

湯沐之慮絕相弔之憂宴聚乎久襟爛布之裳服無改換搯齧不能加脫略緩
嬾復不懃於捕討孫孫息息三十五歲焉其略言皆實錄也除南海王國郎中
令尚書比部郎安吉令車騎記室彬性飲酒以瓠壺瓢勺杬皮爲肴著帛冠十
二年不改易以大瓠爲火籠什物多諸詭異自稱卞田居婦爲傳蠶室或諫曰
卿都不持操名器何由得升彬曰擲五木子十擲輒鞬豈復是擲子之拙吾好
擲政極此耳永元中爲平越長史綏建太守卒官彬又目禽獸云羊性淫而狠
猪性卑而率鵝性頑而傲狗性險而出皆指斥貴勢其蝦蟆賦云紆青拖紫名
爲蛤魚世謂比令僕也又云科斗唯唯羣浮闇水維朝繼夕聿役如鬼比令史
諮事也文章傳於閭巷永明中琅邪諸葛勗爲國子生作雲中賦指祭酒以下
皆有形似之目坐繫東冶作東冶徒賦世祖見赦之又有陳郡袁嘏自重其文
謂人云我詩應須大材迮之不爾飛去建武末爲諸暨令被王敬則所殺

丘巨源蘭陵蘭陵人也宋初土斷屬丹陽後屬蘭陵巨源少舉丹陽郡孝廉爲
宋孝武所知大明五年敕助徐爰撰國史帝崩江夏王義恭取掌書記明帝即

位使參詔誥引在左右自南臺御史爲王景文鎮軍參軍甯喪還家元徽初桂陽王休範在尋陽以巨源有筆翰遣船迎之餉以錢物巨源因太祖自啓敕板起巨源使留京都桂陽事起使於中書省撰符檄事平除奉朝請巨源望有封賞既而不獲乃與尚書令袁粲書曰民信理推心闇於量事庶謂丹誠感達賞報孱期豈慮寂寥忽焉三稔議者必云筆記賤伎非殺活所待開勸小說非否判所寄然則先聲後實軍國舊章七德九功將名當世仰觀天緯則右將而左相俯察人序則西武而東文固非胥祝之倫伍巫匠之流匹矣去昔奇兵變起呼吸雖凶渠即勦而人情更迷茅恬開城千齡出叛當此之時心膂胡越奉迎新亭者士庶塡路投名朱雀者愚智空閨人惑而民不惑人畏而民不畏其一可論也臨機新亭獨能抽刃斬賊者唯有張敬兒而中書省獨能奮筆弗顧者唯有丘巨源文武相方誠有優劣就其死亡以決成敗當崩天之敵抗不測之禍請問海內此膽何如其二可論也又爾時顚沛普喚文士黃門中書靡不畢集摛翰振藻非爲乏人朝廷洪筆何故假手凡賤若以此賊彊威勝負難測羣

賢怯不染豪者則民宜以勇獲賞若云羽檄之難必須筆傑羣賢推能見委者則民宜以才賜列其三可論也竊見桂陽賊賞不赦之條凡二十五人而李恆鍾爽同在此例戰敗後出罪並釋然而吳邁遠族誅之罰則操筆大禍而操戈無害論以賞科則武人超越而文人埋沒其四可論也且邁遠置辭無乃侵慢民作符檄肆言詈辱放筆出手即就齏粉若使桂陽得志民若不轘裂軍門則應腰斬都市嬰孩脯膾伊可熟念其五可論也往年戎旅萬有餘甲十分之中九分冗隸可謂衆矣攀龍附驎翻焉雲翔至若民狂夫可謂寡矣徒關敕旨空然泥沈詎其荷戢壓末皆是白起操牘事始必非魯連邪民儐國算迅足馳烽旆之機帝擇逸翰赴尉羅之會既能陵敵不殿爭先無負宜其微賜存在少沾飲齕遂乃棄之溝間如蜉如蟻擲之言外如土如灰紲隸帖戰無拳無勇並隨資峻級矣凡豫臺內不文不武已坐拱清階矣撫骸如此瞻例如彼既非草木何能弭聲巨源竟不被申歷佐諸王府轉羽林監建元元年爲尚書主客郎領軍司馬越騎校尉除武昌太守拜竟不樂江外行世祖問之巨源曰古人云甯

飲建業水不食武昌魚臣年已老寧死於建業以爲餘杭令沈攸之事太祖使
巨源爲尚書符荊州巨源以此又望賞異自此意常不滿高宗爲吳興巨源作
秋胡詩有譏刺語以事見殺
王智深字雲才琅邪臨沂人也少從陳郡謝超宗學屬文好飲酒拙澁乏風儀
宋建平王景素爲南徐州作觀決篇智深和之見賞辟爲西曹書佐貧無衣未
到職而景素敗後解褐爲州祭酒太祖爲鎮軍時丘巨源薦之於太祖板爲府
行參軍除豫章王國常侍遷太學博士豫章王大司馬參軍兼記室世祖使太
子家令沈約撰宋書擬立袁粲傳以審世祖世祖曰袁粲自是宋家忠臣約又
多載孝武明帝諸鄙瀆事上遣左右謂約曰孝武事迹不容頓爾我昔經事宋
明帝卿可思諱惡之義於是多所省除又敕智深撰宋紀召見芙蓉堂賜衣服
給宅智深告貧於豫章王王曰須卿書成當相論以祿書成三十卷世祖後召
見智深於璿明殿令拜表奏上表未奏而世祖崩隆昌元年敕索其書智深遷
爲竟陵王司徒參軍坐事免江夏王鋒衡陽王鈞並善待之初智深爲司徒袁

粲所接及撰宋紀意常依依粲幼孤祖母名其爲愍孫後慕荀粲自改名會稽
賀喬譏之智深於是著論家貧無人事嘗餓五日不得食掘莧根食之司空王
僧虔及子志分與衣食卒於家先是陳郡袁炳字叔明有文學亦爲袁粲所知
著晉書未成卒潁川庾銑善屬文見賞豫章王引至大司馬記室參軍卒
陸厥字韓卿吳郡吳人揚州別駕閑子也厥少有風概好屬文五言詩體甚新
奇永明九年詔百官舉士同郡司徒左西掾顧暠之表薦焉州舉秀才王晏少
傳主簿遷後軍行參軍永明末盛爲文章吳興沈約陳郡謝朓琅邪王融以氣
類相推轂汝南周顒善識聲韻約等文皆用宮商以平上去入爲四聲以此制
韻不可增減世呼爲永明體沈約宋書謝靈運傳後又論宮商厥與約書曰范
詹事自序性別宮商識清濁特能適輕重濟艱難古今文人多不全了斯處縱
有會此者不必從根本中來沈尚書亦云自靈均以來此祕未覩或闇與理合
匪由思至張蔡曹王曾無先覺潘陸顏謝去之彌遠大旨鈞使宮羽相變低昂
舛節若前有浮聲則後須切響一簡之內音韻盡殊兩句之中輕重悉異辭既

美矣理又善焉但觀歷代衆賢似不都闇此處而云此祕未覩近於誣乎案范
云不從根本中來尚書云匪由思至斯可謂惴情謬於玄黃擿句差其音律也
范又云時有會此者尚書云或闇與理合則美詠清謳有辭章調韻者雖有差
謬亦有會合推此以往可得而言夫思有合離前哲同所不免文有開塞卽事
不得無之子建所以好人譏彈士衡所以遺恨終篇既曰遺恨非盡美之作理
可詆訶君子執其詆訶便謂合理爲闇豈如指其合理而寄詆訶爲遺恨邪自
魏文屬論深以清濁爲言劉楨奏書大明體勢之致岨峿妥帖之談操末續顛
之說與玄黃於律呂比五色之相宣苟此祕未覩茲論爲何所指邪故愚謂前
英已早識宮徵但未屈曲指的若今論所申至於掩瑕藏疾合少謬多則臨淄
所云人之著述不能無病者也非知之而不改謂不改則不知斯曹陸又稱竭
情多悔不可力彊者也今許以有病有悔爲言則必自知無悔無病之地引其
不了不合爲闇何獨誣其一合一了之明乎意者亦質文時異古今好殊將急
在情物而緩於章句情物文之所急美惡猶且相半章句意之所緩故合少而

謬多義兼於斯必非不知明矣長門上林殆非一家之賦洛神池鴈便成二體之作孟堅精正詠史無虧於東主平子恢富羽獵不累於憑虛王粲初征他文未能稱是楊脩敏捷暑賦彌日不獻率意寡尤則事促乎一日翳翳愈伏而理賒於七步一人之思遲速天懸一家之文工拙壤隔何獨宮商律呂必責其如一邪論者乃可言未窮其致不得言曾無先覺也約答曰宮商之聲有五文字之別累萬以累萬之繁配五聲之約高下低昂非思力所舉又非止若斯而已也十字之文顛倒相配字不過十巧歷已不能盡何況復過於此者乎靈均以來未經用之於懷抱固無從得其髣髴矣若斯之妙而聖人不尚邪此蓋曲折聲韻之巧無當於訓義非聖哲立言之所急也是以子雲譬之雕蟲篆刻云壯夫不爲自古辭人豈不知宮羽之殊商徵之別雖知五音之異而其中參差變動所昧實多故鄙意所謂此祕未覩者也以此而推則知前世文士便未悟此處若以文章之音韻同絃管之聲曲則美惡妍蚩不得頓相乖反譬由子野操曲安得忽有闡緩失調之聲以洛神比陳思他賦有似異手之作故知天機啓

則律呂自調六情滯則音律頓舛也士衡雖云炳若縟錦寧有濯色江波其中
復有一片是衞文之服此則陸生之言即復不盡者矣韻與不韻復有精麤輪
扁不能言老夫亦不盡辨此永元元年始安王遙光反厥父閑被誅厥坐繫尙
方尋有赦令厥恨父不及感慟而卒年二十八文集行於世會稽虞炎永明中
以文學與沈約俱爲文惠太子所遇意眄殊常官至驃騎將軍

崔慰祖字悅宗淸河東武城人也父慶緖永明中爲梁州刺史慰祖解褐奉朝
請父喪不食鹽母曰汝旣無兄弟又未有子胤毀不滅性政當不進肴羞耳如
何絕鹽吾今亦不食矣慰祖不得已從之父梁州之資家財千萬散與宗族漆
器題爲日字日字之器流乎遠近料得父時假貰文疏謂族子紘曰彼有自當
見還彼無吾何言哉悉火焚之好學聚書至萬卷隣里年少好事者來從假借
日數十袠慰祖親自取與未常爲辭爲始安王撫軍墨曹行參軍轉刑獄兼記
室遙光好棋數召慰祖對戲慰祖輒辭拙非朔望不見也建武中詔舉士從兄
慧景舉慰祖及平原劉孝標並碩學帝欲試以百里慰祖辭不就國子祭酒沈

約吏部郎謝朓嘗於吏部省中賓友俱集各問慰祖地理中所不悉十餘事慰
祖口吃無華辭而酬據精悉一座稱服之朓歎曰假使班馬復生無以過此慰
祖賣宅四十五萬買者云寧有減不答曰誠慚韓伯休何容二價買者又曰君
但責四十六萬一萬見與慰祖曰是卽同君欺人豈是我心乎少與侍中江祀
款及祀貴常來候之而慰祖不往也與丹陽丞劉渢素善遙光據東府反慰祖
在城內城未潰一日渢謂之曰卿有老母宜其出矣命門者出之慰祖詣闕自
首繫尙方病卒慰祖著海岱志起太公迄西晉人物爲四十卷半未成臨卒與
從弟緯書云常欲更注遷固二史採史漢所漏二百餘事在廚簏可檢寫之以
存大意海岱志良未周悉可寫數本付護軍諸從事人一通及友人任昉徐寅
劉洋裴揆又令以棺親土不須塼勿設靈座時年三十五
王逡之字宣約琅邪臨沂人也父祖皆爲郡守逡之少禮學博聞起家江夏王
國常侍大司馬行參軍章安令累至始安內史不之官除山陽王驃騎參軍兼
治書御史安成國郎中吳令昇明末右僕射王儉重儒術逡之以著作郎兼尙

書左丞參定齊國儀禮初儉撰古今喪服集記逡之難儉十一條更撰世行五
卷轉國子博士國學久廢建元二年逡之先上表立學又兼著作撰永明起居
注轉通直常侍驍騎將軍領博士著作如故出爲甯朔將軍南康相太中光祿
大夫加侍中逡之率素衣裘不澣机案塵黑年老手不釋卷建武二年卒從弟
珪之有史學撰齊職儀永明九年其子中軍參軍顥上啓曰臣亡父故長水校
尉珪之籍素爲基依儒習性以宋元徽二年被敕使纂集古設官歷代分職凡
在墳策必盡詳究是以等級掌司咸加編錄黜陟遷補悉該研記述章服之差
兼冠佩之飾屬值啓運軌度惟新故太宰臣淵奉宣敕旨使速洗正刊定未畢
臣私門凶禍不撰庸微謹冒啓上凡五十卷謂之齊職儀仰希永升天閣長銘
祕府詔付祕閣
祖沖之字文遠范陽薊人也祖昌宋大匠卿父朔之奉朝請沖之少稽古有機
思宋孝武使直華林學省賜宅宇車服解褐南徐州迎從事公府參軍宋元嘉
中用何承天所制歷比古十一家爲密沖之以爲尙踈乃更造新法上表曰臣

博訪前墳遠稽昔典五帝躔次三王交分春秋朔氣紀年薄蝕談遷載述彪固列志魏世注歷晉代起居探異今古觀要華戎書契以降二千餘稔日月離會之徵星度疎密之驗專功耽思咸可得而言也加以親量圭尺躬察儀漏目盡毫釐心窮籌筴考課推移又曲備其詳矣然而古歷疎舛類不精密羣氏糾紛莫審其會尋何承天所上意存改革而置法簡略今已乖遠以臣校之三覩厥謬日月所在差覺三度二至晷景幾失一日五星見伏至差四旬留逆進退或移兩宿分至失實則節閏非正宿度違天則伺察無准臣生屬聖辰詢逮在運敢率愚瞽更創新歷謹立改易之意有二設法之情有三改易者一以舊法一章十九歲有七閏閏數爲多經二百年輒差一日節閏既移則應改法歷紀屢遷實由此條今改章法三百九十一年有一百四十四閏令却合周漢則將來永用無復差動其二以堯典云日短星昴以正仲冬以此推之唐世冬至日在合宿之左五十許度伐之初即秦歷冬至日在牽牛六度漢武改立太初歷冬至日在牛初後漢四分法冬至日在斗二十二晉世姜岌以月蝕檢日知冬至

在斗十七今參以中星課以蝕望冬至之日在斗十一通而計之未盈百載所
差二度舊法並令冬至日有定處天數既差則七曜宿度漸與舛訛乖謬既著
輒應改易僅合一時莫能通遠遷革不已又由此條今令冬至所在歲歲微差
却檢漢注並皆審密將來久用無煩屢改又設法者其一以子爲辰首位在正
北爻應初九升氣之端虛爲北方列宿之中元氣肇初宜在此次前儒虞喜備
論其義今歷上元日度發自虛一其二以日辰之號甲子爲先歷法設元應在
此歲而黃帝以來世代所用凡十一歷上元之歲莫値此名今歷上元歲在甲
子其三以上元之歲歷中衆條並應以此爲始而景初歷交會遲疾元首有差
又承天法日月五星各自有元交會遲疾亦並置差裁得朔氣合而已條序紛
錯不及古意今設法日月五緯交會遲疾悉以上元歲首爲始羣流共源庶無
乖誤若夫測以定形據以實効懸象著明尺表之驗可推動氣幽微寸管之候
不忒今臣所立易以取信但綜覈始終大存緩密革新變舊有約有繁用約之
條理不自懼用繁之意顧非謬然何者夫紀閏參差數各有分分之爲體非不

細密臣是用深惜毫釐以全求妙之准不辭積累以成永定之製非爲思而莫
知悟而弗改也若所上萬一可採伏願頒宣羣司賜垂詳究事奏孝武令朝士
善歷者難之不能屈會帝崩不施行出爲婁縣令謁者僕射初宋武平關中得
姚興指南車有外形而無機巧每行使人於內轉之昇明中太祖輔政使沖之
追修古法沖之改造銅機圓轉不窮而司方如一馬均以來未有也時有北人
索馭驎者亦云能造指南車太祖使與沖之各造使於樂遊苑對共校試而頗
有差僻乃毀焚之永明中竟陵王子良好古沖之造欹器獻之文惠太子在東
宮見沖之歷法啓世祖施行文惠尋薨事又寢轉長水校尉領本職沖之造安
邊論欲開屯田廣農殖建武中明帝使沖之巡行四方興造大業可以利百姓
者會連有軍事事竟不行沖之解鍾律博塞當時獨絕莫能對者以諸葛亮有
木牛流馬乃造一器不因風水施機自運不勞人力又造千里船於新亭江試
之日行百餘里於樂遊苑造水碓磨世祖親自臨視又特善算永元二年沖之
卒年七十二著易老莊義釋論語孝經注九章造綴述數十篇

賈淵字希鏡平陽襄陵人也祖弼之晉員外郎父匪之驃騎參軍世傳譜學孝武世青州人發古冢銘云青州世子東海女郎帝問學士鮑照徐爰蘇寶生並不能悉淵對曰此是司馬越女嫁苟晞兒檢訪果然由是見遇敕淵注郭子太始初辟丹陽郡主簿奉朝請太學博士安成王撫軍行參軍出爲丹徒令昇明中太祖嘉淵世學取爲驃騎參軍武陵王國郎中令補餘姚令未行仍爲義與郡丞永明初轉尚書外兵郎歷大司馬司徒府參軍竟陵王子良使淵撰見客譜出爲句容令先是譜學未有名家淵祖弼之廣集百氏譜記專心治業晉太元中朝廷給弼之令史書吏撰定繕寫藏祕閣乃遷左民曹淵父及淵三世傳學凡十八州士族譜合百帙七百餘卷該究精悉當世莫比永明中衛軍王儉抄次百家譜與淵參懷撰定建武初淵遷長水校尉荒傖人王泰寶買襲琅邪譜尚書令王晏以啓高宗淵坐被求當極法子棲長謝罪稽顙流血朝廷哀之免淵罪數年始安王遙光板撫軍諮議不就仍爲北中郎參軍中興元年卒年六十二撰氏族要狀及人名書並行於世

史臣曰文章者蓋情性之風標神明之律呂也蘊思含毫遊心內運放言落紙
氣韻天成莫不禀以生靈遷乎愛嗜機見殊門賞悟紛雜若子桓之品藻人才
仲治之區判文體陸機辨於文賦李充論於翰林張眎擿句褒貶顏延圖寫情
興各任懷抱共爲權衡屬文之道事出神思感召無象變化不窮俱五聲之音
響而出言異句等萬物之情狀而下筆殊形吟詠規範本之雅什流分條散各
以言區若陳思代馬羣章王粲飛鸞諸製四言之美前超後絕少卿離辭五言
才骨難與爭騖桂林湘水平子之華篇飛館玉池魏文之麗篆七言之作非此
誰先卿雲巨麗升堂冠冕張左恢廓登高不繼賦貴披陳未或加矣顯宗之述
傅毅簡文之摛彥伯分言制句多得頌體裴頠內侍元規鳳池子章以來章表
之選孫綽之碑嗣伯喈之後謝莊之誄起安仁之塵顏延楊瓚自比馬督以多
稱貴歸莊爲允王褒僮約束晳發蒙滑稽之流亦可奇瑋五言之製獨秀衆品
習玩爲理事久則瀆在乎文章彌患凡舊若無新變不能代雄建安一體典論
短長互出潘陸齊名機岳之文永異江左風味盛道家之言郭璞舉其靈變許

詢極其名理仲文玄氣猶不盡除謝混情新得名未盛顏謝並起乃各擅奇休
鮑後出咸亦標世朱藍共妍不相祖述今之文章作者雖衆總而爲論略有三
體一則啓心閑繹託辭華曠雖存巧綺終致迂回宜登公宴本非准的而疎慢
闡緩膏肓之病典正可採酷不入情此體之源出靈運而成也次則緝事比類
非對不發博物可嘉職成拘制或全借古語用申今情崎嶇牽引直爲偶說唯
覩事例頓失精采此則傅咸五經應璩指事雖不全似可以類從次則發唱驚
挺操調險急雕藻淫豔傾炫心魂亦猶五色之有紅紫八音之有鄭衛斯鮑照
之遺烈也三體之外請試妄談若夫委自天機參之史傳應思悱來勿先構聚
言尚易了文憎過意吐石含金滋潤婉切雜以風謠輕脣利吻不雅不俗獨中
胸懷輪扁斲輪言之未盡文人談士罕或兼工非唯識有不周道實相妨談家
所習理勝其辭就此求文終然翳奪故兼之者鮮矣
贊曰學亞生知多識前仁文成筆下芬藻麗春

南齊書卷五十二考證

卞彬傳亟有諺言○南史言作云

晏聚乎久襟爛布之裳○南史襟作袴

服無改換招翳不能加脫略緩嬾○南史無此十三字

復不勲於捕討○南史於作之

孫孫息息○南史息息作子子

王智深掘莧根食之○南史莧作莞

陸厥傳低昂舛節○諸本同舛節沈約宋書論本作互節

賈淵傳淵坐被求當極法○求南使作收

南齊書卷五十二考證

南齊書卷五十三

梁　　蕭　　子　　顯　　撰

列傳第三十四

良政

傅　琰　虞　愿　劉懷慰　裴昭明　沈　憲　李珪之　孔琇之

太祖承宋氏奢縱風移百城輔立幼主思振民瘼爲政未期擢山陰令傅琰爲益州刺史乃捐華反樸恭己南面導民以躬意存勿擾以山陰大邑獄訟繁滋建元三年別置獄丞與建康爲比永明繼運垂心治術杖威善斷猶多漏網長吏犯法封刃行誅郡縣居職以三周爲小滿水旱之災輒加賑卹明帝自在布衣曉達吏事君臨億兆專務刀筆未嘗枉法申恩守宰以之肅震永明之世十許年中百姓無雞鳴犬吠之警都邑之盛士女富逸歌聲舞節袨服華妝桃花綠水之間秋月春風之下蓋以百數及建武之興虜難猋急征役連歲不遑啓居軍國糜耗從此衰矣齊世善政著名表績無幾焉位次遷升非直止乎城邑

今取其清察有迹者餘則隨以附焉

傅琰字季珪北地靈州人也祖邵員外郎父僧祐安東錄事參軍琰美姿儀解褐甯蠻參軍本州主簿寧蠻功曹宋永光元年補諸暨武康令廣威將軍除尚書左民郎又爲武康令將軍如故除吳興郡丞泰始六年遷山陰令山陰東土大縣難爲長官僧祐在縣有稱琰尤明察又著能名其年爵新亭侯元徽初遷尚書右丞遭母喪居南岸隣家失火延燒琰屋琰抱柩不動隣人競來赴救乃得俱全琰股髀之間已被煙焰服闋除邵陵王左軍諮議江夏王錄事參軍太祖輔政以山陰獄訟煩積復以琰爲山陰令賣針賣糖老姥爭團絲來詣琰琰不辨覈縛團絲於柱鞭之密視有鐵屑乃罰賣糖者二野父爭雞琰各問何以食雞一人云粟一人云豆乃破雞得粟罪言豆者縣內稱神明無敢復爲偷盜琰父子並著奇績江左鮮有匹云諸傳有治縣譜子孫相傳不以示人昇明二年太祖擢爲假節督益寧二州軍事建威將軍益州刺史宋寧太守建元元年進號寧朔將軍四年徵驍騎將軍黃門郎永明二年遷建威將軍安陸王北中

郎長史改甯朔將軍明年徙廬陵王安西長史南郡內史行荊州事五年卒琰喪西還有詔出臨臨淮劉玄明亦有吏能爲山陰令大著名績琰子翿問之玄明曰我臨去當告卿將別謂之曰作縣惟日食一升飰而莫飲酒

虞愿字士恭會稽餘姚人也祖賚給事中監利侯父望之早卒賚中庭橘樹冬熟子孫競來取之愿年數歲獨不取賚及家人皆異之元嘉末爲國子生再遷湘東王國常侍轉潯陽王府墨曹參軍明帝立以愿儒吏學涉兼蕃國舊恩意遇甚厚除太常丞尚書祠部郎通直散騎侍郎領五郡中正祠部郎如故帝性猜忌體肥憎風夏月常著皮小衣拜左右二人爲司風令史風起方面輒先啓聞星文災變不信太史不聽外奏敕靈臺知星二人給愿常直內省有異先啓以相檢察帝以故宅起湘宮寺費極奢侈以孝武莊嚴刹七層帝欲起十層不可立分爲兩刹各五層新安太守巢尚之罷郡還見帝曰卿至湘宮寺未我起此寺是大功德愿在側曰陛下起此寺皆是百姓賣兒貼婦錢佛若有知當悲哭哀愍罪高佛圖有何功德尚書令袁粲在坐爲之失色帝乃怒使人驅下殿

愿徐去無異容以舊恩少日中已復召入帝好圍碁甚拙去格七八道物議共
欺爲第三品與第一品王抗圍碁依品賭戲抗每饒借之曰皇帝飛碁臣抗不
能斷帝終不覺以爲信然好之愈篤愿又曰堯以此教丹朱非人主所宜好也
雖數忤旨而蒙賞賜猶異餘人遷兼中書郎帝寢疾愿常侍醫藥帝素能食尤
好逐夷以銀鉢盛蜜漬之一食數鉢謂揚州刺史王景文曰此是奇味卿頗足
不景文曰臣夙好此物貧素致之甚難帝甚悅食逐夷積多胸腹痞脹氣將絶
左右啓飲數升酢酒乃消疾大困一食汁滓猶至三升水患積久藥不復効大
漸日正坐呼道人合掌便絶愿以侍疾久轉正員郎出爲晉平太守在郡不治
生產前政與民交關質錄其兒婦愿遣人於道奪取將還在郡立學堂教授郡
舊出髯蚺膽可爲藥有餉愿蚺者愿不忍殺放二十里外山中一夜蚺還床下
復送四十里外山經宿復還故處愿更令遠乃不復歸論者以爲仁心所致也
海邊有越王石常隱雲霧相傳云清廉太守乃得見愿往觀視清徹無隱蔽後
琅邪王秀之爲郡與朝士書曰此郡承虞公之後善政猶存遺風易遵差得無

事以母老解職除後軍將軍褚淵嘗詣愿不在見其眠床上積塵埃有書數袠淵歎曰虞君之清一至於此令人掃地拂床而去遷中書郎領東觀祭酒兄季爲上虞令卒愿從省步還家不待詔便歸東除驍騎將軍遷廷尉祭酒如故愿嘗事宋明帝齊初宋神主遷汝陰廟愿拜辭流涕建元元年卒年五十四愿著五經論問撰會稽記文翰數十篇

劉懷慰字彥泰平原平原人也祖奉伯元嘉中爲冠軍長史父乘民冀州刺史懷慰初爲桂陽王征北板行參軍乘民死於義嘉事難懷慰持喪不食醯醬冬月不絮衣養孤弟妹事寡叔母皆有恩義復除邵陵王南中郎參軍廣德令尚書駕部郎懷慰宗從善明等爲太祖心腹懷慰亦豫焉沈攸之有舊令爲書戒喻攸之太祖省之稱善除步兵校尉齊國建上欲置齊郡於京邑議者以江右土沃流民所歸乃治瓜步以懷慰爲輔國將軍齊郡太守上謂懷慰曰齊邦是王業所基吾方以爲顯任經理之事一以委卿又手勑曰有文事者必有武備今賜卿玉環刀一口懷慰至郡脩治城郭安集居民墾廢田二百頃決沈湖灌

溉不受禮謁民有餉其新米一斛者懷慰出所食麥飯示之曰旦食有餘幸不煩此因著廉吏論以達其意太祖聞之手勑褒賞進督秦沛二郡妻子在都賜米三百斛兗州刺史柳世隆與懷慰書曰膠東流化頴川致美以今方古曾何足云在郡二年遷正員郎領青冀二州中正懷慰本名聞慰世祖即位以與舅氏名同勑改之出監東陽郡爲吏民所安還兼安陸王北中郎司馬永明九年卒年四十五明帝即位謂僕射徐孝嗣曰劉懷慰若在朝廷不憂無清吏也懷慰與濟陽江淹陳郡袁彖善亦著文翰永明初獻皇德論云

裴昭明河東聞喜人宋太中大夫松之孫也父駰南中郎參軍昭明少傳儒史之業泰始中爲太學博士有司奏太子婚納徵用玉璧虎皮未詳何所准據昭明議禮納徵儷皮爲庭實鹿皮也晉太子納妃注以虎皮二太元中公主納徵虎豹皮各一豈其謂婚禮不詳王公之差故取虎豹文蔚以尊其事虎豹雖文而徵禮所不言熊羆雖古而婚禮所不及珪璋雖美或爲用各異今宜准的經誥凡諸僻謬一皆詳正於是有司參議加珪璋豹熊羆皮各二元徽中出爲長

沙郡丞罷任刺史王蘊謂之曰卿清貧必無還資湘中人士有須一禮之命者
我不愛也昭明曰下官忝爲邦佐不能光益上府豈以鴻都之事仰累清風歷
祠部通直郎永明三年使虜世祖謂之曰以卿有將命之才使還當以一郡相
賞還爲始安內史郡民龔玄宣云神人與其玉印玉板書不須筆吹紙便成字
自稱龔聖人以此惑衆前後郡守敬事之昭明付獄治罪及還甚貧罄世祖曰
裴昭明罷郡還遂無宅我不諳書不知古人中誰比還射聲校尉九年復遣北
使建武初爲王玄邈安北長史廣陵太守明帝以其在事無所啓奏代還責之
昭明曰臣不欲競執關鍵故耳昭明歷郡皆有勤績常謂人曰人生何事須聚
蓄一身之外亦復何須子孫若不才我聚彼散若能自立則不如一經故終身
不治產業中興二年卒從祖弟顗字彥齊少有異操泰始中於總明觀聽講不
讓劉秉席秉用爲參軍昇明末爲奉朝請齊臺建世子裴妃須外戚譜顗不與
遂分籍太祖受禪上表誹謗掛冠去伏誅
沈憲字彥璋吳興武康人也祖說道巴西梓潼二郡太守父璞之北中郎行參

軍憲初應州辟爲主簿少有幹局歷臨首餘杭令巴陵王府佐帶襄令除駕部郎宋明帝與憲棋謂憲曰卿廣州刺史才也補烏程令甚著政績太守褚淵歎之曰此人方員可施除通直郎都水使者長於吏事居官有績除正員郎補吳令尚書左丞昇明二年西中郎將晃爲豫州太祖擢憲爲晃長史南梁太守行州事還豫章王諮議未拜坐事免官復除安成王冠軍武陵王征虜參軍遷少府卿少府管掌市易與民交關有吏能者皆更此職遷王儉鎮軍長史武陵王曄爲會稽以憲爲左軍司馬太祖以山陰戶衆難治欲分爲兩縣世祖啓曰縣豈不可治但用不得其人耳乃以憲帶山陰令政聲大著孔稚珪請假東歸謂人曰沈令料事特有天才加甯朔將軍王敬則爲會稽憲仍留爲鎮軍長史令如故還爲冠軍長史行南豫州事晉安王後軍長史廣陵太守西陽王子明代爲南兗州憲仍留爲冠軍長史太守如故頻行州府事永明八年子明典籤劉道濟取府州五十人役自給又役子明左右及船仗贓私百萬爲有司所奏世祖怒賜道濟死憲坐不糾免官尋復爲長史輔國將軍以疾去官除散騎常侍

未拜卒當世稱爲良吏憲同郡丘仲起先是爲晉平郡清廉自立褚淵歎曰見
可欲心能不亂此楊公所以遺子孫也仲起字子震少爲憲從伯領軍寅之所
知宋元徽中爲太子領軍長史官至廷尉卒
李珪之字孔璋江夏鍾武人也父祖皆爲縣令遷鎮西中郎諮議右軍將軍兼
都水使者珪之歷職稱爲清能除游擊將軍兼使者如故轉兼少府卒先是四
年滎陽毛惠素爲少府卿吏才強而治事清刻敕市銅官碧青一千二百斤供
御畫用錢六十萬有譏惠素納利者世祖怒敕尚書評賈貴二十八萬餘有司
奏之伏誅死後家徒四壁上甚悔恨
孔琇之會稽山陰人也祖季恭光祿大夫父靈運著作郎琇之初爲國子生舉
孝廉除衞軍行參軍員外郎尚書三公郎出爲烏程令有吏能還遷通直郎補
吳令有小兒年十歲偷刈隣家稻一束琇之付獄治罪或諫之琇之曰十歲便
能爲盜長大何所不爲縣中皆震肅還尚書左丞又以職事知名轉前軍將軍
兼少府還驍騎將軍少府如故出爲甯朔將軍高宗冠軍征虜長史江夏內史

還爲正員常侍兼左民尚書廷尉卿出爲臨海太守在任清約罷郡還獻乾薑二十斤世祖嫌少及知琇之清乃歎息除武陵王前軍長史未拜仍出爲輔國將軍監吳興郡尋拜太守治稱清嚴高宗輔政防制諸蕃致密旨於上佐隆昌元年還琇之爲甯朔將軍晉熙王冠軍長史行郢州事江夏内史琇之辭不許未拜卒

史臣曰琴瑟不調必解而更張也魏晉爲吏稍與漢乖奇猛之風雖衰而仁愛之情亦減局以峻法限以常條以必世之仁未及宣理而期月之望已求治術先公後私在己未易劑民奉國於物非難期之救過所利苟免且日見可欲嗜好方流貪以敗官取與違義吏之不臧罔非由此擿奸辯僞誠俟異識垂名著績唯有廉平今世之治民未有出於此也

贊曰蒸蒸小民吏職長親棼亂須理卹隱歸仁枉直交瞀寬猛代陳伊何導物貴在清身

南齊書卷五十三考證

裴昭明傳我不諳書○諳南史作讀

沈憲傳少爲憲從伯領軍寅之所知○臣承蒼按寅之卽演之梁時以演與武帝諱同音故去水旁爲寅如張縯止稱張寅亦其例也沈演之以元嘉二十一年爲中領軍事見宋書本傳

南齊書卷五十三考證

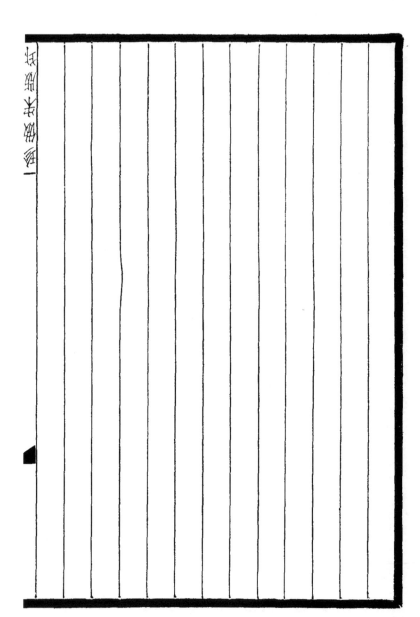

南齊書卷五十四

梁　蕭　子　顯　撰

列傳第三十五

高逸

褚伯玉　明僧紹　顧歡　臧榮緒　何求　劉虯　庾易
宗測　杜京　沈驎士　吳苞　徐伯珍

易有君子之道四焉語默之謂也故有入廟堂而不出狥江湖而永歸隱避紛紜情迹萬品若義道內足希微兩亡藏景窮巖蔽名愚谷解桎梏於仁義示形神於天壤則名教之外別有風猷故堯封有非聖之人孔門謬雜黍之客次則揭獨往之高節重去就之虛名激競違貪與世爲異或慮全後悔事歸知殆或道有不申行吟山澤咸皆用宇宙而成心借風雲以爲戒求志達道未或非然舍貞養素文以藝業不然與樵者之在山何殊別哉故樊英就徵不稱李固之望馮恢下節見陋張華之語期之塵外庶以弘多若今十餘子者仕不求聞退

不譏俗全身幽履服道儒門斯逸民之軌操故綴爲高逸篇云爾

褚伯玉字元璩吳郡錢唐人也高祖含始平太守父邉征虜參軍伯玉少有隱操寡嗜欲年十八父爲之婚婦入前門伯玉從後門出遂往剡居瀑布山性耐寒暑時人比之王仲都在山三十餘年隔絶人物王僧達爲吳郡苦禮致之伯玉不得已停郡信宿裁交數言而退寧朔將軍丘珍孫與僧達書曰聞褚先生出居貴館此子滅景雲棲不事王侯抗高木食有年載矣自非折節好賢何以致之昔文舉棲冶城安道入昌門於兹而三焉夫却粒之士湌霞之人乃可暫致不宜久羈君當思遂其高步成其羽化望其還策之日蹔紆清塵亦願助爲譬說僧達答曰褚先生從白雲遊舊矣古之逸民或留慮兒女或使華陰成市而此子索然唯朋松石介於孤峯絶嶺者積數十載近故要其來此冀慰日夜比談討芝桂借訪荔蘿若已窺煙液臨滄洲矣知君欲見之輒當申譬宋孝建二年散騎常侍樂詢行風俗表薦伯玉加徵聘本州議曹從事不就太祖即位手詔吳會二郡以禮迎遣又辭疾上不欲違其志敕於剡白石山立太平館居

之建元元年卒年八十六常居一樓上仍葬樓所孔稚珪從其受道法爲於館側立碑

明僧紹字承烈平原鬲人也祖玩州治中父略給事中僧紹宋元嘉中再舉秀才明經有儒術永光中鎭北府辟功曹並不就隱長廣郡嶗山聚徒立學淮北沒虜乃南渡江明帝泰始六年徵通直郎不就昇明中太祖爲太傅教辟僧紹及顧歡臧榮緒以旍幣之禮徵爲記室參軍不至僧紹弟慶符爲青州僧紹乏糧食隨慶符之鬱洲住弇榆山栖雲精舍欣玩水石竟不一入州城建元元年冬詔曰朕側席思士載懷塵外齊郡明僧紹標志高栖躭情墳素幽貞之操宜加賁飾徵爲正員外郎稱疾不就其後與崔思祖書曰明居士標意可重吾前旨竟未達邪小涼欲有講事卿可至彼具述吾意令與慶符俱歸又曰不食周粟而食周薇古猶發議在今寧得息談邪聊以爲笑慶符罷任僧紹隨歸住江乘攝山太祖謂慶符曰卿兄高尚其事亦堯之外臣朕雖不相接有時通夢遺僧紹竹根如意筍籜冠僧紹聞沙門釋僧遠風德往候定林寺太祖欲出寺見

之僧遠問僧紹曰天子若來居士若爲相對僧紹曰山藪之人政當鑿坏以遁若辭不獲命便當依戴公故事耳永明元年世祖敕召僧紹稱疾不肯見詔徵國子博士不就卒子元琳字仲璋亦傳家業僧紹長兄僧胤能玄言宋世爲冀州刺史弟僧暠亦好學宋孝武見之迎頌其名時人以爲榮泰始初爲青州刺史慶符建元初爲黃門僧胤子惠照元徽中爲太祖平南主簿從拒桂陽累至驃騎中兵與荀伯玉對領直建元元年爲巴州刺史綏懷蠻蜒上許爲益州未遷卒

顧歡字景怡吳郡鹽官人也祖赳晉隆安末避亂徙居歡年六七歲書甲子有闕三篇歡析計遂知六甲家貧父使驅田中雀歡作黃雀賦而歸雀食過半父怒欲撻之見賦乃止鄉中有學舍歡貧無以受業於舍壁後倚聽無遺亡者八歲誦孝經詩論及長篤志好學母年老躬耕誦書夜則燃糠自照同郡顧顗之臨縣見而異之遣諸子與遊及孫憲之並受經句歡年二十餘更從豫章雷次宗諮玄儒諸義母亡水漿不入口六七日廬於墓次遂隱遁不仕於剡天台山

開館聚徒受業者常近百人歡早孤每讀詩至哀哀父母輒執書慟泣學者由
是廢蓼莪篇不復講太祖輔政悅歡風教徵爲揚州主簿遣中使迎歡及踐阼
乃至歡稱山谷臣顧歡上表曰臣聞舉網提綱振裘持領綱領既理毛目自張
然則道德綱也物勢目也上理其綱則萬機時序下張其目則庶官不曠是以
湯武得勢師道則祚延秦項忽道任勢則身戮夫天門開闔自古有之四氣相
新絺裘代進今火澤易位三靈改憲天樹明德對時育物搜揚仄陋野無伏言
是以窮谷愚夫敢露偏管謹刪撰老氏獻治綱一卷伏願稽古百王斟酌時用
不以芻蕘棄言不以人微廢道則率土之賜也微臣之幸也幸賜一疏則上下
交泰雖不求民而民悅不祈天而天應應天悅民則皇基固矣臣志盡幽深無
與榮勢自足雲霞不須祿養陛下既遠見尋求敢不盡言言既盡矣請從此退
是時員外郎劉思效表陳讜言曰宋自大明以來漸見凋敝徵賦有增於往天
府有貧於昔兼軍警屢興傷夷不復戍役殘丁儲無半菽小民嗷嗷無樂生之
色貴勢之流貨室之族車服伎樂爭相奢麗亭池第宅競趣高華至于山澤之

人不敢採飲其水草貧富相輝捐源尙末陛下宜發明詔吐德音布惠澤禁邪
僞薄賦斂省傜役絶奇麗之賂塞鄭衞之倡變歷運之化應質文之用不亦大
哉又彭汴有鴟梟之巢青丘爲狐兎之窟虐害踰紀殘暴日滋鬼泣舊泉人悲
故壤童孺視編髮而慭生耆老看左衽而恥沒陛下宜仰答天人引領之望下
弔甿黎傾首之勤授鉞衞霍之將遺策蕭張之師萬道俱前窮山蕩谷此卽恆
山不足指而傾渤海不足飲而竭豈徒殘寇塵滅而已哉上詔曰朕夙旦惟夤
思弘治道佇夢巖濱垂精管庫旰食縈懷其勤至矣吳郡顧歡散騎郎劉思効
或至自丘園或越在冗位並能獻書金門薦辭鳳闕辨章治體有協朕心今出
其表外可詳擇所宜以時敷奏歡近已加旌賁思効可付選銓序以顯讜言歡
東歸上賜麈尾素琴永明元年詔徵歡爲太學博士同郡顧黯爲散騎郎黯字
長孺有隱操與歡俱不就徵歡晚節服食不與人通每旦出戶山鳥集其掌取
食事黄老道解陰陽書爲數術多効驗初元嘉末出都寄住東府忽題柱云三
十年二月二十一日因東歸後太初弑逆果是此年月自知將終賦詩言志云

精氣因天行遊魂隨物化剋死日卒於剡山身體柔軟時年六十四還葬舊墓
木連理出墓側縣令江山圖表狀世祖詔歡諸子撰歡文議三十卷佛道二家
立教既異學者互相非毀歡著夷夏論曰夫辨是與非宜據聖典尋二教之源
故兩摽經句道經云老子入關之天竺維衞國國王夫人名曰淨妙老子因其
晝寢乘日精入淨妙口中後年四月八日夜半時剖左腋而生墜地卽行七步
於是佛道興焉此出玄妙內篇佛經云釋迦成佛有塵劫之數出法華無量壽
或爲國師道士儒林之宗出瑞應本起歡論之曰五帝三皇莫不有師國師道
士無過老莊儒林之宗孰出周孔若孔老非佛誰而當之然二經所說如合符
契道則佛也佛則道也其聖則符其跡則反或和光以明近或曜靈以示遠道
濟天下故無方而不入智周萬物故無物而不爲其入不同其爲必異各成其
性不易其事是以端委搢紳諸華之容翦髮曠衣羣夷之服擎跽磬折侯甸之
恭狐蹲狗踞荒流之肅棺殯槨葬中夏之制火焚水沈西戎之俗全形守體繼
善之教毀貌易性絕惡之學豈伊同人爰及異物鳥王獸長往往是佛無窮世

界聖人代與或昭五典或布三乘在鳥而鳥鳴在獸而獸吼教華而華言化夷
而夷語耳雖舟車均於致遠而有川陸之節佛道齊乎達化而有夷夏之別若
謂其致既均其法可換者而車可涉川舟可行陸乎今以中夏之性效西戎之
法既不全同又不全異下育妻孥上廢宗祀嗜欲之物皆以禮伸孝敬之典獨
以法屈悖禮犯順曾莫之覺弱喪忘歸孰識其舊且理之可貴者道也事之可
賤者俗也捨華效夷義將安取若以道邪道固符合矣若以俗邪俗則大乖矣
屢見刻舷沙門守株道士交諍小大互相彈射或域道以爲兩或混俗以爲一
是牽異以爲同破同以爲異則乖爭之由淆亂之本也尋聖道雖同而法有左
右始乎無端終乎無末泥洹仙化各是一術佛號正真道稱正一一歸無死真
會無生在名則反在實則合但無生之教賒無死之化切切法可以進謙弱賒
法可以退夸強佛教文而博道教質而精精非麤人所信博非精人所能佛言
華而引道言實而抑抑則明者獨進引則昧者競前佛經繁而顯道經簡而幽
幽則妙門難見顯則正路易遵此二法之辨也聖匠無心方圓有體器既殊用

教亦異施佛是破惡之方道是興善之術興善則自然爲高破惡則勇猛爲貴
佛跡光大宜以化物道跡密微利用爲己優劣之分大略在茲夫蹲夷之儀婁
羅之辯各出彼俗自相聆解猶蟲讙鳥聒何足術効歡雖同二法而意黨道教
宋司徒袁粲託爲道人通公駁之其略曰白日停光恆星隱照誕降之應事在
老先似非入關方炳斯瑞又老莊周孔有可存者依日末光憑釋遺法盜牛竊
善反以成蠹檢究源流終異吾黨之爲道耳西域之記佛經之說俗以膝行爲
禮不慕蹲坐爲恭道以三繞爲虔不尙踞傲爲肅豈專戎土爰亦茲方襄童謁
帝膝行而進趙王見周三環而止今佛法在華乘者常安戒善行交蹈者恆通
文王造周大伯創吳華化戎夷不因舊俗豈若舟車理無代用佛法垂化或因
或革清信之士容衣不改息心之人服貌必變變本從道不遵彼俗教風自殊
無患其亂孔老釋迦其人或同觀方設教其道必異孔老治世爲本釋氏出世
爲宗發軫既殊其歸亦異符合之唱自由臆說又仙化以變形爲上泥洹以陶
神爲先變形者白首還緇而未能無死陶神者使塵惑日損湛然常存泥洹之

道無死之地乖詭若此何謂其同歡答曰案道經之作著自西周佛經之來始
乎東漢年踰八百代懸數十若謂黃老雖久而濫在釋前是呂尙盜陳恆之齊
劉季竊王莽之漢也經云戎氣強獷乃復略人頰車邪又夷俗長跽法與華異
翹左跂右全是蹲踞故周公禁之於前仲尼戒之於後又舟以濟川車以征陸
佛起於戎豈非戎俗素惡邪道出於華豈非華風本善邪今華風既變惡同戎
狄佛來破之良有以矣佛道實貴故戒業可遵戎俗實賤故言貌可棄今諸華
士女民族弗革而露首偏踞濫用夷禮云於翦落之徒全是胡人國有舊風法
不可變又若觀風流教其道必異佛非東華之道道非西戎之法魚鳥異淵永
不相關安得老釋二教交行八表今佛既東流道亦西邁故知世有精麤教有
文質然則道教執本以領末佛教救末以存本請問所異歸在何許若以翦落
爲異則胥靡翦落矣若以立像爲異則俗巫立像矣此非所歸歸在常住常住
之象常道孰異神仙有死權便之說神仙是大化之總稱非窮妙之至名至名
無名其有名者二十七品仙變成真真變成神或謂之聖各有九品品極則入

空寂無爲無名若服食茹芝延壽萬億壽盡則死藥極則枯此修考之士非神仙之流也明僧紹正二教論以爲佛明其宗老全其生守生者蔽明宗者通今道家稱長生不死名補天曹大乖老莊立言本理文惠太子竟陵王子良並好釋法吳興孟景翼爲道士太子召入玄圃園衆僧大會子良使景翼禮佛景翼不肯子良送十地經與之景翼造正一論大略曰寶積云佛以一音廣說法老子云聖人抱一以爲天下式一之爲妙空玄絕於有景神化贍於無窮爲萬物而無爲處一數而無數莫之能名強號爲一在佛曰實相在道曰玄牝道之大象卽佛之法身以不守之守守法身以不執之執執大象但物有八萬四千行說有八萬四千法法乃至於無數行亦達於無央等級隨緣須導歸一歸一曰回向向正卽無邪邪觀既遣億善日新三五四六隨用而施獨立不改絕學無憂曠劫諸聖共遵斯一老釋未始於嘗分迷者分之而未合億善遍修修遍成聖雖十號千稱終不能盡終不能盡豈可思議司徒從事中郎張融作門律云道之與佛逗極無二吾見道士與道人戰儒墨道人與道士辨是非昔有鴻飛

天首積遠難亮越人以爲鳧楚人以爲乙人自楚越鴻常一耳以示太子僕周
顒顒難之曰虛無法性其寂雖同位寂之方其旨則別論所謂逗極無二者爲
逗極於虛無當無二於法性耶足下所宗之本一物爲鴻乙耳驅馳佛道無免
二末未知高鑒緣何識本輕而宗之其有旨乎往復文多不載歡口不辨善於
著筆著三名論甚工鍾會四本之流也又注王弼易二繫學者傳之始與人盧
度亦有道術少隨張永北征永敗虜追急阻淮水不得過度心誓曰若得免死
從今不復殺生須臾見兩楯流來接之得過後隱居西昌三顧山鳥獸隨之夜
有鹿觸其壁度曰汝壞我壁鹿應聲去屋前有池養魚皆名呼之魚次第來取
食乃去逆知死年月與親友別永明末以壽終初永明三年徵驃騎參軍顧惠
胤爲司徒主簿惠胤宋鎮軍將軍覬之弟子也閑居養志不應徵辟
臧榮緒東莞莒人也祖奉先建陵令父庸民國子助教榮緒幼孤躬自灌園以
供祭祀母喪後乃著嫡寢論掃灑堂宇置筵席朔望輒拜薦甘珍未嘗先食純
篤好學括東西晉爲一書紀錄志傳百一十卷隱居京口教授南徐州辟西曹

舉秀才不就太祖爲揚州徵榮緒爲主簿不到司徒褚淵少時嘗命駕尋之建元中啓太祖曰榮緒朱方隱者昔臧質在宋以國戚出牧彭岱引爲行佐非其所好謝疾求免蓬廬守志漏濕是安灌蔬終老與友關康之沈深典素追古著書撰晉史十袠贊論雖無逸才亦足彌綸一代臣歲時往京口早與之遇近報其取書始方送出庶得備錄渠閣採異甄善上答曰公所道臧榮緒者吾甚志之其有史翰欲令入天祿甚佳榮緒惇愛五經謂人曰昔呂尚奉丹書武王致齋降位李釋教誡並有禮敬之儀因甄明至道乃著拜五經序論常以宣尼生庚子日陳五經拜之自號被褐先生又以飲酒亂德言常爲誡永明六年卒年七十四初榮緒與關康之俱隱在京口世號爲二隱康之字伯愉河東人世居丹徒以墳籍爲務四十年不出門不應州府辟宋太始中徵通直郎不就晚以母老家貧求爲嶺南小縣性清約獨處一室稀與妻子相見不通賓客弟子以業傳受尤善左氏春秋太祖爲領軍素好此學送春秋五經康之手自點定并得論禮記十餘條上甚悅寶愛之遺詔以經本入玄宮宋末卒

何求字子有廬江灊人也祖尚之宋司空父鑠宜都太守元嘉末爲宋文帝挽
郎解褐著作郎中軍衛軍行佐太子舍人平南參軍撫軍主簿太子洗馬丹陽
吳郡丞清退無嗜欲又除征北參軍事司徒主簿太子中舍人泰始中妻亡還
吳葬舊墓除中書郎不拜仍住吳居波若寺足不踰戸人莫見其面明帝崩出
奔國哀除爲司空從事中郎不就乃除永嘉太守求時寄住南澗寺不肯詣臺
乞於寺拜受見許一夜忽乘小船逃歸吳隱虎丘山復除黃門郎不就永明四
年世祖以爲太中大夫又不就七年卒年五十六初求母王氏爲父所害求兄
弟以此無宦情求弟點少不仕宋世徵爲太子洗馬不就隱居東離門卞望之
墓側性率到好狎人物建元中褚淵王儉爲宰相點謂人曰我作齊書已竟贊
云淵既世族儉亦國華不賴舅氏遑卹外家儉欲候之知不可見乃止永明元
年徵中書郎豫章王命駕造門點從後門逃去竟陵王子良聞之曰豫章王尚
不屈非吾所議遺點嵇叔夜酒杯徐景山酒鎗以通意點常自得遇酒便醉交
遊宴樂不隔也永元中京師頻有軍寇點欲結裳爲袴與崔慧景共論佛義其

語默之迹如此點弟胤有儒術亦懷隱遁之志所居宅名爲小山隆昌中爲中書令以皇后從叔見親寵明帝卽位胤賣園宅將遂本志建武四年爲散騎常侍巴陵王師聞吳興太守謝朏致仕慮後之於是奉表不待報而去隱會稽山上大怒令有司奏彈胤然發優詔焉永元二年徵散騎常侍太常卿

劉虯字靈預南陽涅陽人也舊族徙居江陵虯少而抗節好學須得祿便隱宋太始中仕至晉平王驃騎記室當陽令罷官歸家靜處斷穀餌朮及胡麻建元初豫章王爲荆州教辟虯爲別駕與同郡宗測新野庾易並遣書禮請虯等各修牋答而不應辟命永明三年刺史廬陵王子卿表虯及同郡宗測宗尙之庾易劉昭五人請加蒲車束帛之命詔徵爲通直郎不就竟陵王子良致書通意虯答曰虯四節臥病三時營灌暢餘陰於山澤託暮情於魚鳥寧非唐虞重恩周邵宏施虯進不研機入玄無洙泗稷館之辯退不凝心出累非冢間樹下之節遠澤既灑仁規先著謹收樵牧之嫌敬加軾鼃之義虯精信釋氏衣麤布衣禮佛長齋注法華經自講佛義以江陵西沙洲去人遠乃徙居之建武二年詔

徵國子博士不就其冬蚪病正晝有白雲徘徊檐戸之內又有香氣及磬聲其日卒年五十八劉昭與蚪同宗州辟祭酒從事不就隱居山中

庾易字幼簡新野新野人也徙居屬江陵祖玫巴郡太守父道驥安西參軍易志性恬隱不交外物建元元年刺史豫章王辟爲驃騎參軍不就臨川王映臨州獨重易上表薦之餉麥百斛易謂使人曰民樵採麋鹿之伍終其解毛之衣馳騁日月之車得保自耕之祿於大王之恩亦已深矣辭不受永明三年詔徵太子舍人不就以文義自樂安西長史袁彖欽其風通書致遺易以連理機竹翹書格報之建武二年詔復徵爲司徒主簿不就卒

宗測字敬微南陽人宋徵士炳孫也世居江陵測少靜退不樂人間歎曰家貧親老不擇官而仕先哲以爲美談余竊有惑誠不能潛感地金冥致江鯉但當周天道分地利孰能食人厚祿憂人重事乎州舉秀才主簿不就驃騎豫章王徵爲參軍測答府召云何爲謬傷海鳥橫斤山木母喪身負土植松柏豫章王復遣書請之辟爲參軍測答曰性同鱗羽愛止山壑眷戀松筠輕迷人路縱宕

巖流有若狂者忽不知老至而今鬢已白豈容課虛責有限魚慕鳥哉永明三
年詔徵太子舍人不就欲遊名山乃寫祖炳所畫尚子平圖於壁上測長子官
在京師知父此旨便求祿還爲南郡丞付以家事刺史安陸王子敬長史劉寅
以下皆贈送之測無所受齎老子莊子二書自隨子孫拜辭悲泣測長嘯不視
遂往廬山止祖炳舊宅魚復侯子響爲江州厚遣贈遺測曰少有狂疾尋山採
藥遠來至此量腹而進松朮度形而衣薜蘿淡然已足豈容當此橫施子響命
駕造之測避不見後子響不告而來奄至所住測不得已巾褐對之竟不交言
子響不悅而退尚書令王儉餉測蒲褥頃之測送弟喪還西仍留舊宅永業寺
絕賓友唯與同志庾易劉虯宗人尚之等往來講說刺史隨王子隆至鎮遣別
駕宗哲致勞問測笑曰貴賤理隔何以及此竟不答建武二年徵爲司徒主簿
不就卒測善畫自圖阮籍遇蘇門於行障上坐臥對之又畫永業佛影臺皆爲
妙作頗好音律善易老續皇甫謐高士傳三卷又嘗遊衡山七嶺著衡山廬山
記尚之字敬文亦好山澤與劉虯俱以驃騎記室不仕宋末刺史武陵王辟贊

府豫章王辟別駕並不就永明中與劉虯同徵爲通直郎和帝中興初又徵爲
諮議並不就壽終
杜京產字景齊吳郡錢唐人杜子恭玄孫也祖運爲劉毅衞軍參軍父道鞠州
從事善彈棋世傳五斗米道至京產及子栖京產少恬靜閉意榮宦頗涉文義
專修黃老會稽孔覬清剛有峻節一見而爲款交郡召主簿州辟從事稱疾去
除奉朝請不就與同郡顧歡同契始寧中東山開舍授學建元中武陵王曄爲
會稽太守遺儒士劉瓛入東爲曄講說京產請瓛至山舍講書傾資供待子栖
躬自屣履爲瓛生徒下食其禮賢如此孔稚珪周顒謝瀹並致書以通慇懃永
明十年稚珪及光祿大夫陸澄祠部尚書虞悰太子右率沈約司徒右長史張
融表薦京產曰竊見吳郡杜京產潔靜爲心謙虛成性通和發於天挺敏達表
於自然學遍玄儒博通史子流連文藝沈吟道奧泰始之朝掛冠辭世遁捨家
業隱于太平葺宇窮巖採芝幽澗耦耕自足薪歌有餘確爾不羣淡然寡欲麻
衣藿食二十餘載雖古之志士何以加之謂宜釋巾幽谷結組登朝則巖谷含

懽薛蘿起扑矣不報建武初徵員外散騎侍郎京產曰莊生持釣豈爲白璧所回辭疾不就年六十四永元元年卒會稽孔道徵守志業不仕京產與之友善

永明中會稽鍾山有人姓蔡不知名山中養鼠數十頭呼來卽來遣去便去言語狂易時謂之謫仙不知所終

沈驎士字雲禎吳興武康人也祖膺期晉太中大夫驎士少好學家貧織簾誦書口手不息宋元嘉末文帝令尚書僕射何尚之抄撰五經訪舉學士縣以驎士應選尚之謂子偃曰山藪故有奇士也少時驎士稱疾歸鄉更不與人物通養孤兄子義著鄉曲或勸驎士仕答曰魚縣獸檻天下一契聖人玄悟所以每履吉先吾誠未能景行坐忘何爲不希企日損乃作玄散賦以絕世大守孔山士辟不應宗人徐州刺史曇慶侍中懷文左率勃來候之驎士未嘗答也隱居餘干吳差山講經教授從學者數十百人各營屋宇依止其側驎士重陸機連珠每爲諸生講之征北張永爲吳興請驎士入郡驎士聞郡後堂有好山水乃住停數月永欲請爲功曹使人致意驎士曰明府德履沖素留心山谷民是以

被褐負杖忘其疲病必欲飾渾沌以蛾眉冠越客於文冕走雖不敏請附高節
有蹈東海而死爾永乃止昇明末太守王奐上表薦之詔徵爲奉朝請不就永
明六年吏部郎沈淵中書郎沈約又表薦驎士義行曰吳興沈驎士英風夙挺
峻節早樹貞粹稟於天然綜博生乎篤習家世孤貧藜藿不給懷書而耕白首
無倦挾琴採薪行歌不輟長兄早卒孤姪數四攝佐鞠稚呑苦推甘年踰七十
業行無改元嘉以來聘召仍疊玉質踰潔霜操日嚴若使聞政王庭服道槐掖
必能孚朝規於邊鄙播聖澤於荒垂詔又徵爲太學博士建武二年徵著作郎
永元二年徵太子舍人並不就驎士負薪汲水幷日而食守操終老篤學不倦
遭火燒書數千卷驎士年過八十耳目猶聰明以火故抄寫燈下細書復成二
三千卷滿數十篋時人以爲養身靜嘿之所致也著周易兩繫莊子內篇訓注
易經禮記春秋尚書論語孝經喪服老子要略數十卷以楊王孫皇甫謐深達
生死而終禮矯僞乃自作終制年八十六卒同郡沈儼之字士恭徐州刺史曇
慶子亦不仕徵太子洗馬永明元年徵中書郎三年又詔徵前南郡國常侍沈

顗爲著作郎建武二年徵太子舍人永元二年徵通直郎顗字處默宋領軍寅之兄孫也

吳苞字天蓋濮陽鄄城人也儒學善三禮及老莊宋泰始中過江聚徒教學冠黃葛巾竹麈尾蔬食二十餘年隆昌元年詔曰處士濮陽吳苞栖志窮谷秉操貞固沈精味古白首彌厲徵太學博士不就始安王遙光右衞江祏於蔣山南爲立館自劉瓛卒後學者咸歸之以壽終魯國孔嗣之字敬伯宋世與太祖俱爲中書舍人並非所好自廬陵郡去官隱居鍾山朝廷以爲太中大夫建武三年卒

徐伯珍字文楚東陽太末人也祖父並郡掾史伯珍少孤貧書竹葉及地學書山水暴出漂溺宅舍村鄰皆奔走伯珍累床而止讀書不輟叔父璠之與顏延之友善還祛蒙山立精舍講授伯珍往從學積十年究尋經史遊學者多依之太守琅邪王曇生吳郡張淹並加禮辟伯珍應召便退如此者凡十二焉徵士沈儼造膝談論申以素交吳郡顧歡擿出尚書滯義伯珍訓答甚有條理儒者

宗之好釋氏老莊兼明道術歲常旱伯珍筮之如期雨澍舉動有禮過曲木之
下趨而避之早喪妻晚不復重娶自比曾參宅南九里有高山班固謂之九巖
山後漢龍丘萇隱處也山多龍鬚檉柏望之五采世呼爲婦人巖二年伯珍移
居之門前生梓樹一年便合抱館東石壁夜忽有赤光洞照俄爾而滅白雀一
雙栖其戶牖論者以爲隱德之感焉永明二年刺史豫章王辟議曹從事不就
家甚貧窶兄弟四人皆白首相對時人呼爲四皓建武四年卒年八十四受業
生凡千餘人同郡樓幼瑜亦儒學著禮捃遺三十卷官至給事中又同郡樓惠
明有道術居金華山禽獸毒螫者皆避之宋明帝聞之勑出住華林園除奉朝
請固乞不受求東歸永明三年忽乘輕舟向臨安縣衆不知所以尋而唐寓之
賊破郡文惠太子呼出住蔣山又求歸見許世祖敕爲立館

史臣曰顧歡論夷夏優老而劣釋佛法者理寂乎萬古迹兆乎中世淵源浩博
無始無邊宇宙之所不知數量之所不盡盛乎哉眞大士之立言也探機扣寂
有感必應以大苞小無細不容若乃儒家之教仁義禮樂仁愛義宜禮順樂和

而已今則慈悲爲本常樂爲宗施舍惟機低舉成敬儒家之教憲章祖述引古證之於學易悟今樹以前因報以後果業行交酬連璅相襲陰陽之教占氣步景授民以時知其利害今則耳眼洞達心智他通身爲奎井豈俟甘石法家之教出自刑理禁姦止邪明用賞罰今則十惡所墜五及無間刃樹劍山焦湯猛火造受自貽罔或差貳墨家之教遵上儉薄磨踵滅頂且猶非吝今則膚同斷瓠目如井星授子捐妻在鷹庇鴿從横之教所貴權謀天口連環歸乎適變今則一音萬解無待戶說四辨三會咸得吾師雜家之教兼有儒墨今則五時所宣于何不盡農家之教播植耕耘善相五事以藝九穀今則鬱單粳稻已異閻浮生天果報自然飲食道家之教執一虛無得性亡情凝神勿擾今則波若無照萬法皆空豈有道之可名寧餘一之可得道俗對校真假將讎釋理奧藏無往而不有也能善用之卽真是俗九流之設用藉世教刑名道墨乖心異言儒者不學無傷爲儒佛理玄曠實智妙有一物不知不成圓聖若夫神道應現之力感會變化之奇不可思議難用言象而諸張米道符水先驗相傳師法祖自

伯陽世情去就有此二學僧尼道士矛楯相非非唯重道兼亦殉利詳尋兩教
理歸一極但迹有左右故教成先後廣略爲言自生優劣道本虛無非由學至
絶聖棄智已成有爲有爲之無終非道本若使本末同無曾何等級佛則不然
具縛爲種轉暗成明梯愚入聖途雖遠而可踐業雖曠而有期勸慕之道物我
無隔而局情淺智鮮能勝受世途揆度因果二門雞鳴爲善未必餘慶膾肉東
陵曾無尼禍身才高妙鬱滯而靡達器思庸鹵富厚以終生忠反見遺詭乃獲
用觀此而論近無罪福而業有不定著自經文三報開宗斯疑頓曉史臣服膺
釋氏深信冥緣謂斯道之莫貴也
贊曰含貞抱樸履道敦學惟茲潛隱棄鱗養角

南齊書卷五十四考證

顧歡傳歡早孤每讀詩至哀哀父母輒執書慟泣學者由是廢蓼莪篇○晉書王裒亦有此事

南齊書卷五十四考證

南齊書卷五十五

梁　蕭　子　顯　撰

列傳第三十六

孝義

崔懷慎　公孫僧遠　吳欣之　韓係伯　孫　淡　華　寶
韓靈敏　封延伯　吳達之　王文殊　朱謙之　蕭叡明
樂　頤　江　泌　杜　栖　陸　絳

子曰父子之道天性也君臣之義也人之含孝稟義天生所同淳薄因心非俟學至遲遇爲用不謝始庶之法驕慢之性多慚水菽之享夫色養盡力行義致身甘心壠畝不求聞達斯卽孟氏三樂之辭仲由負米之歎也通乎神明理緣感召情澆世薄方表孝慈故非內德者所以寄心懷仁者所以標物矣埋名韞節鮮或昭著紀夫事行以列于篇

崔懷慎清河東武城人也父邪利魯郡太守宋元嘉中沒虜懷慎與妻房氏篤

愛聞父陷沒卽日遣妻布衣蔬食如居喪禮邪利後仕虜中書戒懷愼不許如
此懷愼得書更號泣懷愼從叔模爲滎陽太守亦同沒虜模子雖居處改節而
不廢婚宦大明中懷愼宗人冀州刺史元孫北使虜問之曰崔邪利模並力屈
歸命二家子姪出處不同義將安在元孫曰王尊驅驥王陽回車欲令忠孝並
弘臣子兩節太始初淮北陷沒界上流奔者多有去就懷愼因此入北至桑乾
邪利時已卒懷愼絶而後蘇載喪還青州徒跣冰雪土氣寒酷而手足不傷時
人以爲孝感喪畢以弟在南建元初又逃歸而弟亦已亡懷愼孤貧獨立宗黨
哀之日斂給其升米永明中卒

公孫僧遠會稽剡人也治父喪至孝事母及伯父甚謹年穀饑貴僧遠省飡減
食以養母及伯弟亡無以葬身販貼與鄰里供斂送之費躬負土手種松柏兄
姊未婚嫁乃自賣爲之成禮名聞郡縣太祖卽位遣兼散騎常侍虞炎十二部
使行天下建元三年表列僧遠等二十三人詔並表門閭蠲租稅

吳欣之晉陵利城人也宋元嘉末弟尉之爲武晉縣戍隨王誕起義太祖遣軍

主華欽討之吏民皆散尉之獨留見執將死欣之詣欽乞代弟命辭淚哀切兄弟皆見原建元二年有詔蠲表永明初廣陵民章起之二息犯罪爭死太守劉悛表以聞

韓係伯襄陽人也事父母謹孝襄陽土俗隣居種桑樹於界上爲誌係伯以桑枝蔭妨他地遷界上開數尺隣畔隨復侵之係伯輒更改種久之隣人慚愧還所侵地躬往謝之建元三年蠲租稅表門閭以壽終

孫淡太原人也居長沙事母孝母疾不眠食以差爲期母哀之後有疾不使知也豫章王領湘州辟驃騎行參軍建元三年蠲租稅表門閭卒於家

華寶晉陵無錫人也父豪義熙末戍長安寶年八歲臨別謂寶曰須我還當爲汝上頭長安陷虜豪歿寶年至七十不婚冠或問之者輒號慟彌日不忍答也

同郡薛天生母遭艱菜食天生亦菜食母未免喪而死天生終身不食魚肉與弟有恩義又同郡劉懷胤與弟懷則年十歲遭父喪不絮帛不食鹽菜建元三年並表門閭

韓靈敏會稽剡人也早孤與兄靈珍並有孝性母尋又亡家貧無以營凶兄弟共種瓜半畝朝採瓜子暮已復生以此遂辦葬事靈珍亡無子妻卓氏守節不嫁慮家人奪其志未嘗告歸靈敏事之如母晉陵吳康之妻趙氏父亡弟幼值歲饑母老病篤趙詣鄉里自賣言辭哀切鄉里憐之人人分升米相救遂得免及嫁康之少時夫亡家欲更嫁誓死不貳義興蔣儁之妻黃氏夫亡不重嫁逼之欲赴水自殺乃止建元三年詔蠲租賦表門閭永明元年會稽永興吳翼之母丁氏少喪夫性仁愛遭年荒分衣食以貽里中饑餓者鄰里求借未嘗違同里陳穰父母死孤單無親戚丁氏收養之及長爲營婚娶又同里王禮妻徐氏荒年客死山陰丁爲買棺器自往斂葬元徽末大雪商旅斷行村里比屋饑餓丁自出鹽米計口分賦同里左僑家露四喪無以葬丁爲辦冢槨有三調不登者代爲輸送丁長子婦王氏守寡執志不再醮州郡上言詔表門閭蠲租稅又廣陵徐靈禮妻遭火救兒與兒俱焚死太守劉悛以聞又會稽人陳氏有三女無男祖父母年八九十老耄無所知父篤癃病母不安其室值歲饑三女相率

於西湖採菱蓴更日至市貨賣未嘗虧怠鄉里稱爲義門多欲取爲婦長女自傷煢獨誓不肯行祖父母尋相繼卒三女自營殯葬爲菴舍墓側又永興概中里王氏女年五歲得毒病兩目皆盲性至孝年二十父母死臨屍一叫眼皆血出小妹娥舐其血左目卽開時人稱爲孝感縣令何曇秀不以聞又諸暨東洿里屠氏女父失明母痼疾親戚相棄鄉里不容女移父母遠住紵羅晝樵采夜紡績以供養父母俱卒親營殯葬負土成墳忽聞空中有聲云汝至性可重山神欲相驅使汝可爲人治病必得大富女謂是魅弗敢從遂得病積時隣舍人有中溪蜮毒者女試治之自覺病便差遂以巫道爲人治疾無不愈家產日益鄉里多欲娶之以無兄弟誓守墳墓不肯嫁爲山賊劫殺縣令于琳之具言郡太守王敬則不以聞建武三年吳興乘公濟妻姚氏生二男而公濟及兄公願乾伯並卒各有一子欣之天保姚養育之賣田宅爲娶婦自與二男寄止隣家明帝詔爲其二子婚表門閭復徭役吳郡范法恂妻褚氏亦勤苦執婦業宋昇明中孫曇瓘謀反亡命褚謂其子僧簡曰孫越州先姑之姊子與汝父親則

從母兄弟交則義重古人逃竄脫不免汝宜收之曇瓘尋伏法褚氏令僧爵往斂葬年七十餘永明中卒僧爵在都聞病馳歸未至而褚已卒將殯舉屍不起尋而僧爵至焉

封延伯字仲璉渤海人也有學行不與世人交事寡嫂甚謹州辟主簿舉秀才不就後乃仕垣崇祖爲豫州啓太祖用爲長史帶梁郡太守以疾自免僑居東海遂不至京師三世同財爲北州所宗附豫章王辟中兵不就卒建元三年大使巡行天下義興陳玄子四世一百七十口同居武陵郡邵榮與文獻叔八世同居東海徐生之武陵范安祖李聖伯范道根五世同居零陵譚弘寶衡陽何弘華陽陽黑頭疎從四世同居並共衣食詔表門閭蠲稅租又蜀郡王續祖華陽郝道福並累世同爨建武三年明帝詔表門閭蠲調役

吳達之義興人也嫂亡無以葬自賣爲十夫客以營冢槨從祖弟敬伯夫妻荒年被略賣江北達之有田十畝貨以贖之與之同財共宅郡命爲主簿固以讓兄又讓世業舊田與族弟弟亦不受田遂閑廢建元三年詔表門閭河南辛普

明僑居會稽自少與兄同處一帳兄亡以帳施靈座夏月多蚊普明不以露寢
見色兄將葬隣人嘉其義賻助甚多普明初受後皆反之贈者甚怪普明曰本
以兄墓不周故不逆來意今何忍亡者餘物以爲家財後遭母喪幾至毀滅揚
州刺史豫章王辟爲義曹從事年五十卒又有何伯璵弟幼璵俱厲節操養孤
兄子及長爲婚推家業盡與之安貧枯槁誨人不倦鄉里呼爲人師郡守下車
莫不修謁永明十一年伯璵卒幼璵少好佛法翦落長齋持行精苦梁初卒兄
弟年並八十餘

王文殊吳興故鄣人也父沒虜文殊思慕泣血蔬食山谷三十餘年太守謝瀹
板爲功曹不就永明十一年太守孔琇之表曰文殊性挺五常心符三教以父
沒獯庭抱終身之痛專席恆居銜罔極之卹服紵縞以經年餌蔬菽以俟命婚
義滅於天情官序空於素抱儻降甄異之恩牓其閭里鬱林詔牓門改所居爲
孝行里

朱謙之字處光吳郡錢唐人也父昭之以學解稱於鄉里謙之年數歲所生母

亡昭之假葬田側爲族人朱幼方燎火所焚同產姊密語之謙之雖小便哀戚
如持喪年長不婚娶永明中手刃殺幼方詣獄自繫縣令申靈勖表上別駕孔
稚珪兼記室劉璡司徒左西掾張融牋與刺史豫章王曰禮開報仇之典以申
孝義之情法斷相殺之條以表權時之制謙之揮刃酬冤旣申私禮繫頸就死
又明公法今仍殺之則成當世罪人宥而活之卽爲盛朝孝子殺一罪人未足
弘憲活一孝子實廣風德張緒陸澄是其鄉舊應具來由融等與謙之並不相
識區區短見深有恨然豫章王言之世祖時吳郡太守王慈太常張緒尙書陸
澄並表論其事世祖嘉其義慮相復報乃遣謙之隨曹虎西行將發幼方子惲
於津陽門伺殺謙之謙之之兄選之又刺殺惲有司以聞世祖曰此皆是義事
不可問悉赦之吳與沈顗聞而歎曰弟死於孝兄殉於義孝友之節萃此一門
選之字處林有志節著辯相論幼時顧懽見而異之以女妻焉官至江夏王參
軍
蕭叡明南蘭陵人領軍將軍諶從祖兄弟也父孝孫左軍叡明初仕員外殿中

將軍少有至性奉親謹篤母病躬禱夕不假寐及亡不勝哀而卒永明五年世
祖詔曰龍驤將軍安西中兵參軍松滋令蕭叡明愛敬淳深色養盡禮喪過乎
哀遂致毀滅雖未達聖教而一至可愍宜加榮命以矜善人可贈中書郎
樂頤字文德南陽涅陽人世居南郡少而言行和謹仕爲京府參軍父在郢州
病亡頤忽思父涕泣因請假還中路果得父凶問頤便徒跣號咷出陶家後渚
遇商人附載西上水漿不入口數日嘗遇病與母隔壁忍痛不言齧被至碎恐
母之哀己也湘州刺史王僧虔引爲主簿以同僚非人棄官去吏部郎庾杲之
嘗往候頤爲設食枯魚菜菹而已杲之曰我不能食此母聞之自出常膳魚羹
數種杲之曰卿過於茅季偉我非郭林宗仕至郢州治中卒弟預亦孝父臨亡
執其手以託郢州行事王奐預悲感悶絕吐血數升遂發病官至驃騎錄事隆
昌末預謂丹陽尹徐孝嗣曰外傳籍籍似有伊周之事君蒙武帝殊常之恩荷
託付之重恐不得同人此舉人笑褚公至今齒冷孝嗣心甚納之建武中爲永
世令民懷其德卒官有一老嫗行擔斛蔌若將詣市聞預死棄擔號泣鴈門解

仲恭亦僑居南郡家行敦睦得纖豪財利輒與兄弟平分母病經時不差入山採藥遇一老父語之曰得丁公藤病立愈此藤近在前山際高樹垂下便是也忽然不見仲恭如其言得之治病母卽差至今江陵人猶有識此藤者

江泌字士淸濟陽考城人也父亮之員外郞泌少貧晝日斫屧夜讀書隨月光握卷升屋性行仁義衣弊恐虱饑死乃復取置衣中數日閒終身無復虱母亡後以生闕供養遇鮭不忍食食菜不食心以其有生意也歷仕南中郞行參軍所給募吏去役得時病莫有舍之者吏扶杖投泌泌親自隱卹吏死泌爲買棺無僮役兄弟共輿埋之領國子助教乘牽車至染烏頭見老翁步行下車載之躬自步去世祖以爲南康王子琳侍讀建武中明帝害諸王後泌憂念子琳詣誌公道人問其禍福誌公覆香鑪灰示之曰都盡無所餘及子琳被害泌往哭之淚盡繼之以血親視殯葬乃去時廣漢王侍讀嚴桓之亦哭王盡哀泌尋卒泌族人兗州治中泌黃門郞悆子也與泌同名世謂泌爲孝江泌以別之

杜栖字孟山吳郡錢唐人徵士京產子也同郡張融與京產相友每相造言論

栖常在側融指栖曰昔陳太丘之召元方方之爲劣以今方古古人何貴栖出京師從儒士劉瓛受學善清言能彈琴飲酒名儒貴遊多敬待之中書郎周顒與京產書曰賢子學業清標後來之秀嗟愛之懷豈知云已所謂人之英彥若己有之也刺史豫章王聞其名辟議曹從事仍轉西曹佐竟陵王子良數致禮接國子祭酒何胤治禮又重栖以爲學士掌婚冠儀以父老歸養怡情壠畝栖肥白長壯及京產疾旬日間便皮骨自支京產亡水漿不入口七日晨夕不罷哭不食鹽菜每營買祭奠身自看視號泣不自持朔望節歲絕而復續吐血數升時何胤謝朏並隱東山遺書敦譬誡以毀滅至祥禫暮夢見其父慟哭而絕初胤兄點見栖歎曰卿風韻如此雖獲嘉譽不永年矣卒時年三十六當世咸嗟惜焉建武二年剡縣有小兒年八歲與母俱得赤班病母死家人以小兒猶惡不令其知小兒疑之問云母嘗數問我病昨來覺聲羸今不復聞何謂也因自投下牀匍匐至母屍側頓絕而死鄉鄰告之縣令宗善才求表廬事竟不行

陸絳字魏卿吳郡人也父閑字遐業有風槩與人交不苟合少爲同郡張緒所

知仕至揚州別駕明帝崩閑謂所親曰宮車晏駕百司將聽於冢宰主上地重才弱必不能振難將至矣乃感心疾不復預州事刺史始安王遙光反事敗閑以綱佐被召至杜姥宅尚書令徐孝嗣啓閑不預逆謀未及報徐世摽令殺之絳時隨閑抱閑頸乞代死遂幷見殺

史臣曰澆風一起人倫毀薄抑引之教徒聞珪璋之璞罕就若令事長移忠黨非行舉薑桂辛酸容遷本質而旌閭變里閈饒存牢不過鰥寡齊矜力田等勸其於扶奬名教未爲多也

贊曰孝爲行首義實因心白華秉節寒木齊心

南齊書卷五十五

南齊書卷五十六

梁　蕭　子　顯　撰

列傳第三十七

倖臣

紀僧真　劉係宗　茹法亮　呂文顯　呂文度

有天象必有人事焉倖臣一星列於帝座經禮立教亦著近臣之服親倖之義其來已久爰自衰周侯伯專命桓文霸主至於戰國寵用近習不乏於時矣漢文幸鄧通雖錢遍天下位止郎中孝武韓嫣霍去病遂至侍中大司馬迄於魏晉世任權重才位稍爽而信倖唯均中書之職舊掌機務漢元以令僕用事魏明以監令專權及在中朝猶爲重寄陳准歸任上司荀勖恨於失職晉令舍人位居九品江左置通事郎管司詔誥其後郎還爲侍郎而舍人亦稱通事元帝用琅邪劉超以謹慎居職宋文世秋當周糾並出寒門孝武以來士庶雜選如東海鮑照以才學知名又用魯郡巢尚之江夏王義恭以爲非選帝遣尚書二

十餘牒宣敕論辯義恭乃歎曰人主誠知人及明帝世胡毋顥阮佃夫之徒專爲倖倖矣齊初亦用久勞及以親信關讞表啓發署詔敕頗涉辭翰者亦爲詔文侍郎之局復見侵矣建武世詔命殆不關中書專出舍人省內舍人四人所置四省其下有主書令史舊用武官宋改文吏人數無員莫非左右要密天下文簿板籍入副其省萬機嚴祕有如尚書外司領武官有制局監領器仗兵役亦用寒人被恩幸者今立倖臣篇以繼前史之末云

紀僧真丹陽建康人也少隨逐征西將軍蕭思話及子惠開皆被賞遇惠開性苛僧真以微過見罰既而委任如舊及罷益州還都不得志僧真事之愈謹惠開臨終歎曰紀僧真方當富貴我不見也乃以僧真託劉秉周顒初惠開在益州土反被圍危急有道人謂之曰城圍尋解檀越貴門後方大與無憂外賊也惠開密謂僧真曰我子弟見在者並無異才政是蕭道成耳僧真憶其言乃請事太祖隨從在淮陰以閑書題令答遠近書疏自寒官歷至太祖冠軍府參軍主簿僧真夢蒿艾生滿江驚而白之太祖曰詩人採蕭蕭即艾也蕭生斷流卿

勿廣言其見親如此元徽初從太祖頓新亭拒桂陽賊蕭惠朗突入東門僧真與左右共拒戰賊退太祖命僧真領親兵遊邏城中事寧除南臺御史太祖領軍功曹上將廢立謀之袁粲褚淵僧真啓上曰今朝廷猖狂人不自保天下之望不在袁褚明公豈得默己坐受夷滅存亡之機仰希熟慮太祖納之太祖欲度廣陵起兵僧真又啓曰主上雖復狂釁虐加萬民而累世皇基猶固盤石今百口北度何必得俱縱得廣陵城天子居深宮施號令目明公爲逆何以避此如其不勝則應北走胡中竊謂此非萬全策也上曰卿顧家豈能逐我行耶僧真頓首稱無貳昇明元年除員外郎帶東武城令尋除給事中邵陵王參軍太祖坐東府高樓望石頭城僧真在側上曰諸將勸我誅袁劉我意不欲便爾及沈攸之事起從太祖入朝堂石頭反夜太祖遣衆軍掩討宮城中望石頭火光及叫聲甚盛人懷不測僧真謂衆曰叫聲不絕是必官軍所攻火光起者賊不容自燒其城此必官軍勝也尋而啓石頭平上出頓新亭使僧真領千人在帳內初上在領軍府令僧真學上手迹下名至是報答書疏皆付僧真上觀之笑

曰我亦不復能別也初上在淮陰治城得古錫鐵大數尺下有篆文莫能識者僧真曰何須辯此文字此自久遠之物九錫之徵也太祖曰卿勿妄言及上將拜齊公已尅日有楊祖之謀於臨軒作難僧真更請上選吉辰尋而祖之事覺上曰無卿言亦當致小狼狽此亦何異呼沲之冰轉齊國中書舍人建元初帶東燕令封新陽縣男三百戶轉羽林監加建威將軍遷尚書主客郎太尉中兵參軍令如故復以本官兼中書舍人太祖疾甚令僧真典遺詔永明元年丁父喪起爲建威將軍尋除南泰山太守又爲舍人本官如故領諸王第事僧真容貌言吐雅有士風世祖嘗目送之笑曰人何必計門戶紀僧真常貴人所不及諸權要中最被盼遇除越騎校尉餘官如故出爲建武將軍建康令還除左右郎將泰山太守加先驅使尋除前軍將軍遭母喪開冢得五色兩頭蛇世祖崩僧真號泣思慕明帝以僧真歷朝驅使建武元年除游擊將軍兼司農待之如舊欲令僧真治郡僧真啓進其弟僧猛爲鎮蠻護軍晉熙太守永泰元年除司農卿明帝崩掌山陵事出爲廬陵長史年五十五卒宋世道人楊法持與太祖

有舊元徽末宣傳密謀昇明中以爲僧正建元初罷道爲寧朔將軍封州陵縣男三百戶二年虜圍朐山遣法持爲軍主領支軍救援永明四年坐役使將客奪其鮭稟削封卒

劉係宗丹陽人也少便書畫爲宋竟陵王誕子景粹侍書誕舉兵廣陵城內皆死敕沈慶之赦係宗以爲東宮侍書泰始中爲主書以寒官累遷至勳品元徽初爲奉朝請兼中書通事舍人員外郎封始興南亭侯食邑三百七十戶帶秣陵令太祖廢蒼梧明日呼正直舍人虞整醉不能起係宗歡喜奉命太祖曰今天地重開是卿盡力之日使寫諸處分敕令及四方書疏使主書十人書吏二十人配之事皆稱旨除羽林監轉步兵校尉仍除龍驤將軍出爲海鹽令太祖即位除龍驤將軍建康令永明元年除寧朔將軍令如故尋轉右軍將軍淮陵太守兼中書通事舍人母喪自解起爲寧朔將軍復本職四年白賊唐寓之起宿衞兵東討遣係宗隨軍慰勞遍至遭賊郡縣百姓被驅逼者悉無所問還復民伍係宗還上曰此段有征無戰以時平蕩百姓安帖甚快也賜係宗錢帛上

欲修治白下城難於動役係宗啓謫役在東民丁隨寓之爲逆者上從之後車駕講武上履行白下城曰劉係宗爲國家得此一城永明中虜使書常令係宗題答祕書書局皆隸之再爲少府遷游擊將軍魯郡太守鬱林即位除驍騎將軍仍除寧朔將軍宣城太守係宗久在朝省閑於職事明帝曰學士不堪治國唯大讀書耳一劉係宗足持如此輩五百人其重吏事如此建武二年卒官年七十七

茹法亮吳興武康人也宋大明中出身爲小史歷齋幹扶侍孝武末年作酒法鞭罰過度校獵江右選白衣左右百八十人皆面首富室從至南州得鞭者過半法亮憂懼因緣啓出家得爲道人明帝初罷道結事阮佃夫用爲兗州刺史孟吹陽典籤累至太祖冠軍府行參軍元徽初除殿中將軍爲晉熙王郢州典籤除長兼殿中御史世祖鎮盆城須舊驅使人法亮求留爲上江州典籤除南臺御史帶松滋令法亮便辟解事善於承奉稍見委信從還石頭建元初度東宮主書除奉朝請補東宮通事舍人世祖即位仍爲中書通事舍人除員外郎

帶南濟陰太守永明元年除龍驤將軍明年詔曰茹法亮近在盆城頻使銜命
內宣朝旨外慰三軍義勇齊奮人百其氣險阻艱難心力俱盡宜沾茅土以甄
忠績封望蔡縣男食邑三百戶轉給事中羽林監七年除臨淮太守轉竟陵王
司徒中兵參軍巴東王子響於荊州殺僚佐上遣軍西上使法亮宣旨慰勞安
撫子響法亮至江津子響呼法亮法亮疑畏不肯往又求見傳詔法亮又不遣
故子響怒遣兵破尹略軍事平法亮至江陵刑賞處分皆稱敕斷決軍還上悔
誅子響法亮被責少時親任如舊鬱林即位除步兵校尉延興元年爲前軍將
軍延昌殿爲世祖陰室藏諸御服二少帝並居西殿高宗即位住東齋開陰室
出世祖白紗帽防身刀法亮歔欷流涕除游擊將軍建武舊人鮮有存者法亮
以主署文事故不見疑位任如故永泰元年王敬則事平法亮復受敕宣慰出
法亮爲大司農中書勢利之職法亮不樂去固辭不受既而代人已至法亮垂
涕而出年六十四卒官
呂文顯臨海人也初爲宋孝武齋幹直長昇明初爲太祖錄尚書省事累位至

殿中侍御史羽林監帶蘭陵丞令龍驤將軍秣陵令封劉陽縣男永明元年除
寧朔將軍中書通事舍人本官如故文顯治事以刻覈被知三年帶南淸河太
守與茹法亮等迭出入爲舍人並見親倖四方餉遺歲各數百萬並造大宅聚
山開池五年爲建康令轉長水校尉歷帶南泰山南譙太守尋爲司徒中兵參
軍淮南太守直舍人省累遷左中郎將南東莞太守右軍將軍高宗輔政以文
顯守少府見任使歷建武永元之世尙書右丞少府卿卒
呂文度會稽人宋世爲細作金銀庫吏竹局匠元徽中爲射雉典事隨監莫修
宗上郢世祖鎭盆城拒沈攸之文度仍留伏事知軍隊雜役以此見親從還都
爲石頭城監仍度東宮世祖卽位爲制局監位至員外郞帶南濮陽太守殿內
軍隊及發遣外鎭人悉關之甚有要勢故世傳越州嘗缺上覓一直事人往越
州文度啓其所知費延宗合旨上卽以爲刺史永明中敕親近不得輒有申薦
人士免官寒人鞭一百上性尊嚴呂文顯嘗在殿側咳聲高上使茹法亮訓詰
之以爲不敬故左右畏威承意非所隸莫敢有言也時茹法亮掌雜驅使簿及

宣通密敕呂文顯掌轂帛事其餘舍人無別任虎賁中郎將潘敞掌監功作上使造禪靈寺新成車駕臨視甚悅敞喜要呂文顯私登寺南門樓上知之繫敞上方而出文顯爲南譙郡久之乃復濟陽江瞿曇吳興沈徽孚等以士流舍人通事而已無權利徽孚粗有筆札建武中文詔多其辭也官至黃門郎

史臣曰中世已來宰御天下萬機碎密不關外司尚書八座五曹各有恆任係以九卿六府事存副職咸皆冠冕搢紳任疎人貴伏奏之務既寢趨走之勞亦息關宣所寄屬當有歸通驛內外切自音旨若夫環纓斂笏俯仰晨昏瞻幄座而竦躬陪蘭檻而高眄探求恩色習覩威顏遷蘭變鮑久而彌信因城社之固執開壅之機長主君世振裘持領賞罰事殷能不踰漏宮省咳唾義必先知故能窺盈縮於望景獲驪珠於龍睡坐歸聲勢臥震都鄙賄賂日積苞苴歲通富擬公侯威行州郡制局小司專典兵力雲陛天居亘設蘭錡羽林精卒重屯廣衞至於元戎啓轍武候還麾遮迾清道神行案蹕督察來往馳鶩輦轂驅役分部親承几案領護所攝示總成規若徵兵動衆大興民役行留之儀請託在手

斷割牢稟賣弄文符捕叛追亡長戍遠謫軍有千齡之壽室無百年之鬼害政傷民於此爲蠹況乎主幼時昏其爲讒慝亦何可勝紀也

贊曰恩澤而侯親倖爲舊便煩左右旣貴且富

南齊書卷五十六

南齊書卷五十七

梁　蕭　子　顯　撰

列傳第三十八

魏虜

魏虜匈奴種也姓托跋氏晉永嘉六年并州刺史劉琨爲屠各胡劉聰所攻索頭猗盧遣子曰利孫將兵救琨於太原猗盧入居代郡亦謂鮮卑被髮左衽故呼爲索頭猗盧孫什翼犍字鬱律旃後還陰山爲單于領匈奴諸部泰元元年苻堅遣僞并州刺史苻落伐犍破龍庭禽犍還長安爲立宅教犍書學分其部黨居雲中等四郡諸部主帥歲終入朝并得見犍差稅諸部以給之堅敗子珪字涉圭隨舅慕容垂據中山還領其部後稍彊盛隆安元年珪破慕容寶於中山遂有并州僭稱魏年號天瑞追謚犍烈祖文平皇帝珪死謚道武皇帝子木末立年號太常死謚明元皇帝子燾字佛狸代立年號太平真君宋元嘉中僞太子晃與大臣崔氏寇氏不睦崔寇譖之玄高道人有道術晃使祈福七日七

夜佛狸夢其祖父並怒手刃向之曰汝何故信讒欲害太子佛狸驚覺下僞詔
曰王者大業纂承爲重儲宮嗣紹百王舊例自今已往事無巨細必經太子然
後上聞晃後謀殺佛狸見殺燾死謚太武皇帝立晃子濬字烏雷直勤年號和
平追謚晃景穆皇帝濬死謚文成皇帝子弘字萬民立年號天安景和九年僞
太子宏生改年爲皇與什翼珪始都平城猶逐水草無城郭木末始土著居處
佛狸破梁州黃龍徙其居民大築郭邑截平城西爲宮城四角起樓女牆門不
施屋城又無壍南門外立二土門內立廟開四門各隨方色凡五廟一世一間
瓦屋其西立太社佛狸所居雲母等三殿又立重屋居其上飲食廚名阿真廚
在西皇后可孫恆出此廚求食初姚興以塞外虜赫連勃勃爲安北將軍領五
部胡屯大城姚泓敗後入長安佛狸攻破勃勃子昌娶勃勃女爲皇后義熙中
仇池公楊盛表云索虜勃勃匈奴正胤是也可孫昔妾媵之殿西鎧仗庫屋四
十餘間殿北絲綿布絹庫土屋一十餘間僞太子宮在城東亦開四門瓦屋四
角起樓妃妾住皆土屋婢使千餘人織綾錦販賣酤酒養猪羊牧牛馬種菜逐

利太官八十餘窖窖四千斛半穀半米又有懸食瓦屋數十閒置尚方作鐵及木其袍衣使宮內婢爲之僞太子別有倉庫其郭城繞宮城南悉築爲坊坊開巷坊大者容四五百家小者六七十家每南坊搜檢以備奸巧城西南去白登山七里於山邊別立父祖廟城西有祠天壇立四十九木人長丈許白幘練裙馬尾被立壇上常以四月四日殺牛馬祭祀盛陳鹵簿邊壇奔馳奏伎爲樂城西三里刻石寫五經及其國記於鄴取石虎文石屋基六十枚皆長丈餘以充用國中呼內左右爲直真外左右爲烏矮真曹局文書吏爲比德真檐衣人爲樸大真帶仗人爲胡洛真通事人爲乞萬真守門人爲可薄真僞臺乘驛賤人爲拂竹真諸州乘驛人爲咸真殺人者爲契害真爲主出受辭人爲折潰真貴人作食人爲附真三公貴人通謂之羊真佛狸置三公太宰尚書令僕射侍中與太子共決國事殿中尚書知殿內兵馬倉庫樂部尚書知伎樂及角史伍伯駕部尚書知牛馬驢騾南部尚書知南邊州郡北部尚書知北邊州郡又有俟懃地何比尚書莫堤比刺史郁若比二千石受別官比諸侯諸曹府有倉庫悉

置比官皆使通虜漢語以爲傳驛蘭臺置中丞御史知城內事又置九豆和官宮城三里內民戶籍不屬諸軍戍者悉屬之其車服有大小輦皆五層下施四輪三二百人牽之四施縆索備傾倒軺車建龍旗尙黑妃后則施雜綵幰無幢絡太后出則婦女著鎧騎馬近輦左右虜主及后妃常行乘銀鏤羊車不施帷幔皆偏坐垂腳轅中在殿上亦跂據正殿施流蘇帳金博山龍鳳朱漆畫屏風織成幌坐施氍毹褥前施金香鑪琉璃鉢金椀盛雜食器設客長盤一尺御饌圓盤廣一丈爲四輪車元會日六七十人牽上殿蜡日逐除歲盡城門磔雄雞葦索桃梗如漢儀自佛狸至萬民世增雕飾正殿西築土臺謂之白樓萬民禪位後常遊觀其上臺南又有伺星樓正殿西又有祠屋琉璃爲瓦宮門稍覆以屋猶不知爲重樓並設削泥采畫金剛力士胡俗尙水又規畫黑龍相盤繞以爲厭勝泰始五年萬民禪位子宏自稱太上皇宏立號延興元年至六年萬民死諡獻文皇帝改號爲承明元年是歲元徽四年也祖母馮氏黃龍人助治國事初佛狸母是漢人爲木末所殺佛狸以乳母爲太后自此以來太子立輒誅

其母一云馮氏本江都人佛狸元嘉二十七年南侵略得馮氏濬以爲妾獨得全焉明年丁巳歲改號太和宋明帝末年始與虜和好元徽昇明之世虜使歲通建元元年僞太和三年也宏聞太祖受禪其冬發衆遣丹陽王劉昶爲太師寇司豫二州明年詔遣衆軍北討宏遣大將郁豆眷段長命攻壽陽及鍾離爲豫州刺史垣崇祖右將軍周盤龍徐州刺史崔文仲等所破宏又遣僞南部尚書托跋等向司州分兵出兗青界十萬衆圍朐山戍主玄元度嬰城固守青冀二州刺史盧紹之遣子奂領兵助之城中無食紹之出頓州南石頭亭隔海運糧柴供給城內虜圍斷海道緣岸攻城會潮水大至虜渰溺元度出兵奮擊大破之臺遣軍主崔靈建楊法持房靈民萬餘人從淮入海船艦至夜各舉兩火虜衆望見謂是南軍大至一時奔退初元度自云臂上有封侯志宋世以示世祖時世祖在東宮書與元度曰努力成臂上之相也虜退上議加封爵元度歸功於紹之紹之又讓故並見寢上乃擢紹之爲黃門郎鬱州呼石頭亭爲平虜亭紹之字子緒范陽人自云盧諶玄孫宋大明中預攻廣陵勳上紹之拔迹自

投上以爲州治中受心腹之任官至光祿大夫永明八年卒三年領軍將軍李安民左軍將軍孫文顯與虜軍戰於淮陽大敗之初虜寇至緣淮驅略江北居民猶懲佛狸時事皆驚走不可禁止乃於梁山置一軍南置三軍慈姥置一軍洌州置二軍三山置二軍白沙洲置一軍蔡州置五軍長蘆置三軍菰浦置二軍徐浦置一軍內外悉班階賞以示威刑僞昌黎王馮莎向司州荒人桓天生說莎云諸蠻皆響應莎至蠻竟不動莎大怒於淮邊獵而去及壽春摧敗朐山不拔虜主出定州大治道路聲欲南行不敢進迺與僞梁郡王計曰兵出彭泗閒無復鬬志要當一兩戰得還歸既於淮陽被破一時奔走青徐閒赴義民先是或抄虜運車更相殺掠往往得南歸者數千家上未遑外略以虜既摧破且欲示以威懷遣後軍參軍車僧朗北使虜問僧朗曰齊輔宋日淺何故便登天位僧朗曰虞夏登庸親當革禪魏晉匡戰貽厥子孫豈二聖促促於天位兩賢謙虛以獨善時宜各異豈得一揆苟曰事宜故屈己應物虜又問齊主悉有何功業僧朗曰主上聖性寬仁天識弘遠少爲宋文皇所器遇入參禁旅泰始之

初四方寇叛東平劉子房張淹北討薛索兒兼掌軍國豫司顧命宋桂陽建平
二王阻兵內侮一麾殄滅蒼梧王反道敗德有過桀紂遠遵伊霍行廢立之事
袁粲劉秉沈攸之同惡相濟又秉旄仗鉞大定凶黨戮力佐時四十餘載經綸
夷險十五六年此功此德可謂物無異議虜又問南國無復齊土何故封齊僧
朗曰營丘表海實爲大國宋朝光啓土宇謂是呂尙先封今淮海之間自有青
齊非無地也又問蒼梧何故遂加斬戮僧朗曰蒼梧暴虐書契未聞武王斬紂
懸之黃鉞共是所聞何傷於義昇明中北使殷靈誕苟昭先在虜聞太祖登極
靈誕謂虜典客曰宋魏通好憂患是同宋今滅亡魏不相救何用和親及虜寇
豫州靈誕因請爲劉昶司馬不獲僧朗至北虜置之靈誕下僧朗立席言曰靈
誕昔是宋使今成齊民實希魏主以禮見處靈誕交言遂相忿詈調虜曰使臣
不能立節本朝誠自慚恨劉昶賂客解奉君於會刺殺僧朗虜卽收奉君誅之
殯斂僧朗送喪隨靈誕等南歸厚加贈賻世祖踐阼昭先具以啓聞靈誕下獄
死贈僧朗散騎侍郎永明元年冬遣驍騎將軍劉纘前軍將軍張謨使虜明年

冬虜使李道固報聘世祖於玄武湖水步軍講武登龍舟引見之自此歲使往
來疆場無事三年初令鄰里黨各置一長五家爲鄰五鄰爲里五里爲黨四年
造戶籍分置州郡雍州涼州秦州沙州涇州華州岐州河州西華州寧州陝州
洛州荆州郢州北豫州東荆州南豫州西兗州東兗州南徐州東徐州青州齊
州濟州二十五州在河南湘州懷州秦州東雍州肆州定州瀛州朔州幷州冀
州幽州平州司州十三州在河北凡分魏晉舊司豫青兗冀幷幽秦雍涼十州
地及宋所失淮北爲三十八州矣明年邊人桓天生作亂虜遣步騎萬餘人助
之至比陽爲征虜將軍戴僧靜等所破荒人胡丘生起義懸瓠爲虜所擊戰敗
南奔僞安南將軍遼東公平南將軍上谷公又攻舞陰舞陰戍主輔國將軍殷
公愍拒破之六年虜又遣衆助桓天生與輔國將軍曹虎戰大敗於隔城至七
年遣使邢產侯靈紹復通好先是劉纘再使虜太后馮氏悅而親之馮氏有計
略作皇誥十八篇僞左僕射李思沖稱史臣注解是歲馮氏死八年世祖還隔
城所俘獲二千餘人佛狸已來稍僭華典胡風國俗雜相揉亂宏知談義解屬

文輕果有遠略遊河北至比干墓作弔比干文云脘非武發封墓誰因嗚呼介士胡不我臣宏以己巳歲立圜丘方澤置三夫人九嬪平城南有干水出定襄堺流入海去城五十里世號爲索干都土氣寒凝風砂恆起六月雨雪議遷都洛京九年遣使李道固蔣少游報使少游有機巧密令觀京師宮殿楷式清河崔元祖啓世祖曰少游臣之外甥特有公輸之思宋世陷虜處以大匠之官今爲副使必欲模範宮闕豈可令氈鄉之鄙取象天宮臣謂且留少游令使主反命世祖以非和通意不許少游安樂人虜宮室制度皆從其出初佛狸討羯胡於長安殺道人且盡及元嘉南寇獲道人以鐵籠盛之後佛狸感惡疾自是敬畏佛教立塔寺浮圖宏父弘禪位後黃冠素服持戒誦經居石窟寺宏太和三年道人法秀與苟兒王阿辱珮玉等謀反事覺囚法秀加以籠頭鐵鏁無故自解脫虜穿其頸骨使咒之曰若復有神當令穿肉不入遂穿而殉之三日乃死僞咸陽王復欲盡殺道人太后馮氏不許宏尤精信粗涉義理宮殿內立浮圖宏既經古洛是歲下僞詔尚書思慎曰夫覆載垂化必由四氣運其功曦曜望

舒亦須五星助其暉仰惟聖母睿識自天業高曠古將稽詳典範日新皇度不
圖罪逆招禍奄丁窮罰追惟罔極永無逮及思遵先旨勅造明堂之樣卿所制
體含六合事越中古理圓義備可軌之千載信是應世之材先固之器也羣臣
瞻見模樣莫不僉然欲速造朕以寡昧亦思造盛禮卿可即於今歲停宮城之
作營建此構興皇代之奇制遠成先志近副朕懷又詔公卿參定刑律又詔罷
臈前儺唯年一儺又詔季冬朝賀典無成文以袴褶事非禮敬之謂若置寒朝
服徒成煩濁自今罷小歲賀歲初一賀又詔王爵非庶姓所僭伯號是五等常
秩烈祖之胄仍本王爵其餘王皆為公公轉為侯侯即為伯子男如舊雖名易
於本而品不異昔公第一品侯第二品伯第三品子第四品男第五品十年上
遣司徒參軍蕭琛范雲北使宏西郊即前相天壇處也宏與僞公卿從二十餘
騎戎服繞壇宏一周公卿七匝謂之蹋壇明日復戎服登壇祀天宏又繞三匝
公卿七匝謂之繞天以繩相交絡紐木枝棖覆以青繒形制平圓下容百人坐
謂之為繖一云百子帳也於此下宴息次祠廟及布政明堂皆引朝廷使人觀

視每使至宏親相應接申以言義甚重齊人常謂其臣下曰江南多好臣僞侍
臣李元凱對曰江南多好臣歲一易主江北無好臣而百年一主宏大慚出元
凱爲雍州長史俄召復職世祖初治白下謂人曰我欲以此城爲上頓處後於
石頭造露車三千乘欲步道取彭城形迹頗著先是八年北使顏幼明劉思斆
反命僞南部尚書李思沖曰二國之和義在庇民如聞南朝大造舟車欲侵淮
泗推心相期何應如此幼明曰王上方弘大信於天下不失臣妾旣與輯和何
容二三其德壃埸之言差不足信且朝廷若必赫怒使守在外亦不近相淮濆
思沖曰我國之彊經略淮東何患不蕩海東岳政存於信誓耳且和好旣結豈
可復有不信昔華元子反戰伐之際尚能以誠相告此意㫖慕也幼明曰卿未
有子反之急詎求登床之請是後宏亦欲南侵徐豫於淮泗閒大積馬蒭十一
年遣露布幷上書稱當南寇世祖發揚州民丁廣設召募北地人支酉聚數千
人於長安城北西山起義遣使告梁州刺史陰智伯秦州人王度人起義應酉
攻獲僞刺史劉藻秦雍閒七州民皆響震衆至十萬各自保壁望朝廷救其兵

宏遣弟僞河南王幹尚書盧陽烏擊秦雍義軍幹大敗酉迎戰進至咸陽北濁谷圍僞司空長洛王繆老生合戰又大破之老生走還長安梁州刺史陰智伯遣軍主席德仁張弘林等數千人應接酉等進向長安所至皆靡會世祖崩宏聞關中危急乃稱聞喪退師太和十七年八月使持節安南大將軍都督徐青齊三州諸軍事南中郎將徐州刺史廣陵侯府長史帶淮陽太守鹿樹生移齊兗州府長史府奉被行所尚書符騰詔曰皇師電舉揺旆南指誓清江祲志廓衡霍以去月下旬濟次河洛會前使人邢巒等至審知彼有大艾以春秋之義聞喪寢伐爰勅有司輟鑾止軔休馬華陽戢戈嵩北便肇經周制光宅中區永皇基於無窮恢盛業乎萬祀宸居重正鴻化增新四海承休莫不銘慶故以往示如律令并遣使弔國諱遣僞大將楊大眼張聰明等數萬人攻酉酉廣等並見殺隆昌元年遣司徒參軍劉斅車騎參軍沈宏報使至北宏稱字玄覽其夏虜平北將軍魯直清率衆降以爲督洛州軍事領平戎校尉征虜將軍洛州刺史是歲宏徙都洛陽改姓元氏初匈奴女名托跋妻李陵胡俗以母名爲姓故

虜爲李陵之後虜甚諱之有言其是陵後者輒見殺至是乃改姓焉宏聞高宗踐阼非正既新移都兼欲大示威力是冬自率大衆分寇豫徐司梁四州遣僞荊州刺史薛真度尚書郗祁阿婆出南陽向沙堨築壘開溝爲南陽太守房伯玉新野太守劉思忌所破建武二年春高宗遣鎮南將軍王廣之出司州右僕射沈文季出豫州左衞將軍崔慧景出徐州宏自率衆至壽陽軍中有黑氈行殿容二十人坐輦邊皆三郎曷刺真槊多白真毦鐵騎爲羣前後相接步軍皆烏楯槊綴接以黑蝦蟆旛牛車及驢駱駞載軍資妓女三十許萬人不攻城登八公山賦詩而去別圍鍾離城徐州刺史蕭惠休輔國將軍申希祖拒守出兵奮擊宏衆敗多赴淮死乃分軍據邵陽州柵斷水路夾築二城右衞將軍蕭坦之遣軍主裴叔業攻二城拔之惠休又募人出燒虜攻城車虜力竭不能剋王奐之誅子肅奔虜宏以爲鎮南將軍南豫州刺史遣肅與劉昶號二十萬衆圍義陽司州刺史蕭誕拒戰虜築圍壍柵三重燒居民淨盡并力攻城城中負楯而立王廣之都督救援虜遣三萬餘人逆攻太子右率蕭季敞於下梁季敞戰

不利司州城內告急王廣之遣軍主黃門侍郎梁王閑道先進與太子右率蕭誅輔國將軍徐玄慶荊州軍主魯休烈據賢首山出虜不備城內見援軍至蕭誕遣長史王伯瑜及軍主崔恭祖出攻虜柵因風放火梁王等衆軍自外擊之昶蕭棄圍引退追擊破之輔國將軍桓和出西陰平僞魯郡公郯城戍主帶莫樓僞東海太守江道僧設伏路側和與合戰大敗之青徐民降者百餘家青冀二州刺史王洪範遣軍主崔延攻虜紀城並拔之宏先又遣僞尚書盧陽烏華州刺史韋靈智攻赭陽城北襄城太守成公期拒守虜攻城百餘日設以鉤衝不捨晝夜期所殺傷數千人臺又遣軍主桓歷生蔡道貴救援陽烏等退官軍追擊破之夏虜又攻司州櫟城二戍戍主魏僧岷朱僧起拒敗之僞安南將軍梁州刺史魏郡王元英十萬餘人通斜谷寇南鄭梁州刺史蕭懿遣軍主姜山安趙超宗等數軍萬餘人分據角弩白馬沮水拒戰大敗英進圍南鄭土山衝車晝夜不息懿率東從兵二千餘人固守拒戰隨手摧却英攻城自春至夏六十餘日不下死傷甚衆軍中糧盡擣麴爲食畜菜葉直千錢懿先遣軍主韓嵩

等征獠回軍援州城至黃牛川爲虜所破懿遣氐人楊元秀還仇池說氐起兵斷虜運道氐卽舉衆攻破虜歷城畢蘭駱谷仇池平洛蘇勒六戍僞尙書北梁州刺史辛黑未戰死英遣軍副仇池公楊靈珍據泥公山武興城主楊集始遣弟集朗與歸國氐楊馥之及義軍主徐曜甫迎戰於黃亘大敗奔歸時梁州土豪范凝梁季羣於家請英設會伏兵欲殺英事覺英執季羣殺之凝竄走英退保濁水聞氐衆盛與楊靈珍復俱退入斜谷會天大雨軍馬含漬截竹貴米於馬上持炬炊而食英至下辨靈珍弟婆羅阿卜珍反襲擊英衆散射中英頰僞陵江將軍悅楊生領鐵騎死戰救之得免梁漢平武都太守杜靈瑗奮武將軍望法憙寧朔將軍望法泰州治中皇甫畿並拒虜戰死追贈靈瑗法憙羽林監法泰積射將軍時僞洛州刺史賈異寇甲口爲上洛太守李靜所破三年虜又攻司州櫟城爲戍主魏僧岷所拒破秋虜遣軍襲漣口東海太守鄭延祉棄西城走東城猶固守臺遣冠軍將軍兗州刺史徐玄慶救援虜引退延祉伏罪初僞太后馮氏兄昌黎王馮莎二女大馮美而有疾爲尼小馮爲宏皇后生僞太

子詢後大馮疾差宏納爲昭儀宏初徙都詢意不樂思歸桑乾宏制衣冠與之詢竊毀裂解髮爲編服左衽大馮有寵日夜讒詢宏出鄴城馬射詢因是欲叛北歸密選宮中御馬三千匹置河陰諸皇后聞之召執詢馳使告宏宏徙詢無鼻城在河橋北二里尋殺之以庶人禮葬立大馮爲皇后便立僞太子恪是歲僞太和二十年也僞征北將軍恆州刺史鉅鹿公伏鹿孤賀鹿渾守桑乾宏從叔平陽王安壽戍懷柵在桑乾西北渾非宏任用中國人與僞定州刺史馮翌公自隣安樂公托跋阿幹兒謀立安壽分據河北期久不遂安壽懼告宏殺渾等數百人任安壽如故先是僞荆州刺史薛真度尚書郄祁阿婆爲房伯玉所破宏怒以南陽小郡誓取滅之四年自率軍向雍州宏先至南陽房伯玉嬰城拒守宏從數萬騎罩黃繖去城一里遣僞中書舍人公孫雲謂伯玉曰我今蕩一六合與先行異先行冬去春還不爲停久今誓不有所剋終不還北停此或三五年卿此城是我六龍之首無容不先攻取遠一年中不過百日近不過一月非爲難殄若不改迷當斬卿首梟之軍門闔城無貳幸可改禍爲福但卿有

三罪今令卿知卿先事武帝蒙在左右不能盡節前主而盡節今主此是一罪前歲遣偏師薛眞度暫來此卿遂破傷此是二罪武帝之胤悉被誅戮初無報効而反爲今主盡節違天害理此是三罪不可容恕聽卿三思勿令闔城受苦伯玉遣軍副樂稚柔答曰承欲見攻圍期於必剋卑微常人得抗大威眞可謂獲其死所先蒙武帝採拔賜預左右犬馬知恩寧容無感但隆昌延興昏悖違常聖明纂業家國不殊此則進不負心退不愧幽前歲薛眞度導誘邊氓遂見陵突旣荷國恩聊爾撲掃回已而言應略此責宏引軍向城南寺前頓止從東南角溝橋上過伯玉先遣勇士數人着班衣虎頭帽從伏竇下忽出宏人馬驚退殺數人宏呼善射將原靈度射之應弦而倒宏乃過宏時大舉南寇僞咸陽王元禧彭城王元勰常侍王元嵩寶掌王元麗廣陵侯元燮都督大將軍劉昶王肅楊大眼奚康生長孫稚等三十六軍前後相繼衆號百萬其諸王軍朱色鼓公侯綠色鼓伯子男黑色鼓並有聲角吹脣沸地宏留僞咸陽王禧圍南陽進向新野新野太守劉思忌亦拒守臺先遣軍主直閤將軍胡松助北襄城太

守成公期守赭陽城軍主鮑舉助西汝南北義陽二郡太守黃瑤起戍舞陰城
宏攻圍新野城戰鬭不息遣人謂城中曰房伯玉已降汝南何獨自取糜碎思
忌令人對曰城中兵食猶多未暇從汝小虜語也雍州刺史曹虎遣軍至均口
不進永泰元年城陷縛思忌問之曰今欲降未思忌曰寧爲南鬼不爲北臣乃
死贈冠軍將軍梁州刺史於是沔北大震湖陽戍主蔡道福赭陽城主成公期
及軍主胡松舞陰城主黃瑤起及軍主鮑舉順陽太守席謙並棄城走虜追軍
獲瑤起王肅募人臠食其肉追贈冠軍將軍兗州刺史數日房伯玉以城降伯
玉清河人既降虜以爲龍驤將軍伯玉不肯受高宗知其志月給其子希哲錢
五千米二十斛後伯玉就虜求南邊一郡爲馮翊太守生子幼便教其騎馬常
欲南歸永元末希哲入虜伯玉大怒曰我力屈至此不能死節猶望汝在本朝
以報國恩我若從心亦欲閉關求反汝何爲失計遂卒虜中虜得沔北五郡宏
自將二十萬騎破太子率崔慧景等於鄧城進至樊城臨沔水而去還洛陽聞
太尉陳顯達經略五郡圍馬圈宏復率大衆南攻破顯達而死喪還未至洛四

百餘里稱宏詔徵僞太子恪會魯陽恪至𨛦以宏僞法服衣之始發喪至洛乃
宣布州品舉哀制服諡孝文皇帝是年王肅爲虜制官品百司皆如中國凡九
品品各有二肅初奔虜自說其家被誅事狀宏爲之垂涕以第六妹僞彭城公
主妻之封肅平原郡公爲宅舍以香塗壁遂見信用恪立號景明元年永明二
年也豫州刺史裴叔業以壽春降虜先是僞東徐州刺史沈陵率部曲降陵吳
興人初以失志奔虜大見任用宏旣死故南歸頻授徐越二州刺史時王肅爲
征南將軍豫州都督朝廷旣新失大鎭荒人往來詐云肅欲歸國少帝詔以肅
爲使持節侍中都督豫徐司三州右將軍豫州刺史西豐公邑二千戶虜旣得
淮南其夏遣僞冠軍將軍南豫州刺史席法友攻北新蔡安豐二郡太守胡景
略於建安城死者萬餘人百餘日朝廷無救城陷虜執景略以歸其冬虜又遣
將桓道福攻隨郡太守崔士招破之後僞咸陽王憙以恪年少與氐楊集始楊
靈祐乞佛馬居及虜大將支虎李伯尙等十餘人請會鴻池陂因恪出北芒獵
襲殺之憙猶豫不能發欲更剋日馬居說憙曰殿下若不至北芒便可回師據

洛城閉四門天子聞之必走向河北走桑乾仍斷河橋爲河南天子隔河而治此時不可失也憙又不從靈祐疑憙反已即馳告恪憙聞事敗欲走渡河而天雨暗迷道至孝義驛恪已得洛城遣第度平王領數百騎先入宮知無變乃還遣直衞三郎兵討憙執殺之虜法謀反者不得葬棄屍北芒王肅以疾卒

史臣曰齊虜分江南爲國歷三代矣華夏分崩舊京幅裂觀釁阻兵事與東晉三庾藉元舅之威自許專征元規臨邾城以覆師稚恭至襄陽而反旆褚裒以徐兗勁卒壹沒於鄒魯殷浩驅揚豫之衆大敗於山桑桓溫弱冠雄姿因平蜀之聲勢步入咸關野戰洛鄴既而鮮卑固於負海羌虜割有秦代自爲敵國情險勢分宋武乘機故能以次而行誅滅及魏虜兼幷河南失境兵馬土地非復曩時宋文雖得之知己未能料敵故師帥無功每戰必殆泰始以邊臣外叛遂亡淮北經略不振乃議和親太祖創命未及圖遠戎塵先起侵暴方牧淮豫剋捷青海摧奔以逸待勞坐徵百勝自四州淪沒民戀本朝國祚惟新歌奉威德提戈荷甲人自爲鬭深壘結防想望南旗天子習知邊事取亂而授兵律若前

師指日遠掃臨彭而督將逗留援接稽繞向義之徒傾巢盡室旣失事機朝議
北寢偃武修文更思後會永明之世據已成之策職問往來關禁寧靜疆場之
民並安堵而息窺覦百姓附農桑而不失業者亦由此而已也夫荆棘所生用
武之弊寇戎一犯傷痍難復豈非此之驗乎建武初運獯雄南逼豫徐疆鎭嬰
高城蓄士卒不敢與之校武胡馬蹈藉淮肥而常自戰其地梯衝之害鼓掠所
亡建元以來未之前有兼以穹廬華徙卽禮舊都雍司北部親近許洛平塗數
百通驛車軌漢世馳道直抵章陵鑣案所騖晨往暮返虜懷兼弱之威挾廣地
之計彊兵大衆親自凌殄旍鼓彌年矢石不息朝規懦屈莫能救禦故南陽覆
壘新野頹隍民戸墾田皆爲狄保雖分遣將卒俱出淮南未解沔北之危已深
渦陽之敗征賦內盡民命外殫比屋騷然不聊生矣夫休頹之數誠有天機得
失之迹各歸人事豈不由將率相臨貪功昧賞勝敗之急不相救護號令不明
固中國之所短也
贊曰天立勍胡竊有帝圖卽安諸夏建號稱孤齊民急病并邑焚刳

南齊書卷五十七

南齊書卷五十七考證

魏虜傳永明二年冬虜使李道固報聘○魏紀作李彪

僞安南將軍遼東公平南將軍上谷公又攻舞陰舞陰戍主輔國將軍殷公愍拒破之○臣祖庚按魏紀云詔南部尚書公孫文慶上谷公張伏于南討舞陰又公孫邃傳邃字文慶內都幢將上谷公張倏討蕭賾舞陰戍據此則攻舞陰者爲南部尚書內都幢將官名互異戍主爲蕭賾亦有不同又通鑑考異曰伏于張倏字也

僞咸陽王復欲盡殺道人○臣祖庚按通鑑考異曰咸陽王元禧時尚幼太和九年始封恐非也

尚書盧陽烏華州刺史韋靈智攻赭陽○臣宗萬按通鑑攷異曰陽烏淵小字靈智珍字也

大馮有寵日夜譏詢○臣祖庚按魏書不載詢作恂

徙詢無鼻城在河橋北二里○臣祖庚按水經注溴水出河內軹縣原山南流

注于河水東有無辟邑謂之無鼻城此云河橋北未知孰是

南齊書卷五十七考證

南齊書卷五十八

梁　蕭　子　顯　撰

列傳第三十九

蠻

東南夷

蠻種類繁多言語不一咸依山谷布荊湘雍郢司等五州界宋世封西陽蠻梅蟲生爲高山侯田治生爲威山侯梅加羊爲扞山侯太祖卽位有司奏蠻封應在解例參議以戎夷疎爵理章列代酋豪世襲事炳前葉今宸歷改物舊冊杓降而梅生等保落奉政事須繩總恩命升贊有異常品謂宜存名以訓殊俗詔特留以治生爲輔國將軍虎賁中郎轉建寧郡太守將軍侯如故建元二年虜侵豫司蠻中傳虜已近又聞官盡發民丁南襄城蠻秦遠以郡縣無備寇潼陽縣令焦文度戰死司州蠻引虜攻平昌戍戍主苟元賓擊破之秦遠又出破臨沮百方砦殺略百餘人北上黃蠻文勉德寇汶陽太守戴元孫孤城力弱慮不

自保棄戍歸江陵荊州刺史豫章王遣中兵參軍劉伾緒領千人討勉德至當
陽勉德請降收其部落使戍汶陽所治城子令保持商旅付其清通遠遂逃竄
汶陽本臨沮西界二百里中水陸迂狹魚貫而行有數處不通騎而水白田甚
肥腴桓温時割以爲郡西北接梁州新城東北接南襄城南接巴巫二邊並山
蠻凶盛據險爲寇賊宋泰始以來巴建蠻向宗頭反刺史沈攸之斷其鹽米連
討不剋晉天與三年建平夷王向弘向璿等詣臺求拜除尙書郎張亮議夷貊
不可假以軍號元帝詔特以弘爲折衝將軍當平鄉侯並親晉王賜以朝服宗
頭其後也太祖置巴州以威靜之其武陵酉溪蠻田思飄寇抄內史王文和討
之引軍深入蠻自後斷其糧豫章王遣中兵參軍莊明五百人將湘州鎭兵合
千人救之思飄與文和拒戰中弩矢死蠻衆以城降永明初向宗頭與默陽蠻
田豆渠等五十人爲寇巴東太守王圖南遣府司馬劉僧壽等斬山開道攻其
砦宗頭夜燒砦退走三年湘州蠻陳雙李答寇掠郡縣刺史呂安國討之不克
四年刺史柳世隆督衆征討乃平五年雍司州蠻與虜通助荒人桓天生爲亂

六年除督護北遂安左郡太守田駟路爲試守北遂安左郡太守前寧朔將軍田驢王爲試守新平左郡太守皆郢州蠻也九年安隆內史王僧旭發民丁遣寬城戍主萬民和助八百丁村蠻伐千二百丁村蠻爲蠻所敗民和被傷失馬及器仗有司奏免官西陽蠻田益宗沈攸之時以功勞得將領遂爲臨川王防閤叛投虜虜以爲東豫州刺史建武三年虜遣益宗攻司州龍城戍爲戍主朱僧起所破蠻俗衣布徒跣或椎髻或翦髮兵器以金銀爲飾虎皮衣楯便弩射皆暴悍好寇賊焉

東夷高麗國西與魏虜接界宋末高麗王樂浪公高璉爲使持節散騎常侍都督營平二州諸軍事車騎大將軍開府儀同三司太祖建元元年進號驃騎大將軍三年遣使貢獻乘船汎海使驛常通亦使魏虜然彊盛不受制虜置諸國使邸齊使第一高麗次之永明七年平南參軍顏幼明冗從僕射劉思斅使虜虜元會與高麗使相次幼明謂僞主客郎裴叔令曰我等銜命上華來造卿國所爲抗敵在乎一魏自餘外夷理不得望我鑣塵況東夷小貊臣屬朝廷今日

乃敢與我躡踵思斅謂僞南部尚書李思沖曰我聖朝處魏使未嘗與小國列
卿亦應知思沖曰實如此但主副不得升殿耳此間坐起甚高足以相報思斅
曰李道固昔使正以衣冠致隔耳魏國必纓冕而至豈容見黜幼明又謂虜主
曰二國相亞唯齊與魏邊境小狄敢躡臣蹤高麗俗服窮袴冠析風一梁謂之
幘知讀五經使人在京師中書郎王融戲之曰服之不衷身之災也頭上定是
何物答曰此卽古弁之遺像也高璉年百餘歲卒隆昌元年以高麗王樂浪公
高雲爲使持節散騎常侍都督營平二州諸軍事征東大將軍高麗王樂浪公
建武三年此下缺文

存名烈假行寧朔將軍臣姐瑾等四人振竭忠効攘除國難志勇果毅等威名
將可謂扞城固蕃社稷論功料勤宜在甄顯今依例輒假行職伏願恩愍聽除
所假寧朔將軍面中王姐瑾歷贊時務武功並列今假行冠軍將軍都將軍都
漢王建威將軍八中侯餘古弱冠輔佐忠効夙著今假行寧朔將軍阿錯王建
威將軍餘歷忠款有素文武烈顯今假行龍驤將軍邁盧王廣武將軍餘固忠
効時務光宣國政今假行建威將軍弗斯侯牟大又表曰臣所遣行建威將軍
廣陽太守兼長史臣高達行建威將軍朝鮮太守兼司馬臣楊茂行宣威將軍
兼參軍臣會邁等三人志行清亮忠款夙著往太始中比使宋朝今任臣使冒
報功勞勤實

涉波險尋其至効宜在進爵謹依先例各假行職且玄澤靈休萬里所企況親
趾天庭乃不蒙賴伏願天監特愍除正達邊効夙著勤勞公務令假行龍驤將
軍帶方太守茂志行清壹公務不廢今假行建威將軍廣陵太守邁執志周密
屢致勤効今假行廣武將軍清河太守詔可並賜軍號除太守爲使持節都督
百濟諸軍事鎮東大將軍使兼謁者僕射孫副策命大襲亡祖父牟都爲百濟
王曰於戲惟爾世襲忠懃誠著遐表滄路肅澄要貢無替式循彝典用纂顯命
往欽哉其敬膺休業可不愼歟制詔行都督百濟諸軍事鎮東大將軍百濟王
牟大今以大襲祖父牟都爲百濟王即位章綬等五銅虎竹符四王其拜受不
亦休乎是歲魏虜又發騎數十萬攻百濟入其界牟大遣將沙法名贊首流解
禮昆木干那率衆襲擊虜軍大破之建武二年牟大遣使上表曰臣自昔受封
世被朝榮忝荷節鉞剋攘列辟往姐瑾等並蒙光除臣庶咸泰去庚午年獫狁
弗悛舉兵深逼臣遣沙法名等領軍逆討宵襲霆擊匈梨張惶崩若海蕩乘奔
追斬僵屍丹野由是摧其銳氣鯨暴韜凶今邦宇謐靜實名等之略尋其功勳

宜在褒顯今假沙法名行征虜將軍邁羅王贊首流爲行安國將軍辟中王解
禮昆爲行武威將軍弗中侯木干那前有軍功又拔臺舫爲行廣威將軍面中
侯伏願天恩特愍聽除又表曰臣所遣行龍驤將軍樂浪太守兼長史臣慕遺
行建武將軍城陽太守兼司馬臣王茂兼參軍行振武將軍朝鮮太守臣張塞
行揚武將軍陳明在官忘私唯公是務見危授命蹈難弗顧今任臣使冒涉波
險盡其至誠實宜進爵各假行署伏願聖朝特賜除正詔可並賜軍號
加羅國三韓種也建元元年國王荷知使來獻詔曰量廣始登遠夷洽化加羅
王荷知款關海外奉贄東遐可授輔國將軍本國王
倭國在帶方東南大海島中漢末以來立女王土俗已見前史建元元年進新
除使持節都督倭新羅任那加羅秦韓六國諸軍事安東大將軍倭王武號爲
鎮東大將軍
南夷林邑國在交州南海行三千里北連九德秦時故林邑縣也漢末稱王晉
太康五年始貢獻宋永初元年林邑王范楊邁初產母夢人以金席藉之光色

奇麗中國謂紫磨金夷人謂之陽邁故以爲名楊邁死子咄立慕其父復改名
楊邁林邑有金山金汁流出於浦事尼乾道鑄金銀人像大十圍元嘉二十二
年交州刺史檀和之伐林邑楊邁欲輸金萬斤銀十萬斤銅三十萬斤還日南
地大臣𦾔僧達諫不聽和之進兵破其北界犬戎區粟城獲金寶無筭毀其金
人得黃金數萬斤餘物稱是和之後病死見胡神爲祟孝建二年始以林邑長
史范龍跋爲揚武將軍楊邁子孫相傳爲王未有位號夷人范當根純攻奪其
國篡立爲王永明九年遣使貢獻金簟等物詔曰林邑蠢爾介在遐外世服王
化當根純乃誠懇款到率其僚職遠績克宣良有可嘉宜沾爵號以弘休澤可
持節都督緣海諸軍事安南將軍林邑王范楊邁子孫范諸農率種人攻當根
純復得本國十年以諸農爲持節都督緣海諸軍事安南將軍林邑王建武二
年進號鎮南將軍永泰元年諸農入朝海中遭風溺死以其子文款爲假節都
督緣海軍事安南將軍林邑王晉建興中日南夷帥范稚奴文數商賈見上國
制度教林邑王范逸起城池樓殿王服天冠如佛冠身被香纓絡國人凶悍習

山川善鬬吹海蠡爲角人皆裸露四時暄暖無霜雪貴女賤男謂師君爲婆羅門羣從相姻通婦先遣聘求壻女嫁者迦藍衣橫幅合縫如井闌首戴花寶婆羅門牽壻與婦握手相付呪願吉利居喪剪髮謂之孝燔屍中野以爲葬遠界有靈鷲鳥知人將死集其家食死人肉盡飛去乃取骨燒灰投海中水葬人色以黑爲美南方諸國皆然區栗城建八尺表日影度南八寸自林邑西南三千餘里至扶南

扶南國在日南之南大海西蠻中廣袤三千餘里有大江水西流入海其先有女人爲王名柳葉又有激國人混填夢神賜弓二張教乘舶入海混填晨起於神廟樹下得弓卽乘舶向扶南柳葉見舶率衆欲禦之混填舉弓遙射貫船一面通中人柳葉怖遂降混填遂以爲妻惡其躶露形體乃疊布貫其首遂治其國子孫相傳至王槃況死國人立其大將范師蔓蔓病姊子旃慕立殺蔓子金生十餘年蔓少子長襲殺旃以刃鑱旃腹曰汝昔殺我兄今爲父兄報汝旃大將范尋又殺長國人立以爲王是吳晉時也晉宋世通職貢宋末扶南王姓僑

陳如名闍耶跋摩遣商貨至廣州天竺道人那伽仙附載欲歸國遭風至林邑
掠其財物皆盡那伽仙間道得達扶南具說中國有聖主受命永明二年闍耶
跋摩遣天竺道人釋那伽仙上表稱扶南國王臣僑陳如闍耶跋摩叩頭啓曰
天化撫育感動靈祇四氣調適伏願聖主尊體起居康御皇太子萬福六宮清
休諸王妃主內外朝臣普同和睦隣境士庶萬國歸心五穀豐熟災害不生土
清民泰一切安穩臣及人民國土豐樂四氣調和道俗濟濟並蒙陛下光化所
被咸荷安泰又曰臣前遣使齎雜物行廣州貨易天竺道人釋那伽仙於廣州
因附臣舶欲來扶南海中風漂到林邑國王奪臣貨易幷那伽仙私財具陳其
從中國來此仰序陛下聖德仁治詳議風化佛法興顯衆僧殷集法事日盛王
威嚴整朝望國軌慈愍蒼生八方六合莫不歸伏如聽其所說則化隣諸天非
可爲喩臣聞之下情踊悅若蹔奉見尊足仰慕慈恩澤流小國天垂所感率土
之民並得皆蒙恩祐是以臣今遣此道人釋那伽仙爲使上表問訊奉貢微獻
呈臣等赤心幷別陳下情但所獻輕陋愧懼唯深伏願天慈曲照鑒其丹款賜

不垂責又曰臣有奴名鳩酬羅委臣逸走別在餘處構結凶逆遂破林邑仍自
立爲王永不恭從違恩負義叛主之愆天不容載伏尋林邑昔爲檀和之所破
久已歸化天威所被四海彌伏而今鳩酬羅守執奴凶自專狠彊且林邑扶南
隣界相接親人是臣奴猶尚逆去朝廷遙遠豈復遵舉此國屬陛下故謹具上
啓伏聞林邑頃年表獻簡絶便欲永隔朝廷豈有師子坐而安大鼠伏願遣軍
將伐凶逆臣亦自效微誠助朝廷翦撲使邊海諸國一時歸伏陛下若欲別立
餘人爲彼王者伏聽勑旨脫未欲灼然興兵伐林邑者伏願特賜勑在所隨宜
以少軍助臣乘天之威殄滅小賊伐惡從善平蕩之日上表獻金五婆羅今輕
此使送臣丹誠表所陳啓不盡下情謹附那伽仙幷其伴口具啓聞伏願愍所
啓幷獻金鏤龍王坐像一軀白檀像一軀牙塔二軀古貝二雙瑠璃蘇鉝二口
瑇瑁檳榔柈一枚那伽仙詣京師言其國俗事摩醯首羅天神神常降於摩躭
山土氣恒暖草木不落其上書曰吉祥利世間感攝於羣生所以其然者天感
化緣明仙山名摩躭吉樹敷嘉榮摩醯首羅天依此降尊靈國王悉蒙祐人民

皆安寧由斯恩被故是以臣歸情菩薩行忍慈本迹起凡基一發菩提心二乘
非所期歷生積功業六度行大悲勇猛超劫數財命捨無遺生死不爲厭六道
化有緣具脩於十地遺果度人天功業既已定行滿登正覺萬善智圓備惠日
照塵俗衆生感緣應隨機授法藥佛化遍十方無不蒙濟擢皇帝聖弘道興降
於三寶垂心覽萬機感恩振八表國土及城邑仁風化淸皎亦如釋提洹衆天
中最超陛下臨萬民四海共歸心聖慈流無疆彼臣小國深詔報曰具摩醯降
靈流施彼土雖殊俗異化遙深欣讚知鳩酬羅於彼背叛竊據林邑聚凶肆掠
殊宜翦討彼雖介遐陬舊脩蕃貢自宋季多難海譯致壅皇化惟新習迷未革
朕方以文德來遠人未欲便興干戈王既款列忠到遠請軍威今詔交部隨宜
應接伐叛柔服實惟國典勉立殊效以副所期那伽仙屢銜邊譯頗悉中土闊
狹令其具宣上報以絳紫地黃碧綠紋綾各五匹扶南人黠惠知巧攻略傍邑
不賓之民爲奴婢貨易金銀綵帛大家男子截錦爲橫幅女爲貫頭貧者以布
自蔽鍛金鐶鏆銀食器伐木起屋國王居重閣以木柵爲城海邊生大箬葉長

八九尺編其葉以覆屋人民亦爲閣居爲船八九丈廣裁六七尺頭尾似魚國
王行乘象婦人亦能乘象鬭雞及猪爲樂無牢獄有訟者則以金指鐶若雞子
投沸湯中令探之又燒鎖令赤著手上捧行七步有罪者手皆燋爛無罪者不
傷又令沒水直者入卽不沈不直者卽沈也有甘蔗諸蔗安石榴及橘多檳榔
鳥獸如中國人性善不便戰常爲林邑所侵擊不得與交州通故其使罕至交
州斗絕海島控帶外國故恃險數不賓宋泰始初刺史張牧卒交阯人李長仁
殺牧北來部曲據交州叛數年病死從弟叔獻嗣事號令未行遣使求刺史宋
朝以南海太守沈煥爲交州刺史以叔獻爲煥寧遠司馬武平新昌二郡太守
叔獻得朝命人情服從遂發兵守險不納煥煥停鬱林病卒太祖建元元年仍
以叔獻爲交州刺史就安慰之叔獻受命既而斷割外國貢獻寡少世祖欲討
之永明元年以司農劉楷爲交州刺史發南康廬陵始興郡兵征交州叔獻聞
之遣使願更申數年獻十二隊純銀兜鍪及孔雀毦世祖不許叔獻懼爲楷所
襲間道自湘川還朝六年以始興太守房法乘代楷法乘至鎭屬病不理事專

好讀書長史伏登之因此擅權改易將吏不令法乘知錄事房季文白之法乘大怒繫登之於獄十餘日登之厚賂法乘妹夫崔景叔得出將部曲襲州執法乘謂之曰使君既有疾不宜勞因之別室法乘無事復就登之求書讀登之曰使君靜處猶恐動疾豈可看書遂不與乃啓法乘心疾動不任視事世祖仍以登之爲交州刺史法乘還至嶺而卒法乘清河人昇明中爲太祖驃騎中兵至左中郎將性方簡身長八尺三寸行出人上常自俯屈青州刺史明慶符亦長與法乘等朝廷唯此二人

史臣曰書稱蠻夷猾夏蓋總而爲言矣至於南夷雜種分嶼建國四方珍怪莫此爲先藏山隱海瓌寶溢目商舶遠屆委輸南州故交廣富實牣積王府充斥之事差微聲教之道可被若夫用德以懷遠其在此乎

贊曰司雍分壃荆及衡陽參錯州部地有蠻方東夷海外碣石扶桑南域憬遠極泛溟滄非要乃貢並亦來王

南齊書卷五十八

南齊書卷五十九

梁　蕭　子　顯　撰

列傳第四十

芮芮虜

河南氏羌

芮芮虜塞外雜胡也編髮左衽晉世什翼珪入塞內後芮芮逐水草盡有匈奴故庭威服西域土氣早寒所居爲穹廬氈帳刻木記事不識文書馬畜丁肥種衆殷盛常與魏虜爲讎敵宋世其國相希利垔解星筭數術通胡漢語常言南方當有姓名齊者其人當興昇明二年太祖輔政遣驍騎將軍王洪軌使芮芮剋期共伐魏虜建元元年八月芮芮主發三十萬騎南侵去平城七百里魏虜拒守不敢戰芮芮主於燕然山下縱獵而歸上初踐阼不遑出師二年三年芮芮主頻遣使貢獻貂皮雜物與上書欲伐魏虜謂上足下自稱吾獻師子皮袴褶皮如虎皮色白毛短時有賈胡在蜀見之云此非師子皮乃扶拔皮也國相

邢基祇羅迴奉表曰夫四象稟政二儀改度而萬物生焉斯蓋虧盈迭襲歷數
自然也昔晉室將終楚桓竊命實賴宋武匡濟之功故能扶衰定傾休否以泰
祚流九葉而國嗣不繼今皇天降禍於上宋室猜亂于下臣雖荒遠粗闚圖書
數難以來星文改度房心受變虛危納祉宋滅齊昌此其驗也水運講屯木德
應運子年垂乂劉穆之記嵱嶺有不衽之山京房讖云卯金十六草肅應王歷
觀圖緯休徵非一皆云慶鍾蕭氏代宋者齊會有使力法度及闕此國使反採
訪聖德彌驗天縱之姿故能挾隆皇祚光權定之業翼亮天功濟悖主之難樹
勳京師威振海外仗義之功侔蹤湯武冥績既著寶命因歸受終之歷歸於有
道況夫帝無常族有德必昌時來之數唯靈是與陛下承乾啓之機因乘龍之
運計應符革祚久已踐極荒裔傾戴莫不引領設未龍飛不宜沖挹上違天人
之心下乖黎庶之望皇芮承緒肇自二儀拓土載民地越滄海百代一族大業
天固雖吳漢殊域義同脣齒方欲剋期中原龔行天罰治兵繕甲俟時大舉振
霜戈於并代鳴和鈴於秦趙掃殄凶醜梟剪元惡然後皇輿還幸光復中華永

敦隣好併蹤齊魯使四海有奉蒼生咸賴荒餘歸仰豈不盛哉永明元年王洪軌還京師經途三萬餘里洪軌齊郡臨淄人爲太祖所親信建武中爲青冀二州刺史私占丁侵虜境奔敗結氣卒芮芮王求醫工等物世祖詔報曰知須醫及織成錦工指南車漏刻並非所愛南方治疾與北土不同織成錦工並女人不堪涉遠指南車漏刻此雖有其器工匠久不復存不副爲恨自芮芮居匈奴故庭十年丁零胡又南攻芮芮得其故地芮芮稍南徙魏虜主元宏以其侵逼遣僞平元王駕鹿渾龍驤將軍楊延數十萬騎伐芮芮大寒雪人馬死者衆先是益州刺史劉悛遣使江景玄使丁零宣國威德道經鄯善于闐鄯善爲丁零所破人民散盡于闐尤信佛法丁零僭稱天子勞接景玄使反命芮芮常由河南道而抵益州

河南匈奴種也漢建武中匈奴奴婢亡匿在涼州界雜種數千人虜名奴婢爲貲一謂之貲虜鮮卑慕容廆庶兄吐谷渾爲氐王在益州西北亙數千里其南界龍涸城去成都千餘里大戍有四一在清水川一在赤水一在澆河一在吐

屈眞川皆子弟所治其王治慕駕川多畜逐水草無城郭後稍爲宮屋而人民猶以氈廬百子帳爲行屋地常風寒人行平沙中沙礫飛起行迹皆滅肥地則有雀鼠同穴生黄紫花瘦地輒有瘴氣使人斷氣牛馬得之疲汗不能行宋初始受爵命至宋末河南王吐谷渾拾寅爲使持節散騎常侍都督西秦河沙三州諸軍事車騎大將軍開府儀同三司領護羌校尉西秦河二州刺史建元元年太祖卽本官進號驃騎大將軍宋世遣武衞將軍王世武使河南是歲隨拾寅使來獻詔答曰皇帝敬問使持節散騎常侍都督西秦河沙三州諸軍事車騎大將軍開府儀同三司領護羌校尉西秦河二州刺史新除驃騎大將軍河南王寶命革授爰集朕躬猥當大業祗惕兼懷夏中增感王世武至得元徽五年五月二十一日表聞之涇歎想比平安又卿乃誠遙著保寧遐疆今詔升徽號以酬忠款遣王世武銜命拜授又仍使王世武等往芮芮想卽資遣使得時達又奏所上馬等物悉至今往別牒錦絳紫碧綠黄青等紋各十匹拾寅子易度侯好星文嘗求星書朝議不給寅卒三年以河南王世子吐谷渾易度侯爲

使持節都督西秦河沙三州諸軍事鎮西將軍領護羌校尉西秦河二州刺史河南王永明三年詔曰易度侯守職西蕃綏懷允緝忠績兼舉朕有嘉焉可進號車騎大將軍遣給事中丘冠先使河南道并送芮芮使至六年乃還得玉長三尺二寸厚一尺一寸易度侯卒八年立其世子休留茂爲使持節督西秦河沙三州諸軍事鎮西將軍領護羌校尉西秦河二州刺史復遣振武將軍丘冠先拜授并行弔禮冠先至河南休留茂逼令先拜冠先厲色不肯休留茂恥其國人執冠先於絕巖上推墮深谷而死冠先字道玄吳與人晉吏部郎傑六世孫也上初遣冠先示尚書令王儉儉答上曰此人不啻堪行乃再銜命及死世祖敕其子雄曰卿父受使河南秉忠守死不辱王命我甚賞惜喪屍絕域不可復尋於卿後宦塗無妨甚有高比賜錢十萬布三十匹

氐楊氏與苻氏同出略陽漢世居仇池地號百頃建安中有百頃氐王是也晉世有楊茂搜後轉彊盛事見前史仇池四方壁立自然有樓櫓却敵狀高並數丈有二十二道可攀緣而升東西二門盤道可七里上有岡阜泉源氏於上平

地立宮室菓園倉庫無貴賤皆爲板屋土牆所治處名洛谷宋元嘉十九年龍驤將軍裴方明等伐氐剋仇池後爲魏虜所攻失地氐王楊難當從兄子文德聚衆茄蘆宋世加以爵位文德死從弟僧嗣文慶傳代之難當族弟廣香先奔虜元徽中爲虜攻殺文慶以爲陰平公茄蘆鎮主文慶從弟文弘爲白水太守屯武興朝議以爲輔國將軍北秦州刺史武都王仇池公太祖即位欲綏懷異俗建元元年詔曰昔絶國入贄美稱前册殊俗內款聲流往記僞虜茄蘆鎮主陰平郡公楊廣香怨結同族釁起親黨當宋之世遂舉地降敵茄蘆失守華陽暫驚近單使先馳宣揚皇威廣香等追其遠世之誠仰惟新之化肉袒請附復地千里氐羌雜種咸同歸順宜時領納厚加優卹廣香翻迷反正可特量所授部曲酋豪隨名酬賞以廣香爲督沙州諸軍事平羌校尉沙州刺史尋進號征虜將軍梁州刺史范柏年被誅其親將李烏奴懼奔叛文弘納之烏奴率亡命千餘人攻梁州爲刺史王玄邈所破復走還氐中荊州刺史豫章王嶷遣兵討烏奴檄梁州能斬送烏奴首賞本郡烏奴田宅事業悉賜之與廣香書曰夫廢

與無謬逆順有恆古今共貫賢愚同察梁州刺史范柏年懷挾詭態首鼠兩端
既已被伐盤桓稽命遂潛遣李烏奴叛楊文弘扇誘邊疆荒雜柏年今已梟禽
烏奴頻被摧破計其餘燼行自消夷今遣參軍行晉壽太守王道寶參軍事行
北巴西新巴二郡太守任湜之行宕渠太守王安會領銳卒三千遄塗風邁浮
川電掩又命輔國將軍三巴校尉明惠照巴郡太守魯休烈南巴西太守柳弘
稱益州刺史傅琰並簡徒競鶩選甲爭馳雍州水步行次魏興并山東僑舊會
於南鄭或汎舟墊江或飛旍劍道腹背飈騰表裏震擊文弘容納叛戾專爲淵
藪外侮皇威內淩國族君奕世忠款深識理順想卽起義應接大軍共爲掎角
討滅烏奴剋建忠勤茂立誠節沈攸之資十年之積權百旅之衆師出境而城
潰兵未戰而自屠朝廷無遺鏃之費士民靡傷痍之弊況蕞爾小豎方之蔑如
其取殲殄豈延漏刻黍以寡昧分陝司蕃淸氛蕩穢諒惟任職此府器械山積
戈旗林聳士卒剽勁蓄銳積威除難剿寇豈俟徵集但以翦伐萌菌弗勞洪斧
撲彼蚊蚋無假多力皇上聖哲應期恩澤廣被罪止首惡餘無所問賞罰之科

具寫如別使道寶步出魏與分軍泝墊江俱會晉壽太祖以文弘背叛進廣香爲持節都督西秦州刺史廣香子北部鎭將軍郡事炅爲征虜將軍武都太守以難當正胤楊後起爲持節寧朔將軍平羌校尉北秦州刺史武都王鎭武與郎文弘從兄子也三年文弘歸降復以爲征西將軍北秦州刺史先是廣香病死氐衆半奔文弘半詣梁州刺史崔慧景文弘遣從子後起進據白水白水居晉壽上流西接涪界東帶益路北連陰平茄蘆爲形勝之地晉壽太守楊公則啓經略之宜上答曰文弘罪不可恕事中政應且加恩耳卿若能襲破白水必加厚賞世祖郎位進後起號冠軍將軍永明元年以征虜將軍炅爲沙州刺史陰平王將軍如故二年八座奏後起勤彰款塞忠著邊城進號征虜將軍四年後起卒詔曰後起奄至殞逝惻愴于懷綏禦邊服宜詳其選行輔國將軍北秦州刺史武都王楊集始幹局沈亮乃心忠款必能緝境寧民宣揚聲教可持節輔國將軍北秦州刺史平羌校尉武都王後起弟後明爲龍驤將軍白水太守集始弟集朗爲寧朔將軍五年有司奏集始驅狐翦棘仰化邊服毋以子貴宜

加榮寵除集始母姜氏爲太夫人假銀印九年八座奏楊炅嗣勤西牧馳款內
昭宜增戎章用輝遐外進號前將軍十年集始反率氐蜀雜衆寇漢川梁州刺
史陰智伯遣軍主寧朔將軍桓盧奴梁季羣宋闕王士隆等千餘人拒之不利
退保白馬賊衆萬餘人縱兵火攻其城柵盧奴拒守死戰智伯又遣軍主陰仲
昌等馬步數千人救援至白馬城東千溪橋相去數里集始等悉力攻之官軍
內外奮擊集始大敗十八營一時潰走殺獲數千人集始奔入虜堺隆昌元年
以前將軍楊炅爲使持節督沙州諸軍事平西將軍平羌校尉沙州刺史集始
入武興以城降虜氐人苻幼孫起義攻之建武二年氐虜寇漢中梁州刺史蕭
懿遣前氐王楊後起弟子元秀收合義兵氐衆響應斷虜運道虜亦遣僞南梁
州刺史仇池公楊靈珍據泥山以相拒格元秀病死苻幼孫領其衆高宗詔曰
仇池公楊元秀氐王苗胤乃心忠勇醜虜凶逼血誠彌厲宣播朝威招誘戎種
萬里齊契響然歸從誠効顯著實有可嘉不幸殞喪悽愴於懷夫死事加恩陽
秋明義宜追覃榮典以弘勸獎贈仇池公持歸國氐楊馥之聚義衆屯沮水關

城白馬北集始遣弟集朗率兵迎拒州軍於黃亙戰大敗集始走下辯䭾之據
武興虜軍尋退䭾之留弟昌之守武興自引兵據仇池詔曰氐王楊䭾之世纂
忠義率厲部曲樹績邊城克殄姦醜復內稟朝律外撫戎荒款心式昭朕甚嘉
之以爲持節督北秦雍二州諸軍事輔國將軍平羌校尉北秦州刺史仇池公
沙州刺史楊炅進號安西將軍三年炅死以炅子崇祖爲假節督沙州軍事征
虜將軍平羌校尉沙州刺史陰平王四年僞南梁州刺史楊靈珍與二弟婆羅
阿卜珍率部曲三萬餘人舉城歸附送母及子雙健阿皮於南鄭爲質梁州刺
史陰廣宗遣中兵參軍王思考率衆救援爲虜所得婆羅阿卜珍戰死靈珍攻
集始於武興殺其二弟集同集衆集始窮急請降以靈珍爲持節督隴右軍事
征虜將軍北梁州刺史仇池公武都王永元二年復以集始爲使持節督秦雍
二州軍事輔國將軍平羌校尉北秦州刺史靈珍後爲虜所殺自虜陷仇池以
後或得或失宋以仇池爲郡故以氐封焉

宕昌羌種也各有酋豪領部衆洴隴閒宋末宕昌王梁彌機爲使持節督河涼

二州安西將軍東羌校尉河涼二州刺史隴西公建元元年太祖進號鎮西將軍又征虜將軍西涼州刺史羌王像舒彭亦進爲持節平西將軍後叛降虜永明元年八座奏前使持節都督河涼二州軍事鎮西將軍東羌校尉河涼二州刺史隴西公宕昌王梁彌機前使持節平北將軍西涼州刺史羌王像舒彭並著勤西垂寧安邊境可復先官爵詔又可以隴右都帥羌王劉洛羊爲輔國將軍機卒三年詔曰行宕昌王梁彌頡忠款內附著績西服宜加爵命式隆蕃屏可使持節督河涼二州諸軍事安西將軍東羌校尉河涼二州刺史隴西公宕昌王頡卒六年以行宕昌王梁彌承爲使持節督河涼二州諸軍事安西將軍東羌校尉河涼二州刺史宕昌王使求軍儀及伎雜書詔報曰知須軍儀等九種並非所愛但軍器種甚多致之未易內伎不堪涉遠祕閣圖書例不外出五經集注論今特敕賜王各一部俗重虎皮以之送死國中以爲貨

史臣曰氐胡獷戾乘運迭起秦趙僭差相係覆滅餘類蠢蠢被西疆而奄北際芮芮地窮幽都戎馬天隔氐楊密邇華夷分民接境侵犯漢漾浸逼狼狐壃場

之心窺望威德梁部多難於斯爲梗殘羌遺種際運肇昌盡隴憑河遠通南驛

據國稱蕃並受職命晉氏衰故中朝淪覆滅餘四夷庶雪戎禍授以兵杖升進

軍麾後代因仍貪廣聲教綏外懷遠先名後實貿易有無世開邊利羽毛齒革

無損於我若夫九種之事有闕二字至於此也

贊曰芮芮河南同出胡種稱王僭帝擅彊專統氐羌孽餘散出河隴來賓往叛

放命承宗

南齊書卷五十九

南齊書卷五十九考證

芮芮虜傳○臣祖庚按芮芮卽柔然杜佑曰柔然後魏大武以其無知狀類于蟲故改其號曰蠕蠕宋齊謂之芮芮

河南傳又卿乃誠遙著○乃誠南監本作款誠按乃誠六朝人多用之晉書劉琨傳卽有懷其乃誠之語

聚衆茄蘆○茄南史作葭

茄蘆鎮主文慶○文慶南史作文度

宕昌傳○臣祖庚按北史宕昌蓋三苗之胤杜佑曰其界自仇池以西東西千里席水以南南北八百里地多山阜

南齊書卷五十九考證

知州臣祖庚謹言梁臣蕭子顯齊之宗室仕梁而修齊史以故事多附會辭有溢美且以時尚瞿曇黜儒崇釋其是非大謬于聖人昔曾鞏譏其喜自馳騁刻彫藻繢之變尤多而文益下洵非誣也初江淹已作十志沈約又有紀二十篇子顯別自表修淹約注紀遂不復存矣當時奉朝請吳均亦嘗著齊春秋三十篇劉子玄稱其該實而曾鞏目錄馬端臨經籍考並不及載夫子顯才氣過人以著作自命然沿襲卑靡故識復猥瑣卽如天文但紀災祥州郡不著戶口未免疎漏而祥瑞一志多載圖讖尤爲近誣宜乎司馬光謂李延壽書敘事簡徑勝于正史也雖然蕭齊一代君臣行事之得失論議之往復未嘗表見他書卽古人著述亦復不傳于世所可考見者惟是編而是編之在今日惟監本若任其魚豕相仍不益將訛以傳訛幾於殘缺無徵哉臣等仰承

詔命博采前議廣集衆思敬謹編校不敢率略從事爰攷宋魏二書南北二史資治通鑑暨通典通考諸書擇其事涉蕭齊精詳切要者或別其是非或

訂其疑似條分目晰附於各卷之末俾覽者有所依據以仰副

聖天子修明正史之至意云 臣謹識

原任詹事臣陳浩侍講學士臣萬承蒼洗馬臣陸宗楷編修臣孫人龍候

補知州臣王祖庚拔貢生臣楊茂遷臣王積光等奉

勅恭校刊

西元二〇二四年三月一日重製一版

南齊書（附考證）冊二（梁蕭子顯撰）

平裝二冊基本定價壹仟陸佰元正
（郵運匯費另加）

發行人：張敏君
發行處：中華書局
臺北市內湖區舊宗路二段一八一巷八號五樓（5FL., No. 8, Lane 181, JIOU-TZUNG Rd., Sec 2, NEI HU, TAIPEI, 11494, TAIWAN）
客服電話：886-2-8797-8900
公司傳真：886-2-8797-8909
匯款帳戶：華南商業銀行西湖分行
179100026931
印刷：維中科技有限公司
海瑞印刷品有限公司

No. N1044-2

國家圖書館出版品預行編目(CIP)資料

南齊書/(梁)蕭子顯撰. -- 重製一版. -- 臺北市 :
中華書局, 2024.03
冊 ; 公分
ISBN 978-626-7349-14-4(全套 : 平裝)

1.CST: 南朝史

623.5201   113002610